OFFICE 2013

| 미래를 여는 |

컴퓨터
오피스
활용

박일선 | 임동균 지음

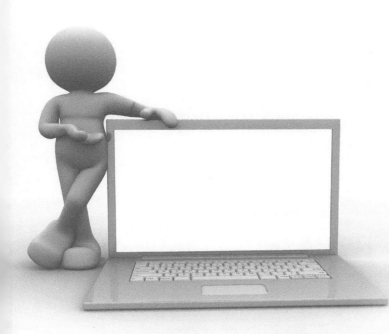

저자 소개

박일선   isparkbobae@gmail.com
– 한양사이버대학교 컴퓨터공학과 교수

임동균   eiger07@hycu.ac.kr
– 한양사이버대학교 컴퓨터공학과 교수

| 미래를 여는 |

컴퓨터 오피스 활용

발 행 일	2018년 8월 28일 초판 1쇄
지 은 이	박일선 임동균
펴 낸 이	김준호
펴 낸 곳	한티미디어 ㅣ 서울시 마포구 연남로 1길 67 1층
등 록	제15-571호 2006년 5월 15일
전 화	02) 332-7993~4 ㅣ **팩 스** 02) 332-7995
I S B N	978-89-6421-346-9 (93000)
가 격	25,000 원
마 케 팅	박재인 최상욱 김원국
편 집	김은수 유채원
관 리	김지영

이 책에 대한 의견이나 잘못된 내용에 대한 수정정보는 한티미디어 홈페이지나 이메일로 알려주십시오.
독자님의 의견을 충분히 반영하도록 늘 노력하겠습니다.
홈페이지   www.hanteemedia.co.kr   ㅣ 이메일   hantee@hanteemedia.co.kr

글로벌 시대에 살고 있는 우리네 현대인들은 어느덧 인터넷 혁명을 거쳐 4차 산업혁명 시대를 맞이하고 있습니다. 무인 자동차에 이어 인간의 일을 인간 대신 해 주는 로봇, 지역을 넘나드는 드론 택배, 빅 데이터, 사물 인터넷 등 정보통신기술(ICT)의 융합으로 이루어 낸 혁명 시대에 우리가 살고 있습니다.

거의 대다수의 작업들이 컴퓨터와 네트워크를 통해서 이루어지고 있는 이 시점에서 컴퓨터로 문서를 작성하고 프레젠테이션을 만들고 데이터베이스 작업을 할 수 있는 능력은 더 이상 기술이 아니라 현대인이 갖추어야 할 기본 지식이 되었습니다.

이 책에서는 전 세계적으로 가장 많이 사용하고 있는 글로벌 프로그램이라 할 수 있는 마이크로소프트사의 오피스 중에서 문서를 편집할 수 있는 워드, 기업에서 회계용으로 사용하는 엑셀, 프레젠테이션용으로 사용하는 파워포인트를 배워 보도록 하겠습니다.

워드는 3장, 파워포인트는 5장, 그리고 마지막 엑셀도 5장으로 구성되어 있습니다.

세 프로그램 모두 한 회사의 제품으로 공통적으로 사용하는 메뉴들이 중복되어 있습니다. 그래서 편집의 기본이 되는 워드에서 기본 편집 기능에 대해 학습하고 나머지 파워포인트나 엑셀에서는 공통으로 사용하는 편집 기능 외에 각 프로그램만의 특징적 기능만을 추려서 학습이 진행됩니다.

이 교재의 특징은 강의 내용의 이해를 돕기 위하여 프로그램 실습을 다루는 내용들이 화면 한 컷, 한 컷 캡처로 수록되어 교재를 보면서도 실습을 하고 있는 느낌이 들도록 하였다는 것입니다.

또한 실습 위주의 내용이 정확히 이해되도록 각 장의 끝에 '확인학습문제'를 수록하여 자칫 놓치기 쉬운 개념이나 꼭 확인하고 넘어가야 하는 내용에 대해 제대로 이해할 수 있도록 하였습니다.

이 교재를 가지고 대학교 수업에서 활용하게 될 경우 '확인학습문제'를 풀어 보면 컴퓨터 실습을 객관식 문제로 시험을 봐야 하는 부담감에서 벗어날 수 있고 시험 예상 문제를 미리 접해 볼 수 있습니다.

마이크로소프트 오피스 프로그램을 다루는 서적들은 많이 있습니다. 이 책은 20년이 넘게 대학에서 오피스 프로그램 강의를 한 경험을 토대로 학생들이 빠트리기 쉬운 내용, 어려워하는 내용, 그리고 반드시 실생활, 실무에서 꼭 필요한 내용만을 요약하여 짧은 시간에 오피스 프로그램을 마스터하도록 하였습니다.

Chapter 02 워드의 그래픽 요소 활용

Chapter 03

워드의 출판 기능 다루기

Chapter 04

파워포인트의 기본 슬라이드 활용하기

Chapter 05

파워포인트의 비주얼 개체 활용하기

Chapter 06

파워포인트의 기능성 개체 활용하기

Chapter 07

멀티미디어 프레젠테이션 문서 작성하기

Chapter 08

프레젠테이션 실행과 관리

Chapter 09 엑셀의 통합 문서 활용하기

Chapter 10 — 엑셀의 서식 및 조건부 서식

Chapter 11 — 엑셀의 데이터 다루기

Chapter 12 엑셀의 함수 활용

Chapter 13 엑셀의 차트 및 고급 활용

워드의 글꼴 및 단락 편집 기능

학습목표

1. 문서 편집에서 가장 기본이 되는 다양한 글꼴과 단락 지정을 활용한 문서를 만들 수 있다.

2. 서식 복사를 활용하여 보다 효과적이고 빠르게 문서를 만들 수 있다.

3. 스타일을 활용하여 일관성 있는 문서를 만들 수 있다.

1 ▶ MS 워드 2013 프로그램 레이아웃

MS 워드 2013 프로그램은 마이크로소프트 오피스 2013 시리즈 프로그램군 안에 포함되어 있는 문서 편집 프로그램으로 이 오피스 시리즈에는 워드 외에도 엑셀, 파워포인트, OneNote, Access, Outlook, Publisher 등 다양한 편집 프로그램들이 포함되어 있다.

이 프로그램들 중 이 교재에서 다루고자 하는 워드, 엑셀, 파워포인트 프로그램들은 프로그램들의 레이아웃이 모두 비슷하다. 그래서 워드나 파워포인트 등 어느 한 프로그램에서 레이아웃을 일단 한 번 익히면 나머지 다른 오피스 프로그램들은 비슷한 레이아웃 환경을 지니고 있어 같은 시리즈 안에 있는 프로그램들은 익숙한 환경으로 학습할 수 있다.

중복되는 메뉴 또한 같은 방식으로 사용할 수 있어 세 개의 프로그램 중에서 한 프로그램에서 메뉴 사용 방법을 익히면 다른 프로그램에서도 똑같은 방식으로 이용할 수 있다.

🎁 마이크로소프트 오피스 소프트웨어 구성

마이크로소프트 오피스 소프트웨어는 서로 다른 기능을 수행하는 몇 개의 응용 프로그램들로 구성되어 있다.

응용 소프트웨어	기능
Word	편지나 보고서 등의 문서를 작성
PowerPoint	청중들 앞에서 행해지는 프레젠테이션 슬라이드 문서를 작성
Excel	수식 계산, 데이터 정렬, 필터, 요약 보고서 등을 작성
OneNote	짧은 노트나 아이디어 등을 정리해서 작성
Outlook	개인 정보 매니저, 일정, 이메일 작성
Access	대량의 데이터베이스 작업
Publisher	팜플렛, 뉴스레터, 공지문 등을 작성

🎁 2010버전에서 2013버전으로

텍스트 위주의 문서에서 좀 더 비주얼적인 문서, 멀티미디어적인 문서로의 변화가 있다.

페이지 레이아웃이 디자인과 페이지 레이아웃 메뉴로 분리되었다.

메뉴의 미리 보기 기능은 마우스 포인팅만으로도 역동적으로 결과를 미리 볼 수 있어 작업의 효율성이 좋아졌다.

🎁 워드 2013 리본 메뉴

리본 메뉴는 명령어들을 직관적으로 보고 바로 실행시키기 쉽도록 구성되어 있다. 즉, 리본은 여러 개의 탭 메뉴들로 구성되어 있고 각 탭 메뉴들은 관련된 명령어들의 그룹으로 구성되어 있다. 가령, '홈' 탭에는 '글꼴'을 변경할 수 있는 명령어들을 포함하고 있고 문장을 정렬하거나 들여쓰기를 할 수 있는 명령어들이 들어 있다.

또 '홈', '삽입', '페이지 레이아웃'과 같이 항시 존재하는 기본 탭 메뉴 외에 특정 개체를 클릭했을 때에만 나타나는 탭 메뉴들도 있다. '그리기 도구', '표 도구', '그림 도구' 등의 메뉴는 해당 개체를 클릭했을 때에만 메뉴가 생성된다.

아래 그림은 워드의 레이아웃 화면을 캡처한 것이다.

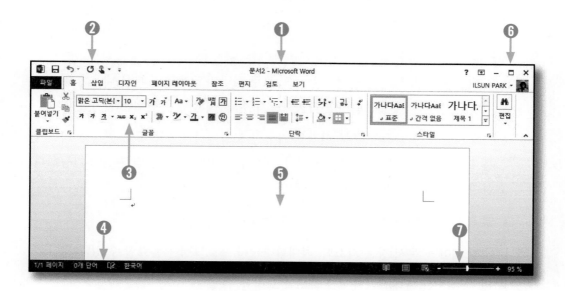

[워드의 인터페이스]

❶ **타이틀 바** – 현재 창에 열려 있는 파일과 작업 중인 오피스 프로그램의 이름을 표시해 준다.

❷ **빠른 실행 도구 모음** – '저장'이나 '실행 취소' 등과 같이 반복적으로 자주 사용하는 명령들을 한번의 클릭만으로 빠르게 실행할 수 있게 해 주는 버튼들을 표시해 준다.

❸ **리본 메뉴** – 리본 메뉴는 일반 텍스트 탭 메뉴들과 도구 모음들이 하나로 묶여서 생성된 것이다. 즉, 주 메뉴들이 탭 방식으로 되어 있고 특정 메뉴를 클릭하면 해당 메뉴와 관계있는 수행 버튼(도구 모음)들이 새롭게 구성되어 나타난다. 최근에는 16:9 비율의 와이드 스크린 디지털 화면을 선호하면서 동영상을 보기에는 최적의 비율이지만 상하 수직으로 문서를 작성하기에는 오히려 작업 영역이 상대적으로 작게 느껴져 불편하다. 이런 경우, 리본 메뉴를 사용하지 않을 경우 일시적으로 리본 메뉴를 최소화시킬 수 있다.

❹ **상태 표시줄** – 상태 표시줄 왼쪽에는 현재 열려 있는 문서에 대한 정보를 표시해 준다. 가령, 현재 열려 있는 페이지의 수나 문서에 사용된 총 단어 수, 언어 교정 상태, 사용 언어 등을 표시해 준다.

❺ **작업 영역** – 텍스트 및 개체를 실제로 편집할 작업 영역으로 [보기] 메뉴에서 다양한 방식으로 작업 영역의 모양을 변경할 수 있다.

작업 영역 변경하기

- **읽기(전체 화면) 모드** – 리본 메뉴들도 모두 사라지고 오로지 본문 내용만 읽을 수 있다. 읽기 모드에서는 읽기만 가능하고 수정, 삭제와 같은 편집은 불가능하다.

- **인쇄 모양** – 일반적인 본문 편집이 가능한 모드이다. 추가, 삭제, 변경 등의 작업을 할 수 있고 본문 편집 외에도 머리글/바닥글, 미주/각주 등의 편집이 가능하다. 한번에 [여러 페이지 보기]도 가능하다.

- **웹 모양** – 홈페이지 문서 형식으로 볼 수 있다.

❻ **문서 창 제어** – 문서 창을 최소화, 최대화하거나 프로그램을 종료할 수 있다.

❼ **줌 바** – 문서를 확대하거나 축소하도록 조절할 수 있다.

🎁 리본 메뉴 최소화하기

❶ 리본 메뉴의 오른쪽 상단 도움말 표식기 옆에 있는 버튼을 클릭하여 리본 메뉴 보기 방식을 변경할 수 있다.

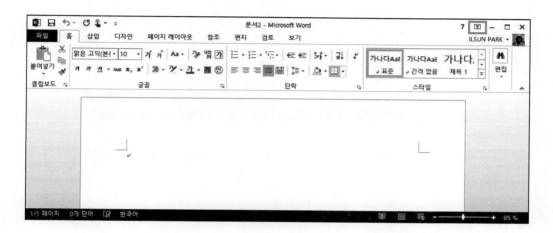

❷ [리본 메뉴 자동 숨기기], [탭 표시], [탭 및 명령 표시] 중에서 선택하여 리본 메뉴 보기 방식을 변경할 수 있다. 아래 그림은 [탭 표시]가 설정되어 있다.

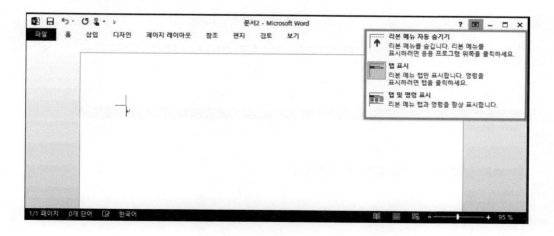

❸ [탭 및 명령 표시] 방식인 경우 리본 메뉴 오른쪽 하단 버튼을 클릭하면 한번에 간편하게 리본 메뉴를 최소화할 수 있다.

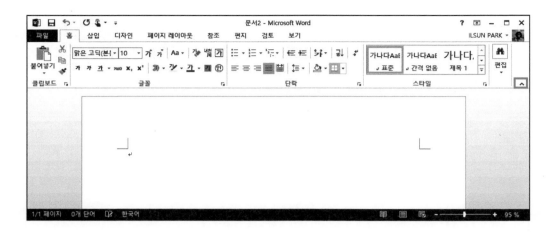

④ 리본 메뉴를 다시 원래대로 표시하고자 할 경우 [2]단계에서 사용한 버튼을 다시 클릭하여 선택하면 된다.

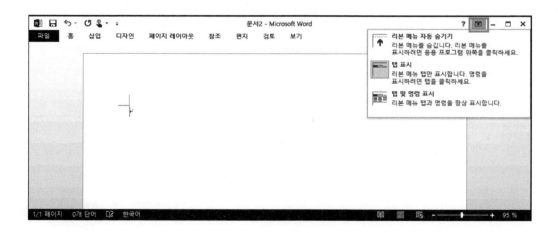

🔷 빠른 실행 도구 모음 사용자 지정하기

1) 원 클릭으로 메뉴 실행

명령을 실행시키기 위해서는 리본 메뉴 선택 후 명령 탭을 다시 선택해야 하지만 현재 어떤 탭 메뉴가 선택되어 있는지에 관계없이 '빠른 실행 도구 모음'에 있는 메뉴는 원 클릭으로 바로 실행이 가능하다.

2) 빠른 실행 도구 모음의 위치

빠른 실행 도구 모음은 기본적으로 프로그램 창의 리본 메뉴 위의 맨 왼쪽 상단에 위치하고 있으나 화면 레이아웃이나 화면 사이즈 또는 활용 빈도 등에 맞춰 리본 메뉴 아래로도 이동하여 표시할 수도 있다.

[빠른 실행 도구 모음] 버튼을 클릭한 후 [리본 메뉴 아래에 표시] 명령을 선택하면 된다.

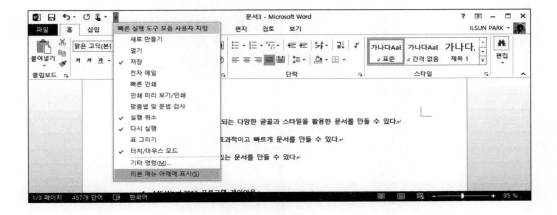

3) 빠른 실행 도구 모음 사용자 지정하기

빠른 실행 도구 모음에 사용자가 원하는 메뉴를 임의로 등록할 수 있다.

❶ 빠른 실행 도구 모음 버튼을 클릭한다.

❷ [기타 명령]을 클릭한다.

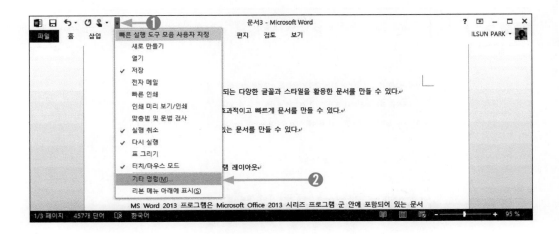

❸ 명령 선택 창에서 콤보 박스를 클릭하여 원하는 명령어 그룹을 선택한다.

❹ 원하는 명령을 찾아서 선택한다. (예: 표 추가)

❺ [추가] 버튼을 클릭한 후 [확인] 버튼을 클릭한다.

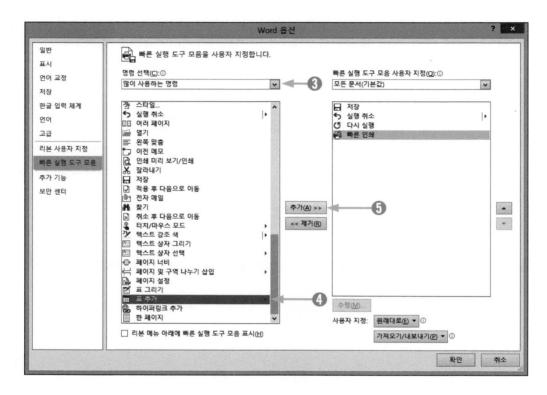

❻ [표 추가] 버튼이 추가로 생성되어 있다.

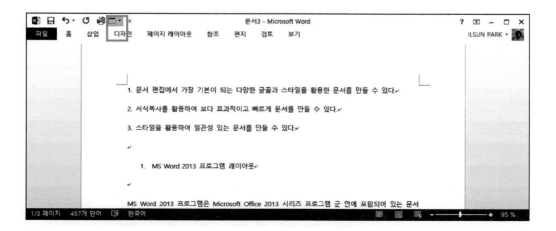

2 새 문서 작성하기

오피스 프로그램들은 새로운 문서를 직접 만들어 작업할 수도 있고 프로그램 안에 내장된 서식 파일을 이용해서 간편하게 문서를 만들 수도 있다. 또한 자주 사용하는 문서들은 일관성을 유지하기 위해서 기본 틀을 만들어 놓고 '내 서식 파일'에 저장해 놓고 필요할 때마다 언제든지 내장된 서식 파일처럼 불러 사용할 수도 있다.

1) 새 문서 활용하여 문서 작성하기

❶ [파일]을 클릭 후 [새로 만들기]를 클릭한다.

❷ [새 문서]를 클릭하여 문서 작성을 시작한다. 이때 [새 문서]란 아무런 서식이 설정되어 있지 않은 빈 문서이다. 빈 문서의 경우 내가 원하는 글꼴, 단락 등 페이지 레이아웃을 내가 직접 설정할 수 있다.

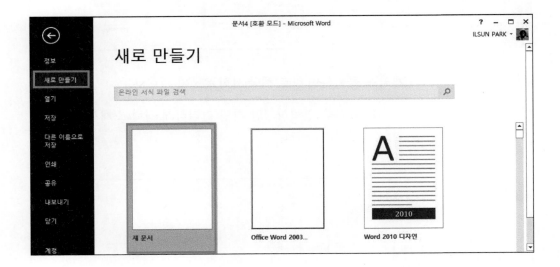

2) 서식 파일을 활용하여 문서 만들기

서식 파일이란 문서를 새로 작성할 때 사본을 만드는 문서 형식이다. 즉, 자주 사용하는 문서의 경우 문서의 구조를 매번 처음부터 새로 만들지 않고 페이지 레이아웃, 글꼴, 여백, 스타일 등이 미리 정의되어 있는 서식 파일을 사용할 수 있다. 즉, 새 문서를 만들 때 적합한 서식 파일을 선택한 후 작성할 문서에 적당한 텍스트와 정보들을 입력하기만 하면 된다.

❶ [파일] – [새로 만들기]에서 사용 가능한 서식 파일을 선택한다.

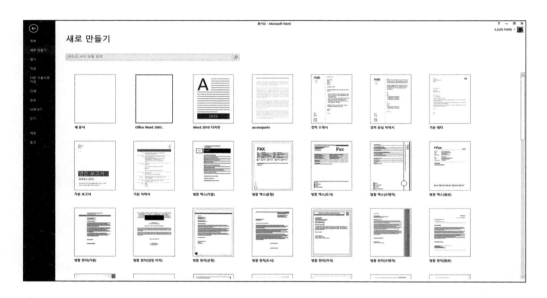

❷ 예를 들어 '경력 소개서'를 클릭하면 바로 해당 서식 문서가 열린다.

❸ 정해진 괄호 안에 본인의 내용을 입력하기만 하면 편리하게 경력 소개서를 작성할 수 있다.

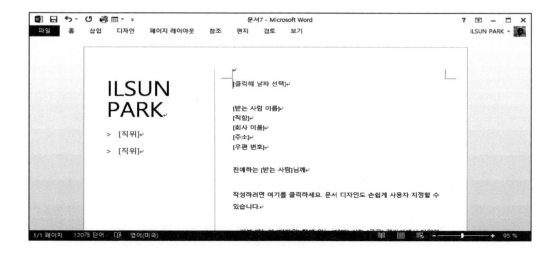

3 / 문서 저장하고 내보내기

1) 문서 저장하기

❶ [파일] 탭 클릭한 후 '다른 이름으로 저장'을 클릭하여 대화 상자를 연다.

2013버전에서는 2010버전에 비해 작업에 대한 접근성을 좋게 하여 문서 작성의 효율성을 높였다.

❷ 또한 최근에 클라우드 저장소 서비스가 실시되면서 '스카이드라이브'나 '드롭박스', 'N드라이브' 등 내 컴퓨터에 클라우드 저장소가 있으면 바로 저장할 수 있도록 하고 있다.

❸ 저장 폴더의 경우 최근에 사용한 폴더를 보여 주고 자주 사용하는 폴더는 폴더 목록에 고정시킬 수 있도록 [이 항목을 목록에 고정] 버튼을 활성화시켰다.

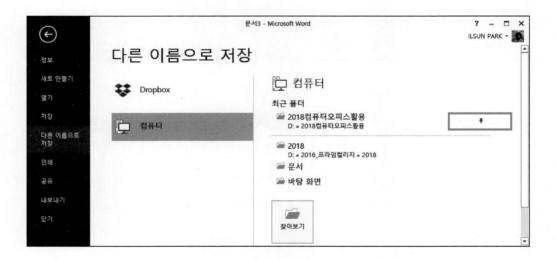

❹ [찾아보기]를 클릭하면 오피스 프로그램에서 저장 폴더는 기본적으로 '내 문서'를 제일 먼저 열어 준다. 내 문서 폴더를 하드디스크의 C드라이브나 D드라이브로 변경하여 선택할 수 있다.

❺ 저장 파일 형식을 선택한다.

워드에서 저장할 수 있는 문서 파일 형식으로 doc, docx, xml, pdf, txt, html(웹 페이지 형식) 등이 제공된다.

2) 문서 암호 설정하기

문서를 저장할 때 문서 보호를 위하여 쓰기 암호와 열기 암호를 지정할 수 있다.

[파일] - [다른 이름으로 저장] 창에서 [도구] - [일반 옵션]을 클릭한다.

[열기 암호]는 문서를 열 때에 필요한 암호이다.

즉, [열기 암호]만 있다면 문서를 열 때만 암호가 필요하다는 의미로 이 열기 암호로 문서를 열 수 있고 문서를 연 후에는 문서 편집이 가능하다는 의미이다.

[쓰기 암호]는 문서를 편집할 수 있는 권한을 부여하는 의미가 있어 쓰기 암호만 있으면 누구나 문서를 열 수 있으나 문서가 임의로 타인에 의해 변경되는 것을 방지할 수 있다.

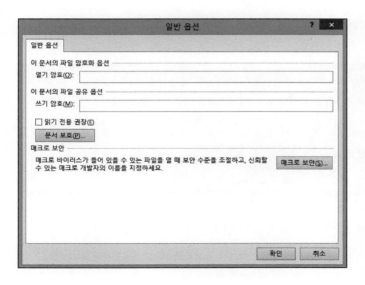

3) 문서 최종본 표시

❶ [파일] − [정보] − [문서 보호] − [최종본으로 표시]를 선택한다.

문서를 최종본으로 표시해 두면 문서가 [읽기 전용]으로 바뀌면서 입력, 편집 등을
할 수 없게 되어 문서의 내용이 변경되는 것을 방지할 수 있다.

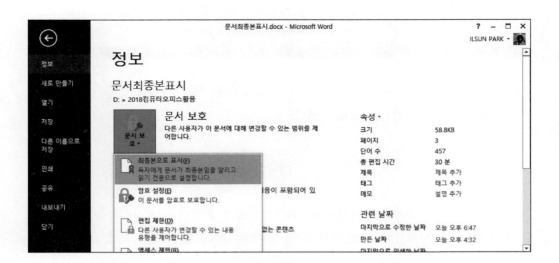

❷ 최종본 알림창이 뜨면 [확인]을 누른다.

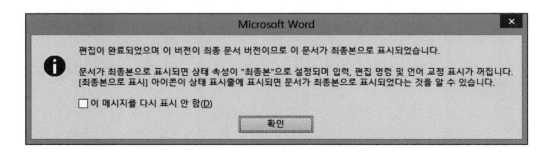

❸ 문서 상단에 [최종본으로 표시됨]이 표시되어 편집이 불가하다고 나온다.

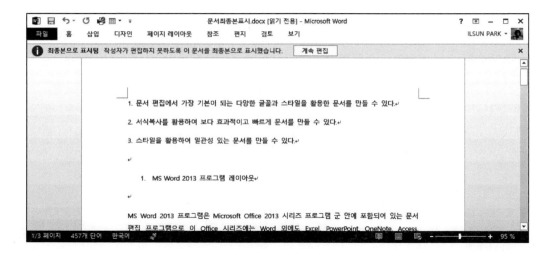

❹ 문서가 최종본으로 표시된 이후 다시 변경하고자 할 때는 [계속 편집]을 클릭하면 다시 최종본이 아닌 편집 상태로 바뀐다.

4) 문서 내보내기

'문서 내보내기'는 문서 저장하기와 유사한 방식을 사용한다. 문서 내보내기 방식에는 [PDF/XPS 문서 만들기]과 [파일 형식 변경] 두 가지 방식이 있다.

📦 PDF/XPS 문서 만들기

요즘 문서 저장 포맷으로 많이 사용하고 있는 PDF 포맷은 내용은 쉽게 변경할 수 없으면서 문서의 글꼴, 서식, 이미지 및 레이아웃 등을 유지한다. 장점은 해당 문서 포맷을 볼 수 있는 뷰어(viewer)를 웹에서 쉽게 무료로 구할 수 있다는 것이다.

❶ [파일] − [내보내기] − [PDF/XPS] 문서 만들기] − [PDF/XPS 문서 만들기]를 클릭한다.

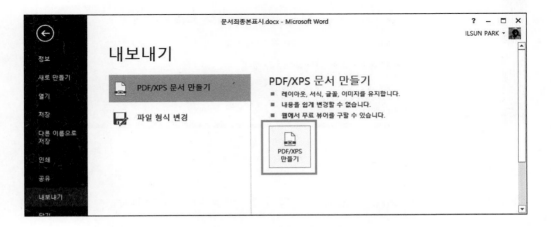

❷ [PDF 또는 XPS로 게시] 창이 뜨고 폴더와 파일명을 지정한 후 [게시] 버튼을 클릭한다.

❸ 문서 작성자가 아닌 타인이 워드 포맷이나 기타 특정한 포맷의 문서를 읽으려면 해당 프로그램이 있어야 하는데 pdf 파일 포맷은 작성된 상태가 그대로 보존된 상태로

무료 뷰어로 읽을 수 있다.

가장 많이 사용하는 무료 뷰어로는 Adobe Acrobat Reader가 있다.

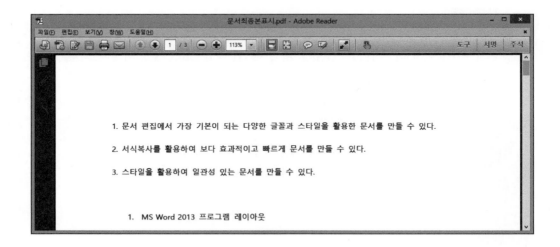

🎁 파일 형식 변경하기

❶ 파일은 docx 외에도 txt, rtf, html 등 다양한 형식으로 저장 가능하다.

  [파일] − [내보내기] − [파일 형식 변경] − [다른 이름으로 저장]을 클릭한다.

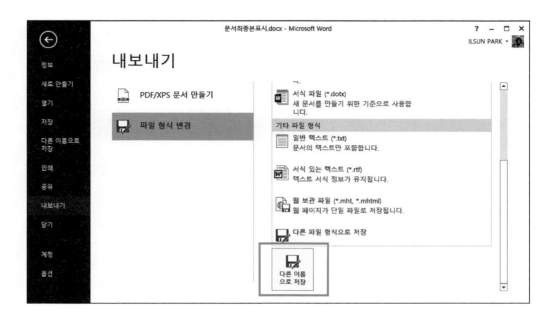

[다른 이름으로 저장] 창이 뜨면 원하는 저장 포맷 형식을 선택한 후 [저장] 버튼을 클릭하면 된다.

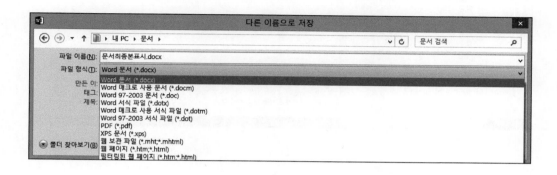

4 다양한 글꼴 활용하기

글꼴 설정은 [홈] – [글꼴] 그룹에서 할 수 있다.

글꼴은 먼저 글꼴의 종류를 선택한 후 글꼴 스타일 및 효과 등을 지정하여 사용할 수도 있고, 먼저 기본 글꼴로 작성한 후에 텍스트를 선택해서 글꼴을 변경할 수도 있다.

1) 기본 글꼴 변경하기

맑은 고딕, HY 견고딕, 명조체, 궁서체, 돋움체, 바탕체 등 다양한 글꼴 중 문서에 맞는 글꼴을 먼저 선택한다. 글자 입력에 앞서 원하는 글꼴을 설정하지 않고 이미 글자를 입력한 후 임의의 글자만 부분적으로 글꼴 변경을 하고자 할 때 주의할 점은, 변경하기를 원하는 글자들을 먼저 블록으로 지정한 후 글꼴 설정을 해야 한다는 것이다

❶ 텍스트를 입력한 후 글꼴을 변경하기를 원하는 텍스트 부분을 마우스로 드래그하여 선택한다.

❷ [홈] 탭의 [글꼴] 그룹 안에서 필요한 글꼴 모양과 사이즈를 선택한다.

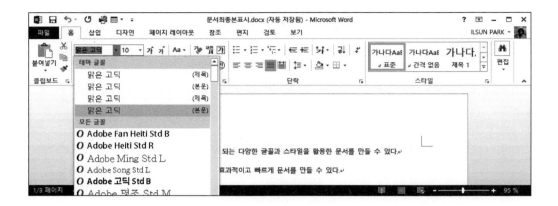

2) 글꼴 대화 상자 활용하기

[홈] – [글꼴] 그룹의 맨 오른쪽 하단 화살표를 클릭한다.

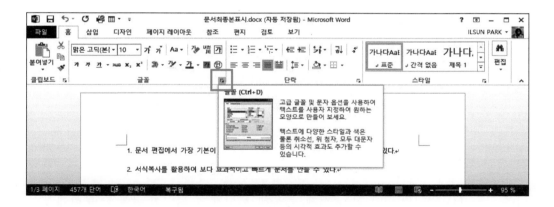

글꼴 대화 상자에서는 글꼴 종류, 글꼴 스타일, 글꼴 크기, 글꼴 색, 글꼴 효과 등을 한번에 지정할 수 있다. 특히 글꼴 대화 상자에서는 밑줄 스타일을 다양하게 선택할 수 있다.

[글꼴] 대화 상자의 [고급] 탭에서는 장평, 자간 등 글꼴에 대한 고급 설정을 할 수 있다.

- 장평: 글자의 크기를 그대로 두고 글자의 가로 폭을 늘리거나 줄이는 기능이다.
- 간격: '자간'이라고도 하는 것으로 글자와 글자 간의 간격을 조절하는 기능이다.
- 위치: 글자의 기준 라인을 위나 아래로 움직이는 기능이다.

글자 속성	미리 보기
보통모양	컴퓨터 오피스 활용
장평 150%	컴퓨터 오피스 활용
자간 넓게 3pt	컴 퓨 터 오 피 스 활 용

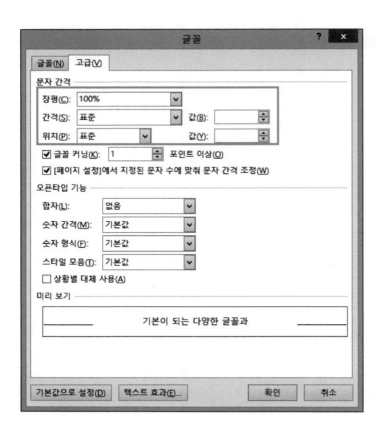

3) 글꼴에 텍스트 효과 바로 적용하기

텍스트 효과는 '텍스트 효과' 대화 상자를 열어 텍스트의 색깔, 윤곽선, 반사 효과, 그림자 효과 등을 직접 만들어서 적용할 수도 있지만, 다양한 텍스트 효과가 적용된 갤러리 모음에서 한 번의 클릭으로 텍스트에 효과를 바로 적용시킬 수도 있다.

❶ 효과를 주고 싶은 텍스트를 마우스로 드래그하여 블록으로 지정하고 [홈] 탭의 [글꼴] 그룹에서 '텍스트 효과'를 클릭하여 원하는 효과를 선택한다.

❷ 열린 텍스트 효과 갤러리 창에서 원하는 효과를 선택한다.

❸ 선택한 "황금색, 강조 4, 윤곽선−강조 4" 텍스트 효과가 적용된 것을 볼 수 있다.

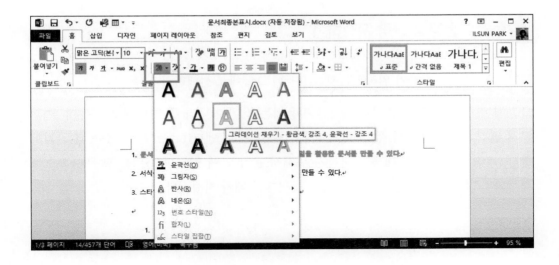

4) 텍스트 강조색 적용하기

[텍스트 강조색]은 텍스트에 형광펜을 사용한 것 같은 효과를 낸다.

❶ 강조하기를 원하는 글자를 블록으로 선택하고 [홈] 탭의 [글꼴] 그룹의 '텍스트 강조색'을 클릭한다.

❷ 강조하고 싶은 색깔을 선택한다.

❸ 블록으로 선택한 글자들에만 형광펜을 그은 것 같은 효과가 적용되었다.

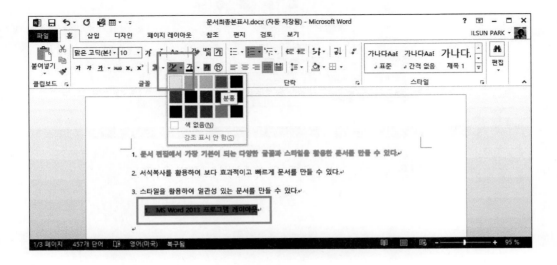

5 문장의 단락 지정하기

문장의 단락을 지정하기 위해 [홈] 탭의 [단락] 그룹에서 선택한다.

글꼴에 비해 단락은 특정 텍스트에만 적용되는 것이 아니라 문장 단위로 적용이 된다. 문서 편집 프로그램에서 '문장'이라 함은 물리적으로 '엔터(Enter)'를 눌렀을 때를 의미한다. 그래서 단락의 형태를 지정하기 위해서 문장 안에 있는 텍스트를 모두 블록으로 지정하지 않고 해당 문장에 커서만 놓아도 단락 형태가 지정된다.

1) 글머리 기호 지정하기

❶ 글머리 기호는 순서가 없는 목록에 사용된다.

❷ 목록을 만들려는 문장을 선택한 후 [단락] – [글머리 기호] 콤보 버튼을 클릭한다.

❸ [글머리 기호 라이브러리]에서 원하는 글머리 기호를 선택한다.

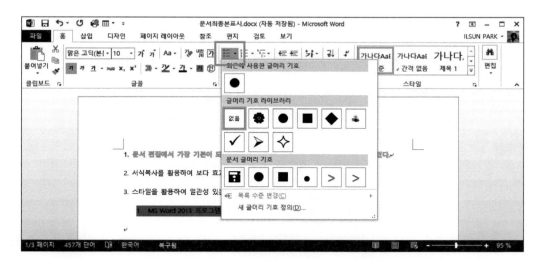

❹ 글머리 기호가 적용되었다.

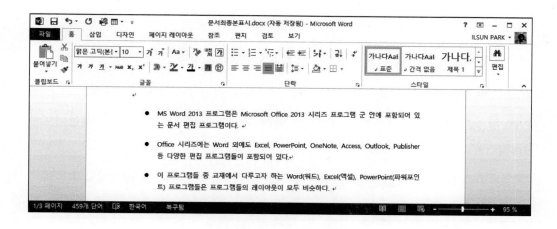

2) 번호 매기기

❶ [번호 매기기]는 순서가 있는 목록에 사용된다.

❷ 목록을 만들려는 문장을 선택한 후 [단락] − [번호 매기기] 콤보 버튼을 클릭한다.

❸ 번호 매기기 목록에서 "1, 2, 3", "가, 나, 다", "ㄱ, ㄴ, ㄷ", "A, B, C", "I, II, III" 등이 주로 많이 사용된다.

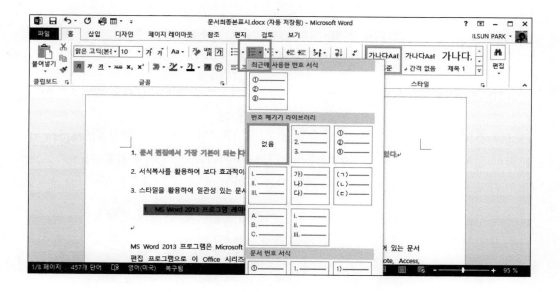

3) 문단 정렬

문단 정렬에는 왼쪽 맞춤, 가운데 맞춤, 오른쪽 맞춤, 양쪽 맞춤, 균등 분할 등이 있다.

오른쪽 맞춤은 내용을 오른쪽에 맞춘다. 주로 머리글, 바닥글에서 많이 사용한다.

양쪽 맞춤은 글자의 띄어쓰기에 관계없이 단락의 양쪽 끝에 글자가 반드시 배열되도록 한다.

균등 분할은 한 줄 안에 있는 글자 하나 하나를 모두 균등한 간격으로 배치되도록 한다.

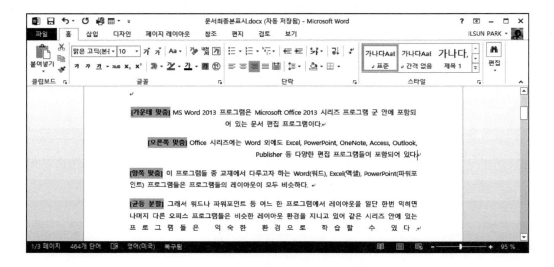

4) 단락 내어쓰기/단락 들여쓰기

[내어쓰기]를 한 번 클릭할 때마다 단락의 들여쓰기 수준이 한 단계씩 점차 줄어든다. 즉, 단락이 전체적으로 왼쪽으로 이동한다. 여기서 단락이라 함은 여러 문장을 치고 키보드에서 마지막 [Enter]를 쳤을 때까지의 전체 문장을 말한다.

[들여쓰기]를 한 번 클릭할 때마다 단락의 들여쓰기 수준이 한 단계씩 점차 높아진다. 즉, 단락의 전체 문장이 오른쪽으로 한 단계씩 점차 이동한다.

5) 들여쓰기/내어쓰기

워드에서 일반 들여쓰기는 [단락 들여쓰기]와는 다르다. 단락 들여쓰기는 단락 전체가 같이 움직이는 것이고 일반적인 들여쓰기는 단락의 첫 줄만 들여쓰기가 되는 것이다.

[홈] 탭의 [단락] 창을 열고 [들여쓰기] – 첫 줄 – 값 : 3글자로 설정하면 아래 미리 보기와 같이 첫 줄에만 3글자 들여쓰기가 설정된다.

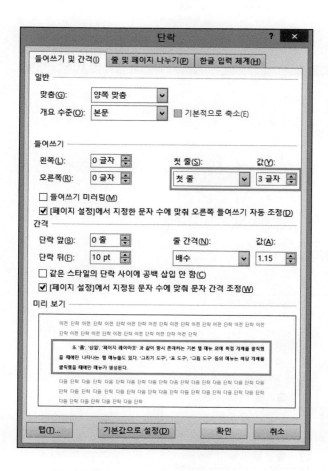

[단락 들여쓰기]와 일반 [들여쓰기]의 차이를 확인할 수 있다.

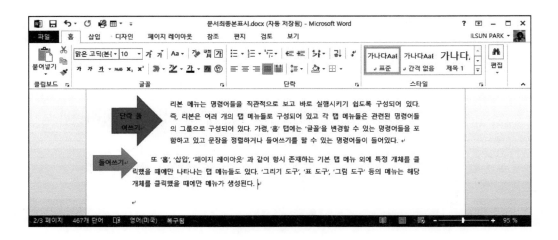

6) 사용자 지정 글머리 기호 만들기

글머리 기호 라이브러리에 있는 글머리 기호 외에 사용자가 글머리 기호를 직접 지정할
수도 있다.

❶ 지정할 문단을 선택한 후 [글머리 기호] 콤보 박스를 선택한다.

❷ '새 글머리 기호 정의'를 클릭한다.

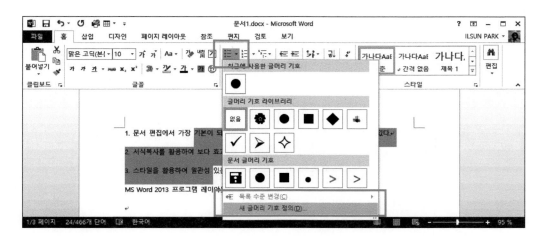

❸ [새 글머리 기호 정의] 창에서 '기호'나 '그림' 그리고 '글꼴' 등으로 글머리 기호를 지
정할 수 있다.

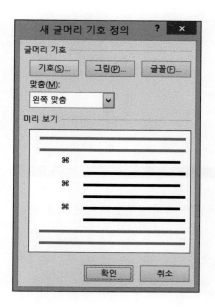

❹ [기호] 창이 열리고 원하는 기호를 선택한 후 [확인] 버튼을 클릭한다.

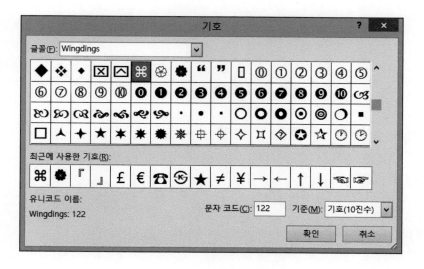

❺ 선택한 기호가 글머리 기호로 설정되었다.

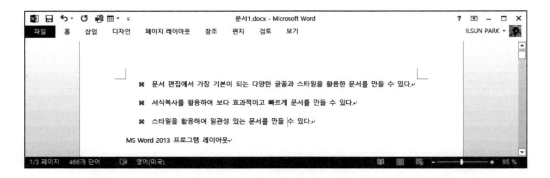

MS Word 2013 프로그램 레이아웃

❻ 만일, [새 글머리 기호 정의] 창에서 [그림]을 선택하면 마이크로소프트 오피스에 온라인으로 접속해 온라인에 있는 그림을 가져올 수도 있고 내 컴퓨터에 있는 그림을 가져올 수도 있다. 내 컴퓨터에 있는 그림을 가져오려면 오른쪽 아래 [오프라인으로 작업]을 선택한다.

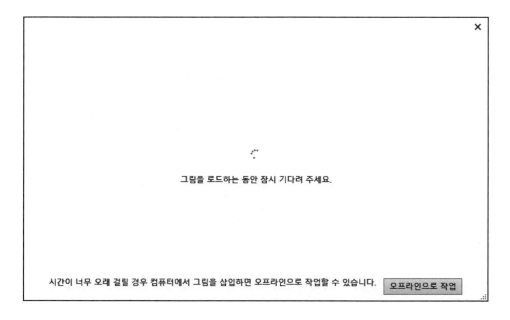

❼ 원하는 그림 파일이 들어 있는 폴더를 선택한다.

❽ [그림 삽입] 창에서 글머리 기호로 사용할 그림을 선택 후 [삽입] 버튼을 클릭한다.

❾ [미리 보기] 창에서 선택한 그림이 글머리 기호로 등록되어 있음을 확인하고 [확인]
버튼을 클릭한다.

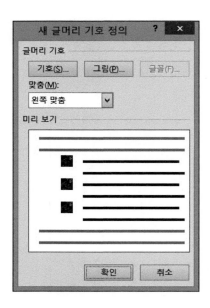

6 　스타일 활용하기

문자나 단락에 서식을 하나 하나 직접 지정하지 않고 미리 여러 개의 서식을 한꺼번에 지정해 놓은 스타일을 사용하면 문서를 일관성 있고 빠르게 작성할 수 있다. 가령, 단락에 "맑은 고딕, 17포인트, 빨강색, 들여쓰기, 가운데 정렬" 등과 같은 글꼴과 단락 설정을 하나의 스타일로 만들어 놓으면 다음에 똑같은 서식을 반복해서 한 번의 클릭만으로 같은 모양의 글꼴과 단락을 적용시킬 수 있다.

> **Check Point**
> 스타일을 적용할 때 주의할 점은 스타일을 문자에 적용했을 때와 단락에 적용했을 때 각각 다르게 적용된다는 것이다. 즉, 단락 안의 임의의 위치에 마우스를 위치시키거나 단락 전체를 선택한 다음 글꼴과 단락이 한꺼번에 지정된 스타일을 적용하면 해당 스타일이 단락 전체에 적용된다. 그러나 단락 안에 있는 일부의 단어나 구만을 블록으로 선택한 경우에는 글꼴과 단락이 한꺼번에 지정된 스타일을 적용하더라도 해당 스타일이 단락 전체에 영향을 미치지 않고 문자에만 적용된다.

1) 스타일 갤러리 이용하기

❶ 지정하고자 하는 단락에 커서를 옮겨 놓는다.

❷ [홈] 탭의 [스타일]의 '자세히' 버튼을 클릭해서 스타일 갤러리를 연다.

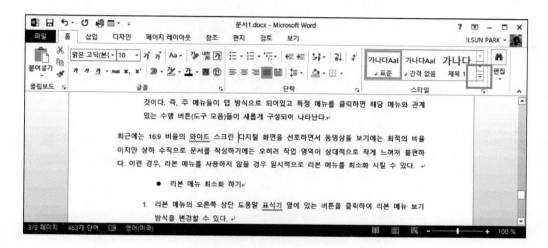

❸ 스타일 갤러리에서 원하는 스타일을 선택한다. 마우스를 스타일 갤러리에 포인팅만 해도 단락 전체에 스타일이 적용되는 것을 미리 보기로 볼 수 있다.

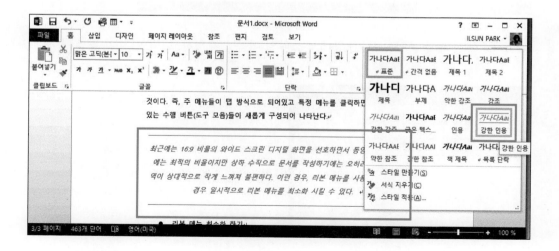

2) 나만의 스타일 만들기

내가 원하는 다양한 글꼴과 단락 설정을 서식으로 지정한 후 이 서식을 계속해서 재사용하기 위해서 스타일 갤러리에 저장할 수 있다.

❶ 단락에 "굵게, 밑줄, 글자색 – 파랑, 가운데 정렬" 서식을 지정한다. 이렇게 서식이 적용된 문장을 블록으로 선택한다. 이 경우 문장 전체를 블록으로 선택하지 않고 문장 안에 커서만 놓아도 된다.

❷ [홈] 탭 – [스타일]의 '자세히' 버튼을 클릭한 후 [스타일 만들기]를 클릭한다.

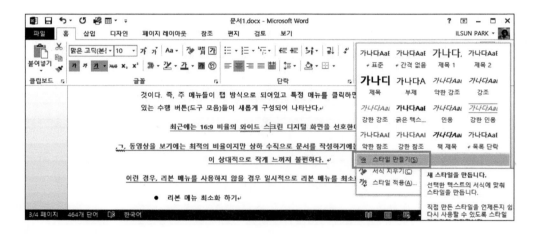

❸ [서식에서 새 스타일 만들기] 창에서 스타일 이름을 지정하고 [확인] 버튼을 클릭한다.

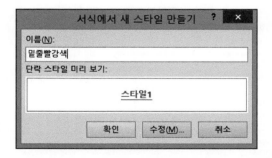

❹ [홈] 탭의 [스타일] 갤러리에 조금 전 만든 '밑줄빨강색' 스타일이 등록되어 있는 것을 볼 수 있다.

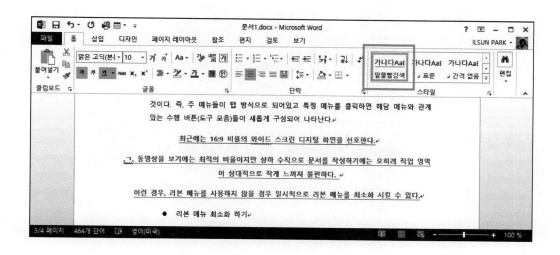

7 / 복사와 서식 복사 활용하기

'복사'는 블록으로 선택한 내용을 내용뿐만 아니라 서식까지 모두 포함하여 그대로 하나 더 복제해 주는 것을 의미하고 '서식 복사'는 내용을 제외한 서식만 복사하는 것을 의미한다.

1) 복사 활용하기

❶ 복사를 위해서는 복사하고자 하는 텍스트나 콘텐츠를 마우스로 선택 또는 드래그하여 블록으로 지정한다.

❷ [홈] – [클립보드] – [복사]를 선택한다.

❸ 내용을 복사하고자 하는 위치에 커서를 클릭한다.

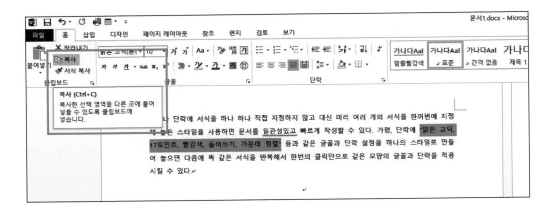

❹ [홈] - [클립보드] - [붙여넣기]를 클릭한다.

이때 '원본 서식 유지', '서식 병합', '텍스트만 유지'라는 옵션 중 하나를 선택한다.

🔷 붙여넣기 옵션

붙여넣기 옵션 목록은 복사할 내용이 텍스트인지 텍스트가 아닌 개체인지에 따라 다르게 나타난다. 만일 옵션을 선택하지 않고 붙여넣기를 실행하는 경우는 기본적인 붙여넣기 옵션이 적용된다.

옵션 이름	설명
대상 테마 사용	붙여넣기를 할 장소에 테마가 있을 경우 그 테마의 적용을 받아 변환되어 붙여넣기가 된다.
원본 서식 유지	복사할 당시의 서식을 그대로 유지한다.
그림	붙여넣기를 할 개체를 그림으로 변환해서 가져온다.
서식 병합	붙여넣기를 할 장소에 있는 서식과 병합되어 들어온다.
텍스트만 유지	서식은 제외하고 텍스트 형태로 가져온다.

2) 서식 복사 활용하기

복사는 서식뿐만 아니라 텍스트까지 포함해서 그대로 복제를 한다. 그러나 서식 복사의 경우는 개체는 복제하지 않고 개체에 적용된 서식만을 복제하게 된다. 이 경우 만일 한 문단에 글꼴 색, 글꼴 크기, 문단 정렬 등을 적용했고 다음에 다른 장소에서 다른 문단에 또 그와 똑같은 서식이 필요하다고 한다면 이때 '서식 복사'를 하면 같은 작업을 반복하지 않고 바로 원 클릭으로 서식만 복사할 수 있다.

단, 일반 복사의 경우는 한 번 복사를 해 놓으면 붙여넣기를 한 후에도 새로운 내용 복사가 시작되기 전까지 복사한 내용이 클립보드에 남아 있어 계속해서 같은 내용을 반복해서 붙여넣기할 수 있다. 그러나 서식 복사는 일반 복사와 다르게 한 번의 '클릭&드래그'가 적용되어 붙여넣기가 한 번 된 이후로는 바로 서식 복사되었던 내용이 해제되어 반복적으로 서식을 복사할 수 없고 계속해서 처음부터 [서식 복사 – '클릭&드래그'] 단계를 반복해야 한다.

❶ 서식을 복사하고자 하는 내용을 마우스로 드래그하여 블록으로 선택한다.

❷ [홈] 탭의 [클립보드] 그룹의 '서식 복사'를 클릭한다.

❸ 커서가 페인트브러시 모양으로 바뀐다.

❹ 서식을 적용시키고자 하는 내용만큼을 브러시로 색칠하듯이 '클릭&드래그'하면 된다. (서식 복사의 경우 특별히 '붙여넣기' 메뉴를 실행시키지 않고 바로 '클릭&드래그'로 서식이 복사된다.)

학습정리

- 빠른 실행 도구 모음을 재구성하여 사용자가 원하는 메뉴들을 등록할 수 있다.
- 문서를 저장할 때 워드 포맷 외에 다양한 포맷(xml, pdf, txt, html)으로도 저장 가능하다.
- 문서 저장 폴더 또한 클라우드 저장소에 바로 저장이 가능하다.
- 쓰기 암호, 열기 암호를 지정하여 문서를 보호할 수 있다.
- 번호 매기기, 글머리 기호 지정 등으로 문서를 간략화할 수 있다.
- 반복되는 문서를 작성할 때 스타일 기능을 이용하여 효율적으로 문서를 작성할 수 있다.

확인학습문제

1. 워드 프로그램의 레이아웃 중 자주 사용하는 명령들을 한 번의 클릭만으로 빠르게 실행할 수 있도록 도구들을 모아 놓은 곳을 무엇이라 하는가?

2. 워드에서 문서 저장하기에 대한 설명이 바르지 못한 것은?

   ① 클라우드 저장소에 바로 저장할 수 있다.
   ② 문서를 편집할 수 있는 권한을 부여하기 위해서 문서에 "읽기" 권한을 부여한다.
   ③ 한번 저장한 문서의 이름을 바꿔서 저장하려면 반드시 "다른 이름으로 저장"으로 해야 한다.
   ④ 한번 저장한 문서의 형식을 바꿔서 저장하려면 "다른 이름으로 저장"으로 해야 한다.

3. 한 문장의 일부 텍스트를 블록으로 지정한 후 아래의 보기와 같은 설정을 했을 때 블록으로 지정한 일부 텍스트에만 효과가 적용이 되었다면 어떤 지정을 하였겠는가?

   ① 단락 들여쓰기
   ② 가운데 정렬
   ③ 텍스트 효과
   ④ 글머리 기호

4. 다음 중 워드 프로그램 사용법에 대한 설명이 틀린 것은 무엇인가?

① 새로운 문서를 만들 때에는 반드시 '내 서식 파일'에서 선택해야 한다.

② 빠른 실행 도구 모음에 사용자가 지정하는 도구 버튼을 추가할 수 있다.

③ 서식 파일을 이용하여 새 문서를 만들었더라도 'docx'와 같은 일반 문서로 저장 가능하다.

④ 처음 작성한 문서를 저장할 때에는 docx로 저장하지 않고 다른 포맷으로 바로 저장할 수 있다.

5. 워드의 작업 영역 모드에 대한 설명 중 바른 것은 무엇인가?

① 읽기 모드에서도 리본 메뉴를 나타나게 할 수 있다.

② 인쇄 모양에서 내용의 추가, 삭제, 변경 등의 작업을 용이하게 할 수 있다.

③ 웹 모양에서 머리글/바닥글 및 각주/미주 편집을 용이하게 할 수 있다.

④ 개요 모양에서는 내용이 글머리 기호로 나타나고 머리글/바닥글도 나타난다.

*다음 문제를 읽고 맞으면 ○, 틀리면 ×표를 하시오. (6~7)

6. 워드에서 '빠른 실행 도구 모음'에 등록할 수 있는 도구 모음은 기본값이 정해져 있어 사용자가 바꿀 수 없다.

7. 워드 문서에서는 xml 또는 html 등의 웹 형식으로도 저장 가능하다.

8. 문단의 단락 지정에 대한 설명이 바른 것은?

① 단락은 텍스트에만 적용되는 것이 아니라 문장 단위로 적용된다.

② 단락을 지정하기 위해서는 문장을 모두 블록으로 지정해야 한다.

③ 단락 내어쓰기를 한 번 클릭하면 단락의 들여쓰기 수준이 한 단계 높아진다.

④ 순서가 있는 목록을 만들 때는 글머리 기호를 지정한다.

9. 다음 이미지에서 밑줄 있는 문장의 단락 지정에 대한 설명이 바른 것은 무엇인가?

---

1. 프로그램 레이아웃

Microsoft의 오피스 프로그램 시리즈에는 Word, Excel, PowerPoint 외에도 OneNote, Access, Outlook, Publisher 등이 있다. 이 프로그램들 중 교재에서 다루고자 하는 문서 편집 프로그램들은   프로그램의 레이아웃이 모두 비슷하다.

그래서 워드나 파워포인트에서 한 번 레이아웃을 익히면 나머지 다른 오피스 프로그램들은 비슷한 레이아웃 환경을 지니고 있어 또 다시 학습할 필요가 없다.

---

① 문장에 단락 들여쓰기가 지정되었다.
② 문장에 들여쓰기가 지정되었다.
③ 문장에 단락 내어쓰기가 지정되었다.
④ 문장에 내어쓰기가 지정되었다.

10. 다음은 서식 복사에 대한 설명이다. 설명이 바른 것은 무엇인가?

① 서식 복사는 내용과 그 내용에 설정된 글꼴 및 단락 스타일 모두를 복사한다.
② 서식 복사는 내용과 그 내용에 설정된 글꼴 스타일을 복사한다.
③ 서식 복사는 반복해서 사용할 수 있다.
④ 서식 복사는 서식 병합 옵션을 사용할 수 없다.

정답

1. 빠른 실행 도구 모음   2. ②   3. ③   4. ①   5. ②   6. ×   7. ○   8. ①   9. ①   10. ④

워드의 그래픽 요소 활용 02

학습목차

1. 표 활용하기
2. 그림 활용하기
3. 워터마크 활용하기
4. 도형 삽입하기
5. 워드아트 활용하기

학습목표

1. 그림이나 도형을 삽입하여 직관적인 문서를 작성할 수 있다.
2. 표를 삽입하여 데이터를 조직화된 형태로 제공할 수 있다.
3. 워드아트를 활용하여 텍스트에 그래픽 효과를 줄 수 있다.

표를 만드는 방법은 아주 다양하다. 먼저 표의 서식이 미리 지정되어 있는 특정 유형의 표 들 중에서 선택하여 표를 만들거나 또는 메뉴를 이용하여 원하는 행 및 열 수를 직접 만들어 이용할 수도 있다. 직접 표를 만드는 경우 여러 가지 다양한 옵션—고정된 열 너비, 내용에 자동으로 맞춤, 창에 자동으로 맞춤—을 이용할 수 있다.

1) 표 만들기

📦 서식 파일을 사용한 [빠른 표] 이용하여 표 만들기

❶ 표를 삽입할 위치를 클릭한다.

❷ [삽입] − [표] − [빠른 표]에서 원하는 서식 파일을 클릭한다.

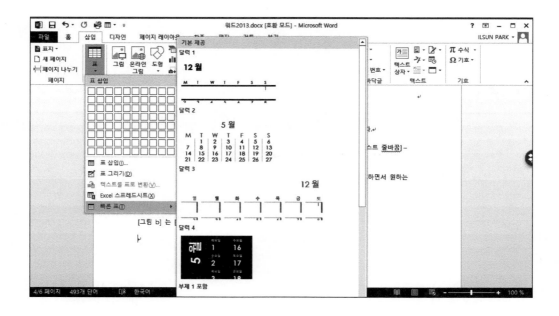

❸ 서식 파일에 있는 데이터를 원하는 데이터로 바꾼다.

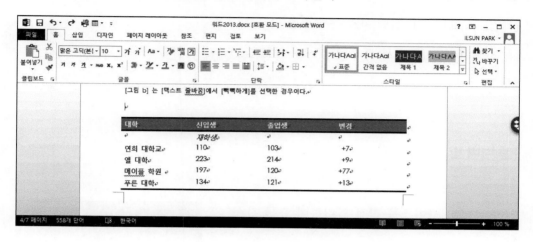

🧊 메뉴 사용하여 표 만들기

[삽입] – [표]에서 표를 클릭한 다음 표 삽입에서 원하는 행 및 열 수를 드래그하여 표를 만든다.

표의 사이즈는 기본값으로 정해진 크기로 표가 삽입되기 때문에 표를 삽입한 후에 원하는 사이즈로 변경해야 한다.

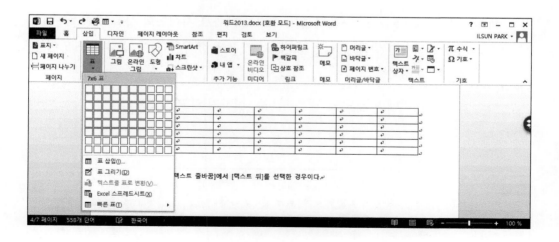

🔷 [표 삽입] 대화 상자 이용하여 표 만들기

[삽입] – [표] – [표 삽입] 메뉴를 클릭한다.

[표 삽입] 대화 상자에서 행과 열의 수를 입력한다. 이때 옵션을 선택해서 표의 사이즈를 정할 수 있다.

[셀 너비 맞춤]

고정된 열 너비
원하는 너비 사이즈를 직접 입력하여 표를 작성한다.

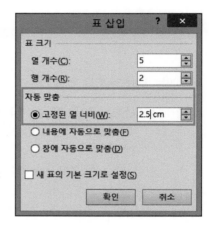

표의 셀 너비가 각각 2.5 cm로 만들어졌다. 이렇게 텍스트 사이즈와 상관없이 강제적으로 셀의 크기가 정해지면 셀 안에 들어갈 텍스트가 적은 경우 여백이 생길 수도 있어 문단 정렬이 필요할 수 있다.

또한 텍스트가 셀 너비에 비해 좁을 경우 너비는 변하지 않고 텍스트가 다음 줄로 내려간다.

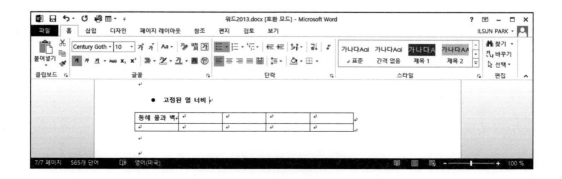

내용에 자동으로 맞춤

① 정확히 너비 사이즈를 모를 경우 표의 셀 안에 들어갈 내용에 자동으로 셀의 크기가 맞춰지도록 한다.

② 처음에는 표가 아주 작게 만들어진다.

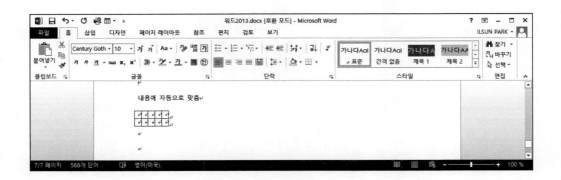

③ 셀에 각각 원하는 텍스트를 입력하면 텍스트가 모두 입력될 수 있도록 자동으로 셀의 크기가 늘어나 텍스트에 맞게 표의 사이즈가 형성된다. 텍스트에 맞게 셀의 크기가 늘어나므로 셀 안에 여백이 없어 문단 정렬을 따로 할 필요가 없다.

입력된 텍스트의 길이에 맞춰졌기 때문에 셀의 너비는 동일하지 않을 수 있다.

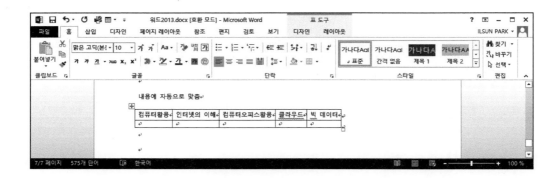

창에 자동으로 맞춤

① 문서의 여백을 기준으로 창에 맞게 표를 작성한다.

② 표가 문서의 가로 사이즈에 맞게 길게 늘어져서 생성된다. 이 경우 셀의 사이즈보다 텍스트가 작은 경우 텍스트가 셀의 한쪽으로 치우치기 때문에 문단 정렬을 할 필요가 있다.

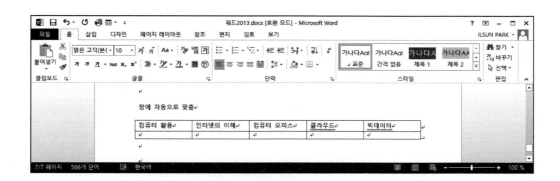

🔷 엑셀 스프레드시트 이용하여 표 만들기

엑셀 스프레드시트는 마이크로소프트사의 오피스 프로그램 중 계산을 위주로 하는 문서 편집 프로그램으로서 마이크로소프트사의 오피스 프로그램에 엑셀이 서로 연동되어 사용할 수 있게 되어 있다. 따라서 워드에서도 엑셀을 연동해서 사용할 수 있다.

엑셀 스프레드시트를 이용하여 표를 만들면 미리 행과 열이 준비된 상태에서 원하는 만큼 텍스트를 삽입해 작성할 수 있어 편리하다.

❶ [삽입] – [표] – [Excel 스프레드시트]를 선택한다.

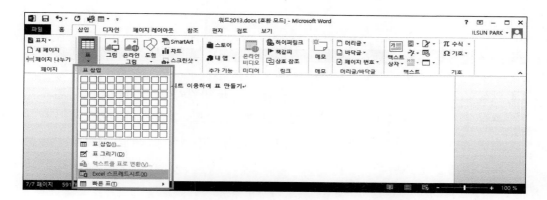

❷ 워드 프로그램 창에 엑셀 프로그램이 연동되어 열리고 리본 메뉴에도 엑셀의 리본 메뉴가 열려 있는 것을 볼 수 있다.

❸ 열린 엑셀 스프레드시트 창에서 적당한 위치에 표에 들어갈 내용을 입력한다. 엑셀 스프레드시트 창은 마우스로 드래그하여 사이즈를 조절하여 표의 사이즈를 쉽게 정할 수 있다.

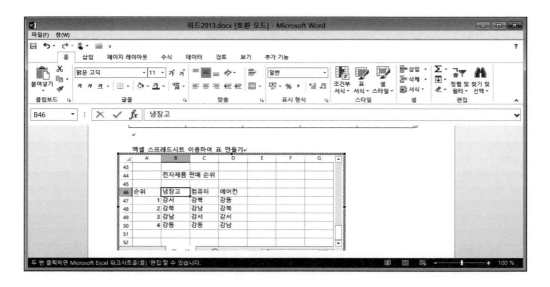

 엑셀 스프레드시트에서의 입력 작업이 끝나고 표 바깥쪽 빈 공간을 클릭하면 워드 프로그램으로 돌아온다. 아래 그림에서 보면, 워드 프로그램에 자동으로 표가 만들어진 것을 볼 수 있다. 이때, 표를 다시 더블 클릭하면 엑셀 스프레드시트의 편집 모드로 들어갈 수 있다.

> **Check Point**
> 엑셀 스프레드시트로 표 작성을 한 경우에 표의 내용을 수정해야 할 경우 반드시 엑셀 스프레드시트 상태로 돌아가야 한다.

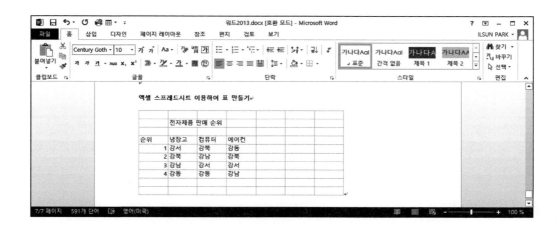

2) 표 속성 편집하기

표를 삽입한 후 표 안의 아무 셀을 선택하면 리본 메뉴에 [표 도구] 메뉴가 활성화되고 [디자인]과 [레이아웃] 메뉴가 생성된다.

🎁 [표 도구] – [디자인] 활용하기

[표 도구] – [디자인] 메뉴에서 표에 음영을 주거나 테두리를 직접 지정할 수도 있고 "표 스타일" 그룹을 이용하여 이미 만들어진 표의 음영과 테두리를 선택해서 간편하게 원 클릭으로 표의 디자인을 바꿀 수 있다.

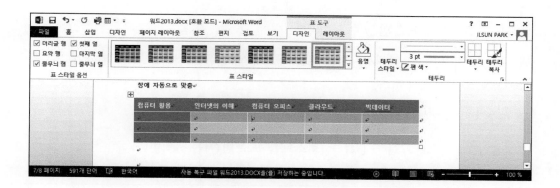

🎁 [표 도구] – [레이아웃] 활용하기

[행 및 열] 그룹에서 임의의 셀 옆이나 아래로 행과 열을 삽입할 수 있다.

[병합] 그룹에서는 표를 분할하거나 셀을 분할 또는 병합할 수 있다.

[셀 크기] 그룹에서는 표의 사이즈를 정확하게 수치로 입력하여 수정하거나 불규칙하게 나누어진 행의 높이나 열의 너비를 같게 할 수도 있다.

[맞춤] 그룹에서는 셀 안에서 텍스트를 어떻게 배치할 것인가를 지정할 수 있다. 즉, 셀 안에서 텍스트를 위쪽 가운데 맞춤으로 할 것인지, 가운데로 텍스트를 맞출 것인지 등을 설정할 수 있다.

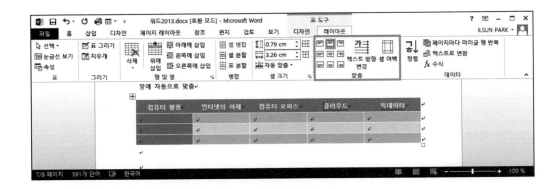

3) 텍스트를 표로 변환하기

텍스트를 간단하게 표로 만들 수 있다.

텍스트를 표로 만들기 위해서는 텍스트를 쉼표 등과 같은 구분 기호로 구분하여 항목을 일관성 있게 입력해야 한다.

❶ 표로 만들고자 하는 내용을 모두 블록으로 설정한다.

[삽입] 탭 – [표] 그룹 – [표] – [텍스트를 표로 변환]을 선택한다.

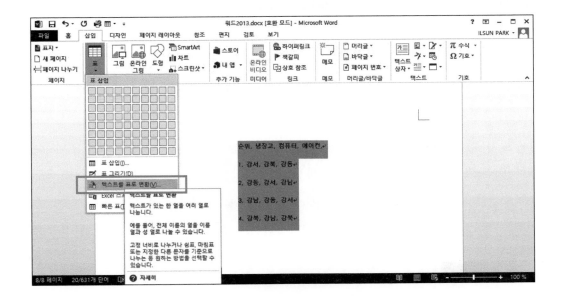

❷ [텍스트를 표로 변환] 대화 창에서 만들고자 하는 표의 사이즈에 맞게 옵션을 선택한
후 [텍스트 구분 기호]에서 데이터에 구분 기호로 텍스트에 삽입되어 있는 '쉼표'를
선택해야 한다.

텍스트를 표로 변환하기 위해 구분할 수 있는 구분 기호로는 쉼표, 단락, 탭 등이 주로 사
용된다.

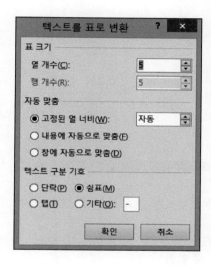

내용에 맞춰 표의 사이즈는 자동으로 맞추어졌고 '쉼표'를 기준으로 각 셀에 내용이 입
력되어 있다.

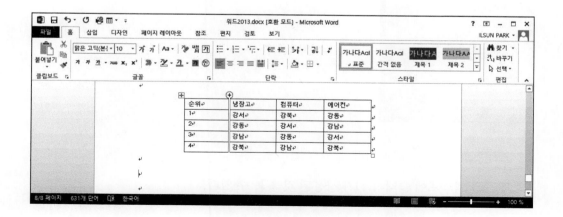

4) 표를 텍스트로 변환하기

만들어진 표를 다시 텍스트로 변환할 수 있다.

❶ [표 도구] – [레이아웃] – [데이터] – [텍스트 변환]을 선택한다.

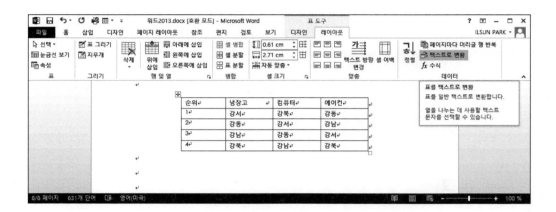

❷ 표를 일반 텍스트로 바꾸었을 때 각 셀에 들어 있는 항목들을 구분할 수 있는 구분 기호를 선택한다.

선택한 구분 기호에 따라 텍스트 정렬 방식이 다르게 변환된다.

❸ 이번에는 구분 기호를 '기타'에서 "/"를 사용했다.

변환된 텍스트에 슬래시(/)가 사용된 것을 볼 수 있다.

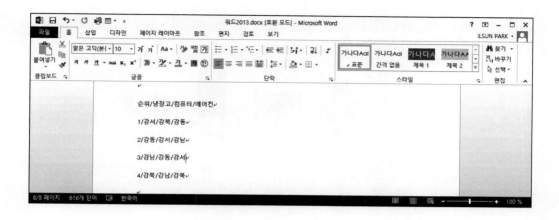

2 그림 활용하기

1) 그림 삽입하기

❶ [삽입] 탭 – [일러스트레이션] 그룹 – [그림]을 클릭한다.

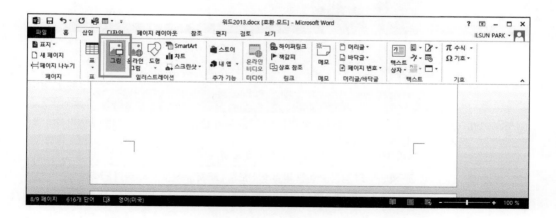

❷ [그림 삽입] 대화 상자에서 원하는 파일이 보이지 않으면 파일 포맷에서 '모든 파일'
로 선택해서 그림 파일을 찾는다.

❸ 이미지가 삽입되었다.

🎁 이미지 포맷의 특성

이미지 포맷 종류	특성
JPEG(*.jpg, *.jgeg)	가장 뛰어난 압축률을 갖고 있지만 '풀 컬러 손실 압축'을 하기 때문에 이미지의 질이 다소 떨어진다. 알파 채널을 지원하지 않고 투명 효과도 낼 수 없다.
PNG(*.png)	GIF와 JPG의 장점을 합친 파일 형식으로 GIF처럼 색상 수를 줄여 압축하지만 1,600만 컬러 모드로 저장할 수 있고 비손실 압축을 하며 투명 이미지와 알파 채널을 지원한다.
TIF(*.tif, *.tiff)	매킨토시용 이미지 파일로 최대 4 GB까지 지원하며 알파 채널을 지원한다.
BMP(*.bmp)	압축을 거의 하지 않아 용량이 크다는 단점이 있지만, 이미지를 손상시키지 않는다는 장점이 있다.
GIF(*.gif)	색상 수를 적게 하여 이미지 용량을 줄이는 방식을 사용한다. 최대 256 색상을 지원하고 움직이는 애니메이션을 만들 수 있다. 용량이 적어 전송 속도가 빨라 주로 '웹 전용 이미지 형식'으로 사용된다.

2) 그림 연결하기

일반적으로 문서에 그림을 삽입하는 방식을 사용한다. 이 경우 그림은 문서에 포함되는데 이때 그림을 연결하면 파일 크기를 줄일 수 있다. (연결: 한 프로그램에서 만든 정보의 복사본을 MS 워드 문서로 복사하고 두 파일 간의 연결을 유지하는 것. 원본 파일의 정보가 변경되면 대상 문서에도 변경 내용이 반영된다.)

❶ [삽입] – [일러스트레이션] – [그림]을 클릭한다.

[그림 삽입] 대화 상자에서 삽입 옆의 화살표를 클릭하고 [파일에 연결]을 클릭한다.

❷ [파일에 연결] 방식으로 그림을 삽입해도 이미지에 삽입된 그림은 [이미지 삽입]과 똑같이 보여진다.

[파일에 연결] 방식으로 이미지를 연결해서 삽입한 경우에 문서 용량에서 큰 차이가 난다.

이미지 하나를 삽입한 문서의 용량은 1,107 KB이고, 같은 이미지 하나를 연결한 문서의 용량은 12 KB에 불과한 것을 알 수 있다.

> **Check Point** 단, [파일에 연결] 방식을 이용할 때 연결한 이미지의 원래의 위치를 변경하면 파일 경로가 바뀌어 파일이 열리지 않을 수 있다.

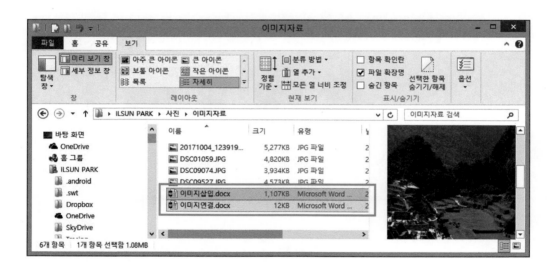

📦 이미지 삽입 방식에 따른 문서 용량 크기 비교

문서 내에 그림 삽입 방법	문서 용량 비교
이미지 원본(jpg)	5,277 KB
그림 삽입(docx)	1,107 KB
파일에 연결(docx)	12 KB

이미지의 원본은 5,277 KB 고화질이었으나 문서에 삽입한 후 이미지의 질이 떨어졌다. 이미지를 이미지 편집 프로그램에서 인쇄를 하지 않고 문서 안에 삽입한 후 문서로 프린트를 하면 이미지의 질이 많이 떨어져서 인쇄되는 것을 알 수 있다.

3) 그림을 배경으로 삽입하기

① [삽입] – [일러스트레이션] – [그림]을 클릭한다.

② 원하는 그림을 선택하고 삽입을 누르면 화면에 해당 그림이 삽입된다.

③ 삽입한 그림을 선택하고 [그림 도구] – [서식] – [정렬] 그룹 – [위치]에서 '기타 레이아웃 옵션'을 선택한다.

④ 레이아웃 창에서 [텍스트 배치] 탭을 클릭한 후 텍스트 뒤를 선택한다.

삽입한 그림이 배경으로 설정되어 그림 위로 텍스트를 편집할 수 있다.

3 **워터마크 활용하기**

1) 그림을 워터마크로 변환하기

그림이나 클립아트 또는 사진 등을 워터마크로 사용할 수 있다.

워터마크는 인쇄 시 기존 문서 텍스트의 위쪽이나 뒤에 나타나는 그래픽 또는 텍스트를 의미한다.

❶ [디자인] – [페이지 배경] – [워터마크] – [사용자 지정 워터마크]를 클릭한다.

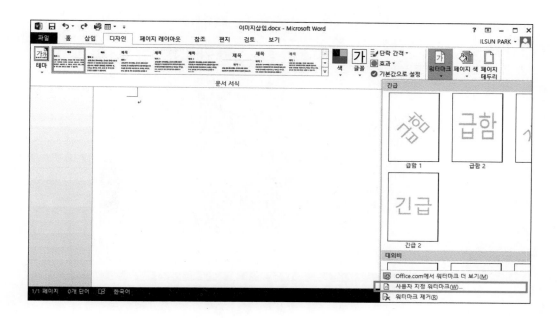

❷ 그림 워터마크를 클릭한 다음 그림 선택 단추를 클릭한다.

원하는 그림을 선택하고 삽입을 클릭한다.

그림을 특정 크기로 삽입하려면 배율에서 원하는 백분율을 선택한다.

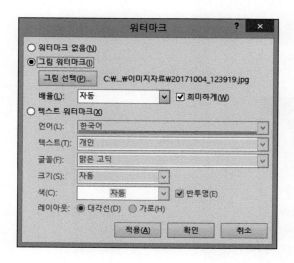

❸ 워터마크로 삽입된 이미지는 문서 안에서 이미지처럼 마우스로 선택이 되지 않는다.

2) 텍스트 워터마크 활용하기

워터마크 창에서 텍스트로 워터마크를 지정할 수도 있다.

❶ [디자인] – [페이지 배경] – [워터마크] – [사용자 지정 워터마크]를 클릭한다.

[텍스트]란에 워터마크로 삽입할 텍스트(IT 융합 과학 인터넷)를 입력하고 [글꼴], [크기], [색]을 지정한다.

[레이아웃]에서 텍스트가 보여질 레이아웃을 '대각선' 또는 '가로'로 지정한다.

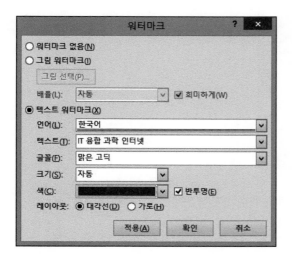

❷ 대각선 모양으로 문서 전체 크기에 맞게 워터마크가 생성되었다.

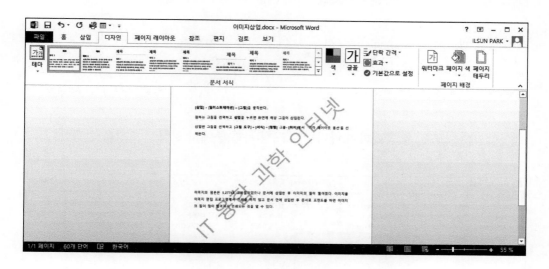

❸ 워터마크는 이미지처럼 다루어지지 않기 때문에 삭제할 때는,

[디자인] – [페이지 배경] – [워터마크] – [워터마크 제거]를 클릭해야 한다.

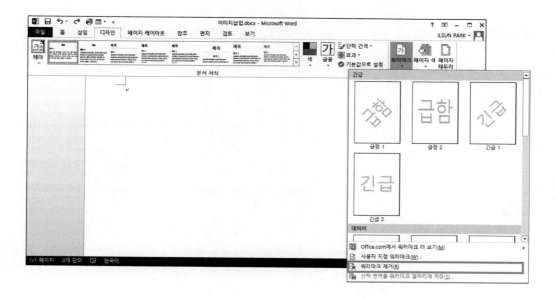

4 도형 활용하기

사각형과 원, 화살표, 선, 순서도, 기호 및 설명선 등의 도형을 삽입 할 수 있다.

1) 도형 삽입하기

❶ [삽입] – [도형]을 클릭하여 나타나는 도형 목록 중에서 원하는 도형을 선택한다.

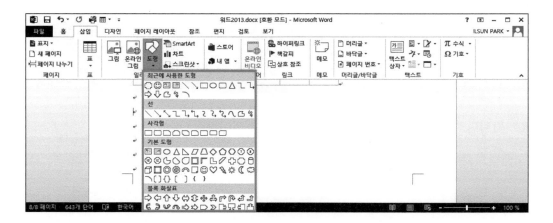

❷ 마우스 모양이 ' + '로 바뀐다. 이때 문서에서 마우스로 드래그하여 원하는 사이즈만큼 도형을 그린다.

❸ 삽입된 도형을 선택하면 리본 메뉴에 [그리기 도구]가 활성화되어 도형을 재편집할 수 있다.

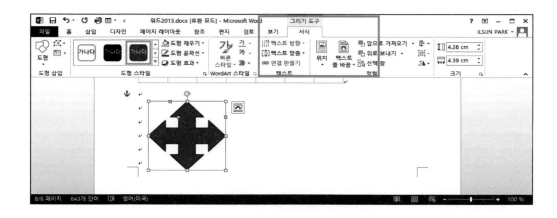

2) 도형 스타일 지정하기

[그리기 도구] – [도형 스타일] 그룹에서 이미 도형 선과 색이 지정된 도형 스타일 중에서 선택한다.

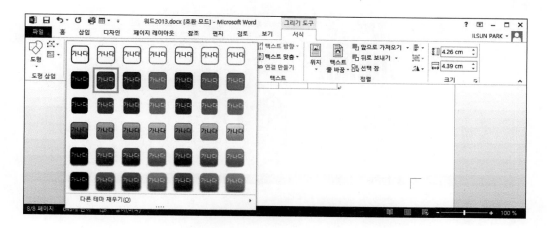

도형 스타일을 사용하지 않을 경우 사용자가 직접 도형의 선과 색을 지정할 수 있다.

🧊 도형 채우기

도형의 면 색을 지정할 수 있다.

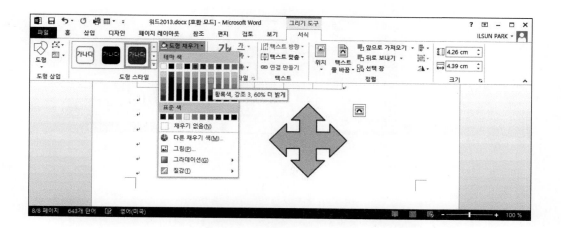

🔷 도형 윤곽선

도형의 윤곽선 색과 선의 두께 등을 지정할 수 있다.

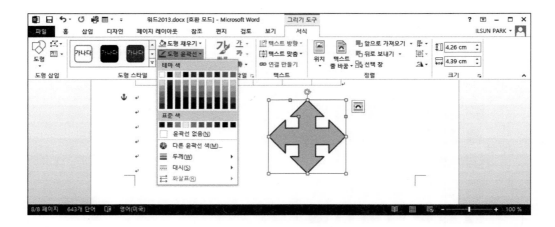

🔷 도형 효과

도형에 그림자, 반사, 네온, 3차원 효과, 입체 효과 등을 지정할 수 있다.

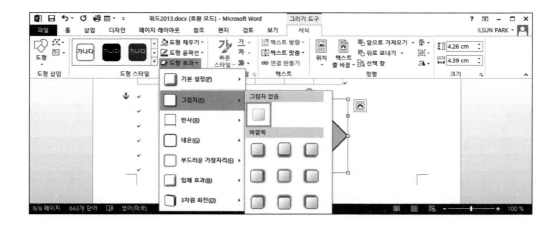

3) 도형 정렬하기

🔷 도형 정렬

도형이 여러 개일 경우 보기 좋게 정렬할 수 있다.

[그리기 도구] − [서식] − [정렬]에서 '앞으로 가져오기', '뒤로 보내기' 등을 이용하여 여러 개의 도형의 보이는 순서를 정할 수 있다

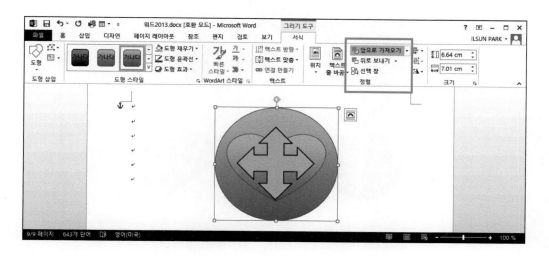

🔷 개체 맞춤

[그리기 도구] − [정렬] − [맞춤]에서 여러 개의 도형의 위치를 '가운데 맞춤', '왼쪽 맞춤', '오른쪽 맞춤' 등으로 설정할 수 있고 여러 개의 도형의 배열 간격을 '가로 간격을 동일하게', '세로 간격을 동일하게' 맞출 수 있다.

❶ 먼저 Ctrl 키를 동시에 누르면서 세 도형을 모두 선택한 후 [그리기 도구] − [정렬] − [맞춤] 메뉴를 클릭한다.

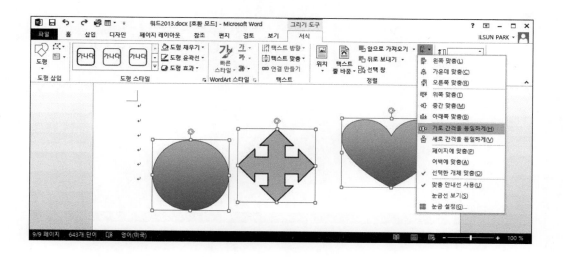

❷ 현재 도형 상태에서 [가로 간격을 동일하게]와 [중간 맞춤]을 선택하면 아래와 같이
정렬된다.

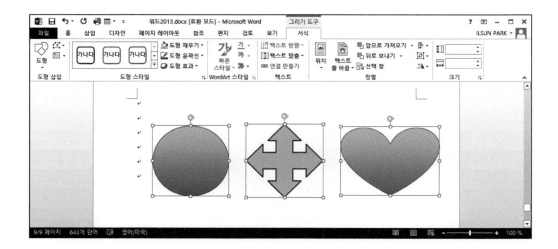

4) 도형 크기 조절

임의로 드래그해서 만들어진 도형의 사이즈를 정확하게 수치로 입력하여 편집할 수
있다.

❶ [그리기 도구] – [크기]에서 원하는 수치를 입력한다.

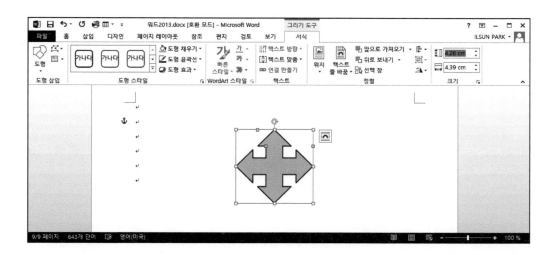

❷ 이때 [그리기 도구] – [크기]에서 '크기 대화 상자' 버튼을 클릭하면 도형과 관련된
[레이아웃] 창이 열린다.

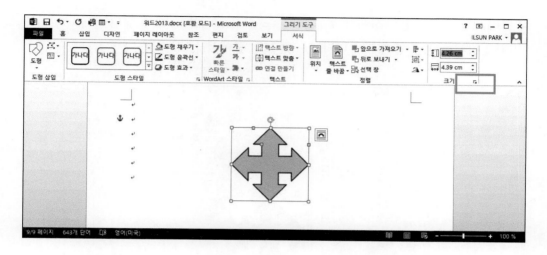

❸ 만일, 도형이 원래 가지고 있었던 가로 세로 비율을 해제하고 싶으면 이 [레이아웃]
창에서 '가로 세로 비율 고정' 체크를 없애면 된다.

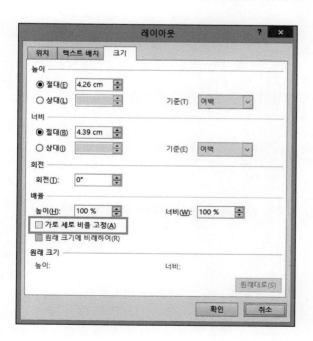

5) 도형 모양 변경하기

먼저 도형을 삽입한 후에 도형의 모양을 변경할 수 있다.

편집하고자 하는 도형을 선택한 후 [그리기 도구] – [서식] – [도형 삽입] – [도형 모양 변경]을 클릭한다. 팝업 메뉴에 나타난 도형 모양 중에서 선택한다.

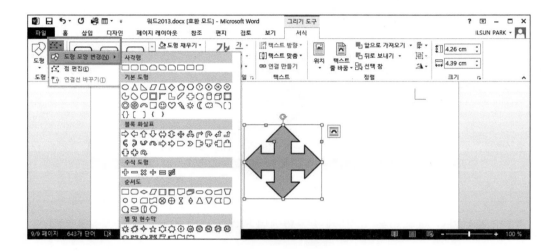

6) 점 편집 활용하기

만들어진 도형을 '점 편집'을 이용하여 완전히 다른 본인만의 새로운 모양으로 자유롭게 변경할 수 있다.

편집하고자 하는 도형을 선택한 후 [그리기 도구] – [서식] – [도형 삽입] 그룹 – [점 편집]을 클릭한다.

도형에 '베지어 곡선'이 생성되고 이 베지어 곡선을 드래그하면서 움직여 도형 모양을 자유롭게 변경한다.

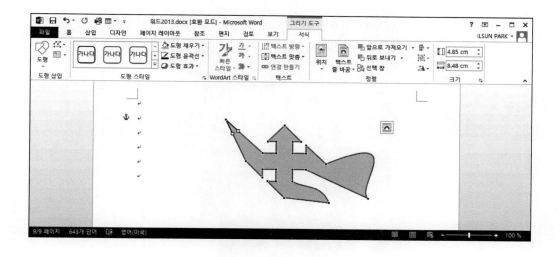

5 　워드아트 활용하기

워드아트를 사용하여 문서의 텍스트에 장식 또는 강조 효과를 주기 위해 제목을 늘이거나, 텍스트를 기울이거나, 그라데이션 채우기를 적용하여 특수한 텍스트 효과를 줄 수 있다.

1) 워드아트 삽입하기

❶ [삽입] − [텍스트] − [워드Art]를 선택해 원하는 워드아트 스타일을 선택한다.

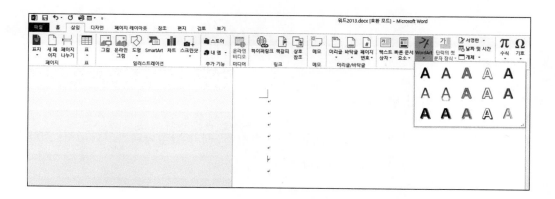

❷ 원하는 워드아트 스타일을 선택하게 되면 "필요한 내용을 적으십시오."라는 문구가
나오는데 그 자리에 텍스트를 입력한다.

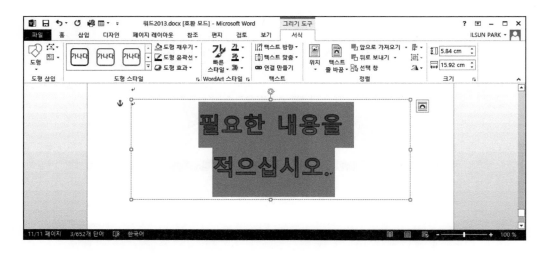

❸ 텍스트를 입력한 후 박스 바깥쪽 빈 공간을 클릭하면 워드아트가 완성된다.

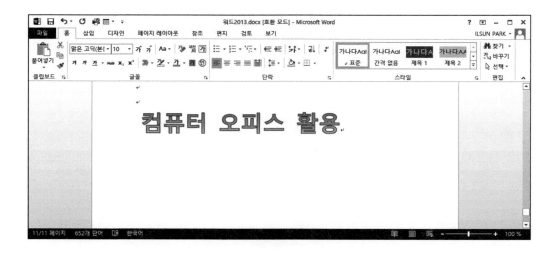

2) 워드아트 스타일 변환하기

생성된 워드아트를 선택하면 리본 메뉴에 [그리기 도구]가 활성화되고 [WordArt 스타
일]에서 다양한 스타일 변환이 가능하다.

❶ [텍스트 효과] 효과를 주기 원하는 텍스트만큼만 블록으로 지정한 후 [워드Art 스타일] 자세히 버튼을 클릭하면 오른쪽에 서식 창이 생성되고 그림자, 반사, 입체, 네온 효과 등을 보면서 지정할 수 있다.

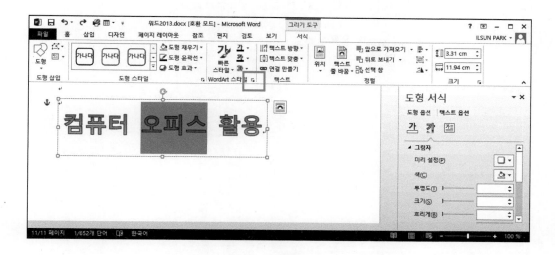

❷ 이때 [워드Art 스타일] – [텍스트 효과]를 선택한 후 준비된 프리셋에서 마우스를 포인팅하는 것만으로 바로 스타일을 변경할 수 있다.

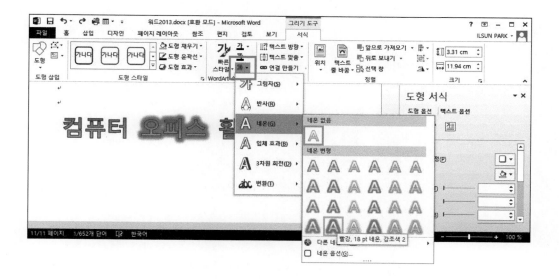

❸ [텍스트 효과] – [변환]을 클릭하면 삽입된 워드아트 텍스트에 다양한 '휘기' 효과를
추가로 적용할 수 있다.

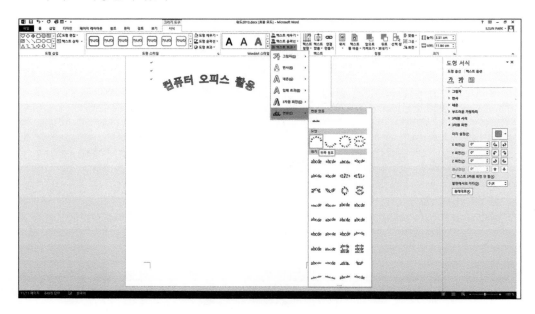

표 활용하기

- 그림이나 도형을 삽입하여 직관적인 문서를 작성한다.
- 표의 크기 – 자동 맞춤(내용에 자동으로 맞춤, 창에 자동으로 맞춤)
- 텍스트를 표로 변환 – 일반 텍스트를 표로 변환하기 위해서는 구분 기호(예: 쉼표, 단락, 탭)가 필요하다.

그림 활용하기

- 그림을 문서에 삽입할 때 삽입 방식과 '그림 연결' 방식을 구분해서 사용한다.
- 삽입 방식이나 연결 방식 모두 이미지를 문서에 삽입하는 순간 이미지 질은 떨어지고 연결 방식의 경우 이미지가 포함된 문서 용량이 많이 줄어든다.

워터마크 활용하기

- 그림이나 일반 텍스트를 워터마크로 활용할 수 있다.

도형 활용하기

- 도형 스타일 지정, 도형 정렬, 도형 크기 조절, 도형 모양 변경, 점 편집 등으로 도형을 다양하게 변형한다.

워드아트 활용하기

- 일반 텍스트에 프로그램에 미리 준비된 프리셋에서 마우스를 포인팅하는 것만으로 바로 텍스트의 스타일을 변경할 수 있다. 주로 제목 텍스트에 활용한다.

확인학습문제

1. 다음 중 표 삽입 대화 상자를 이용하여 표를 만들었을 때 사용하는 옵션 중에서 셀의 크기를 주지 않아도 셀 안에 텍스트를 입력하는 대로 자동으로 셀의 크기가 맞춰지도록 하는 옵션은 무엇인가?

① 고정된 열 너비 지정   ② 내용에 자동으로 맞춤

③ 창에 자동으로 맞춤   ④ 새 표의 기본 크기로 설정

2. 다음 중 문서에서 그림을 활용하는 방법에 대한 설명이 틀린 것은 무엇인가?

① 그림을 문서에 삽입하면 이미지 원본에 비해 이미지 질이 떨어진다.

② 그림을 '텍스트 뒤'로 배치하면 그림을 배경으로 텍스트를 입력할 수 있다.

③ 그림을 삽입할 때 '파일에 연결'해도 이미지 용량은 떨어지지 않는다.

④ 문서에 워터마크를 삽입할 때 텍스트뿐만 아니라 그림도 가능하다.

3. 도형을 삽입한 후 완전히 새로운 모양으로 자유롭게 변경할 수 있도록 베지어 곡선을 이용하려면 사용해야 하는 메뉴는 무엇인가?

① 도형 모양 변경   ② 도형 스타일
③ 맞춤   ④ 점 편집

4. 다음 중 표를 만드는 방법 중 스타일이 있는 표를 간단하게 만들 수 있는 방법은 무엇인가?

① 메뉴 사용하기

② 오른쪽 마우스 버튼 메뉴 사용하기

③ 빠른 표 사용하기

④ 표 삽입 대화 상자 사용하기

5. 다음 보기 중 표를 만들 때 입력할 내용과 관계없이 표의 크기가 문서의 너비에 맞춰 나타나게 하려면 어떤 옵션을 사용해야 하는가?

① 고정된 열 너비 지정   ② 내용에 자동으로 맞춤
③ 창에 자동으로 맞춤   ④ 새 표의 기본 크기로 설정

6. 도형이 여러 개가 있을 때 모든 도형을 수평으로 도형의 중심을 일치시켜 일직선상에 정렬하기 위해서 사용해야 하는 메뉴는 무엇인가?

① 가운데 맞춤   ② 중간 맞춤

③ 가로 간격을 동일하게   ④ 세로 간격을 동일하게

7. 워드에서 텍스트를 표로 변환할 때 사용하는 구분 기호에 속하지 않는 것은 무엇인가?

① 탭   ② Shift 키

③ 쉼표   ④ 단락

8. 다음은 워드 문서에 이미지를 삽입하는 방법에 대한 설명이다. 설명이 틀린 것은?

① 삽입한 이미지는 색조의 밝기를 조절할 수 있다.

② 삽입한 이미지에 연필 스케치와 같은 꾸밈 효과를 준 이후에는 이미지를 원래대로 돌릴 수 없다.

③ 삽입한 경우가 이미지를 연결한 경우에 비해 문서 파일 용량이 훨씬 더 크다.

④ 워드에 삽입한 모든 이미지는 워터마크로 사용할 수 있다.

9. 다음 워드에 삽입할 수 있는 이미지 포맷 중에서 파일 용량이 가장 큰 이미지 포맷은 무엇인가?

① JPEG   ② BMP

③ GIF   ④ PNG

10. 다음 중 워드 문서에 이미지를 삽입한 후 이미지를 사용하는 방법에 대한 설명이 바른 것은 무엇인가?

① 이미지를 삽입한 후 옵션을 '텍스트 뒤'로 하면 후에 텍스트를 입력할 때 그림이 선택되지 않는다.

② 이미지를 워터마크로 한번 지정하면 다시 워터마크를 삭제할 수 없다.

③ 이미지로 워터마크를 지정할 때 사이즈 배율을 지정할 수 없다.

④ 이미지를 워터마크로 지정하면 텍스트를 입력할 때 이미지가 선택되지 않는다.

정답

1. ②   2. ③   3. ④   4. ③   5. ③   6. ②   7. ②   8. ②   9. ②   10. ④

워드의 출판 기능 다루기 **03**

학습목표

1. 작성한 문서를 출판하기 위해 필요한 기능들을 학습할 수 있다.
2. 문서를 인쇄할 때 필요한 머리글/바닥글을 삽입하고 편집할 수 있다.
3. 문서에 각주/미주를 삽입하고 편집할 수 있다.

1 여백 설정하기

1) 지정된 여백 선택하기

워드에서는 기본적으로 여백이 지정되어 있으나 사용자의 필요에 따라 여백을 조정할
수 있다.

[페이지 레이아웃] - [페이지 설정] 그룹에서 [여백]을 클릭한다.

이미 설정되어 있는 여백 세트 중에서 원하는 '여백'을 선택한다.

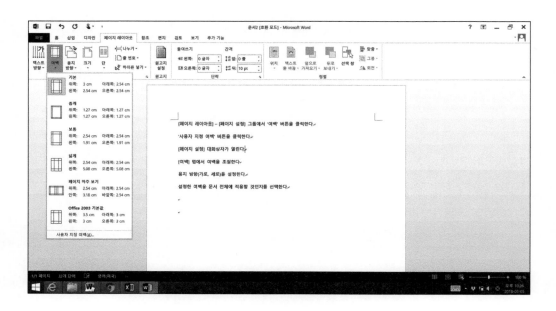

2) 사용자 지정 여백 활용하기

사용자가 직접 여백을 지정하여 사용할 수 있다.

❶ [페이지 레이아웃] - [페이지 설정] 그룹에서 [여백] 버튼을 클릭한다.

❷ [사용자 지정 여백] 버튼을 클릭한다.

❸ [페이지 설정] 대화 상자가 열린다.

④ [여백] 탭에서 여백을 조절한다.

⑤ 용지 방향(가로, 세로)을 설정한다.

⑥ 설정한 여백을 문서 전체에 적용할 것인지를 선택한다.

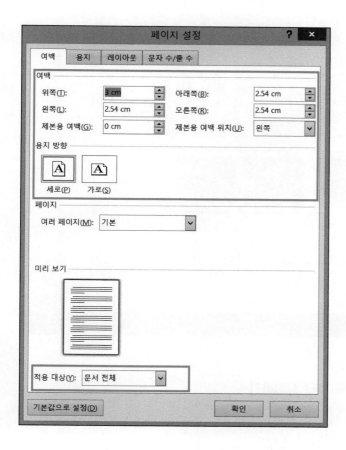

2	단 설정하기

'단'이란 텍스트를 세로로 둘 이상의 열로 나누는 것을 말한다.

워드에서는 신문이나 잡지 등에서 자주 볼 수 있는 서식 스타일을 사용할 수 있다.

📦 문서의 일부에 단 추가하기

① 단 서식을 지정할 텍스트를 블록 설정한다.

② [페이지 레이아웃] – [페이지 설정] 그룹 – [단] – 원하는 단 개수를 클릭한다.

③ 아래 그림에서 블록으로 지정한 텍스트만 3단으로 정렬된 것을 볼 수 있다.

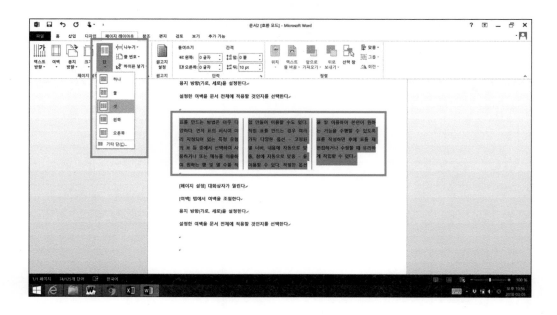

📦 [기타 단] 대화 상자를 이용하여 단 설정하기

① 단 서식을 지정할 텍스트를 블록 설정한다.

② [페이지 레이아웃] – [페이지 설정] 그룹 – [단] – [기타 단]을 클릭하면 [단] 대화 상자가 열린다.

③ [미리 설정]에서 단의 형태를 선택한다.

④ [단 개수]에서 단의 개수 숫자를 입력한다.

⑤ [경계선 삽입]에서 단과 단 사이에 경계선을 삽입할지를 선택한다.

⑥ [너비 및 간격]에서 단의 너비의 크기를 사용자가 직접 지정할 수 있다.

⑦ [적용 대상]에서 블록으로 지정한 것 외에도 '현재 위치 다음부터' 또는 '문서 전체'

에 단을 지정할지를 선택한다.

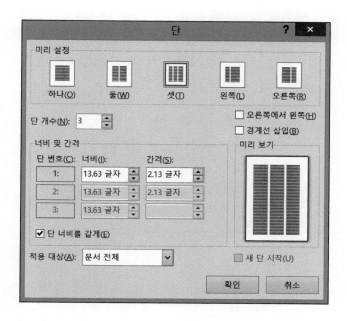

3 머리글/바닥글 삽입하기

머리글이란 인쇄된 페이지의 맨 위 상단에 표시되는 글을 의미하고 바닥글이란 인쇄된 페이지의 맨 아래 하단에 표시되는 글을 말한다.

머리글/바닥글은 한 번 지정하면 열려 있는 파일의 전체 페이지에 동일하게 설정된다.

단, [옵션]에서 짝수 페이지와 홀수 페이지를 다르게 지정할 수는 있다.

🔷 머리글 편집하기

❶ [삽입] − [머리글/바닥글]에서 [머리글] − [머리글 편집]을 클릭하여 머리글 편집 모드로 들어간다.

❷ [머리글 도구] 메뉴가 활성화되면 머리글 편집 영역에 커서를 놓고 원하는 머리글 텍스트를 입력한다. 머리글 메뉴가 활성화되면 본문 내용은 기본 글꼴보다 흐린 색상

으로 표시된다.

❸ 머리글/바닥글 편집 영역은 본문 영역이 아니므로 편집이 끝난 후 반드시 [머리글/
바닥글 닫기]를 클릭해서 본문 영역으로 돌아와야 한다. (본문으로 돌아오기 위해서
는 본문 영역을 더블 클릭해도 돌아올 수 있고, 반대로 머리글/바닥글 영역을 더블
클릭하면 머리글/바닥글 편집 모드로 커서가 움직인다.)

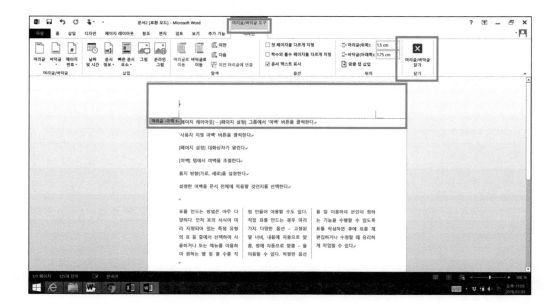

🔷 머리글에 삽입 가능한 객체

❶ 머리글/바닥글에는 텍스트 외에도 날짜 및 시간, 그림, 클립아트 등을 삽입할 수 있
고 그 외에 만든 이, 제목, 키워드, 메모 등과 같은 문서 속성도 삽입할 수 있다.

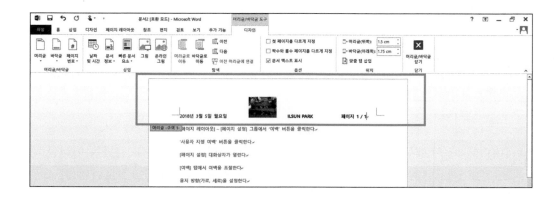

❷ 페이지 번호를 삽입할 때 지정된 위치를 정하거나 임의로 사용자가 커서를 옮겨 놓고 커서가 있는 '현재 위치'에 삽입할 수도 있다.

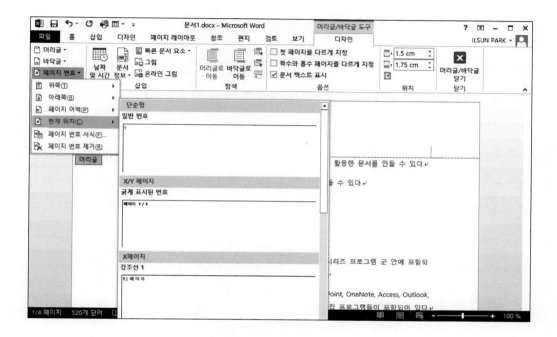

❸ 삽입할 번호 서식도 다양하게 지정할 수 있다.

[머리글/바닥글] − [페이지 번호] − [페이지 번호 서식]을 클릭해서 다른 서식을 지정할 수 있다.

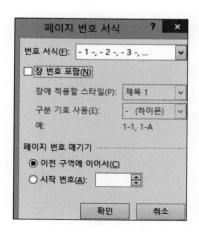

4 각주/미주 삽입하기

1) 각주 편집하기

📦 각주란 무엇인가?

각주는 각 페이지별로 한 페이지 내에서 임의의 단어에 부연 설명을 달고자 할 때 주로 사용한다.

각주 번호는 각주 설명이 달려야 할 단어의 오른쪽 상단에 위첨자 형태로 자동 입력된다.

각주의 번호는 자동으로 카운팅되어 중간에 각주 번호가 삭제되더라도 자동으로 다시 번호가 정렬된다.

📦 각주 삽입하기

① 각주를 삽입하고자 하는 단어 뒤에 커서를 놓는다.

② [참조] - [각주] - [각주 삽입]을 클릭한다.

③ 페이지 하단에 줄이 그어지고 그 밑에 번호가 생성되고 원하는 텍스트를 입력하면 된다.

④ 각주 번호는 구역마다 새로 시작할 수도 있고 페이지마다 새로 시작할 수도 있다.

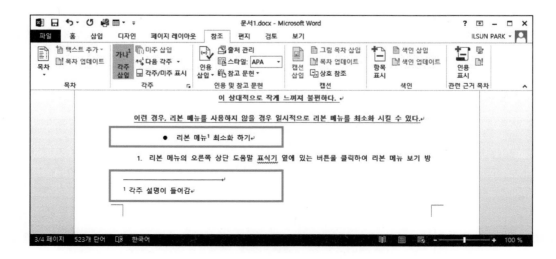

🔷 각주 이동 및 삭제

이동

각주를 이동하려면 각주 번호를 블록으로 설정한 후 블록 지정된 번호를 드래그하여 원하는 곳으로 이동시키거나 아니면 '잘라내기'를 한 후 원하는 곳에 '붙여넣기'를 한다.

삭제

페이지 내의 각주 번호를 삭제하면 자동으로 페이지 하단에 있는 각주 설명도 같이 삭제된다.

🔷 각주 편집

각주 내용을 편집할 때는 페이지 하단 각주 내용에서 바로 편집을 하면 된다.

정확한 편집을 위해서는 페이지 내의 각주 번호를 더블 클릭하면 커서가 페이지 하단의 각주 내용으로 이동한다. 그곳에서 바로 편집이 가능하다.

2) 미주 편집하기

미주는 문서의 특정 내용에 대한 추가 정보를 제공하는 메모 또는 인용 등의 메모이다.

미주 번호는 자동으로 매겨지고 사용자가 번호를 이동시키면 다시 자동으로 재정리된다.

미주는 문서의 맨 뒤 또는 구역의 맨 뒤에 위치한다. 아래 그림의 맨 왼쪽 하단을 보면 '미주 삽입' 버튼을 클릭했을 때 문서의 마지막 페이지(4/4 페이지)에 미주가 삽입되는 것을 볼 수 있다.

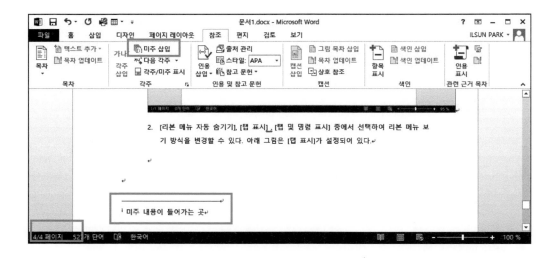

각주 및 미주 대화 상자 이용하기

각주 및 미주 대화 상자를 이용하면 각주나 미주에 여러가지 다양한 서식 지정을 할 수 있다.

[참조] – [각주] – [각주 및 미주] 대화 상자를 클릭한다.

[각주 및 미주] 대화 상자에서 각주나 미주의 번호 서식, 시작 번호, 적용 범위 등을 지정할 수도 있다.

[각주 및 미주] 대화 상자에서 미주 번호를 '이어서' 매길 수도 있고 '구역마다 다시 매기기'를 할 수도 있다.

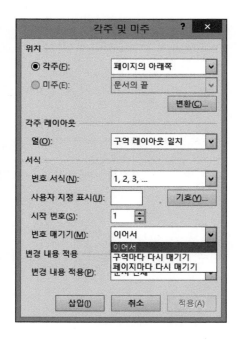

5 / 데스크톱에서 출판하기

워드 2013 버전은 워드 2010 버전에 비해 텍스트 위주의 문서 작성에서 좀 더 비주얼적인 문서, 멀티미디어적인 문서 작성 프로그램으로 변화하였다. 그래서 [페이지 레이아웃] 기능이 [디자인]과 [페이지 레이아웃] 기능으로 세분화되었다.

이러한 비주얼적인 메뉴 기능으로 인해 일반인들도 컴퓨터와 프로그램만 있으면 누구나 쉽게 출판을 할 수 있다.

내 PC에서 작성한 문서를 출판하기 위해서는 디자인 테마, 페이지 장식, 페이지 커버, 그리고 그림과 텍스트 배치 등을 조절해야 한다.

🔲 디자인 테마 선택하기

❶ [디자인] – [테마]에서 원하는 테마 형식을 선택한다.

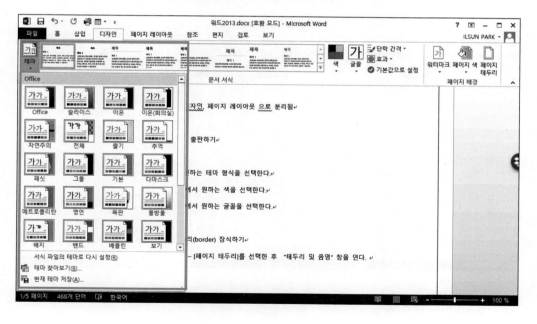

❷ [디자인] − [문서 서식] − [색]에서 원하는 색을 선택한다.

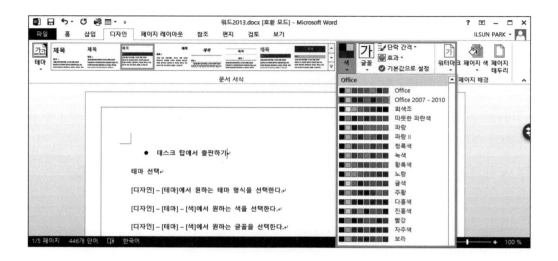

❸ [디자인] − [문서 서식] − [글꼴]에서 원하는 글꼴을 선택한다.

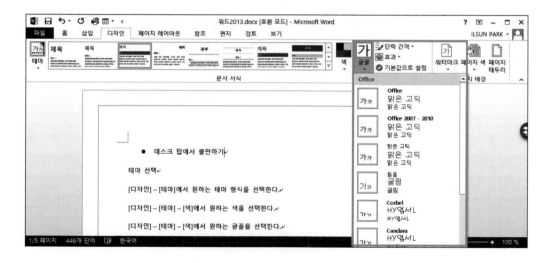

📦 페이지에 테두리 장식하기

❶ [디자인] − [페이지 배경] − [페이지 색]에서 페이지 배경색을 선택한다.

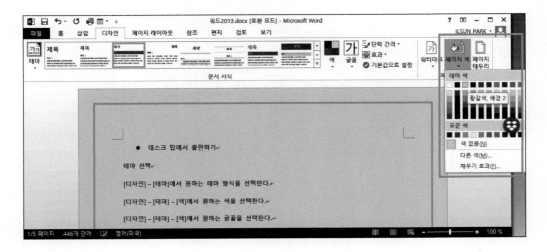

❷ [디자인] − [페이지 배경] − [페이지 테두리]에서 페이지 테두리를 설정한다.

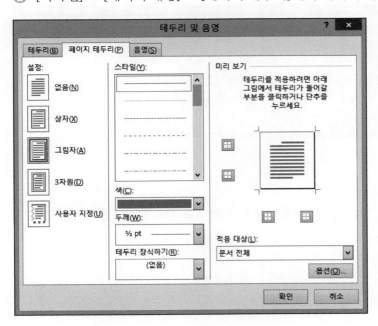

❸ [디자인] − [문서 서식] − [기본값으로 설정]을 클릭하면 지금 설정한 서식들이 "기본값"으로 저장되어 빈 문서를 만들 때마다 즐겨 사용하는 글꼴, 단락 간격, 색, 효과 등을 효율적으로 사용할 수 있다.

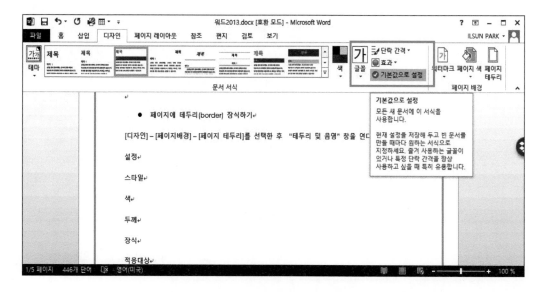

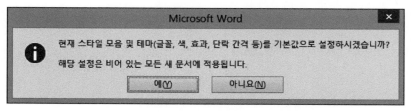

🧊 페이지 커버 만들기

❶ [삽입] − [페이지] − [표지]에서 원하는 표지 스타일을 지정할 수 있다.

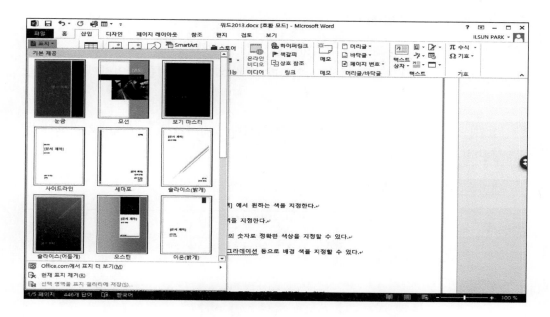

❷ '표지 스타일'을 선택하면 문서의 맨 앞에 책의 표지로 사용될 표지가 새로 생성된다. 괄호 안에 알맞은 내용을 입력하기만 하면 된다.

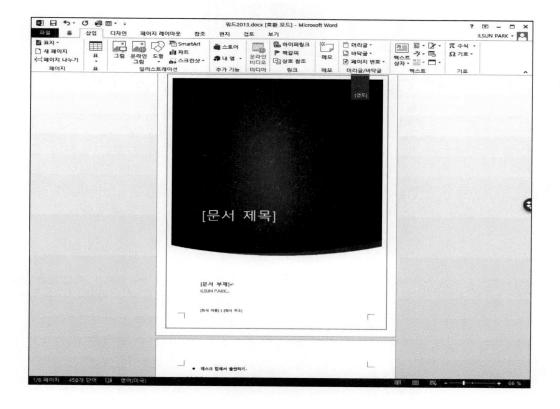

◈ [새 그리기 캔버스] 활용하기

그림이나 도형 등을 바로 문서에 삽입하는 것이 아니라 객체가 들어갈 캔버스를 준비하고 그 캔버스 안에 그림이나 도형을 삽입한다. 캔버스 안에 객체를 삽입하면 객체를 좀 더 쉽게 정렬할 수 있다.

❶ [삽입] – [도형] – [새 그리기 캔버스]를 클릭하면 커서가 있는 위치에 캔버스가 생성된다.

　　캔버스 안에 원하는 도형, 그림, 텍스트 등을 삽입할 수 있다.

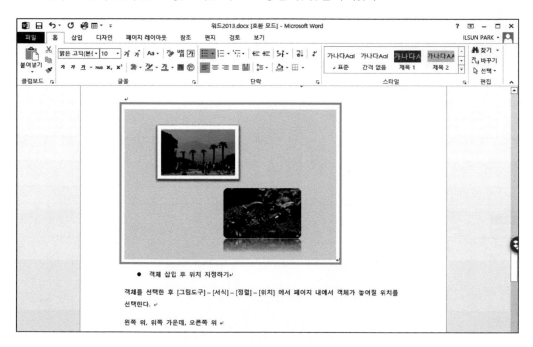

❷ 캔버스를 클릭하면 [레이아웃 옵션] 창 버튼이 생성되고 이 버튼을 클릭하면 [텍스트 배치]를 선택하여 캔버스 주변에 텍스트가 표시되는 방법을 지정할 수 있다.

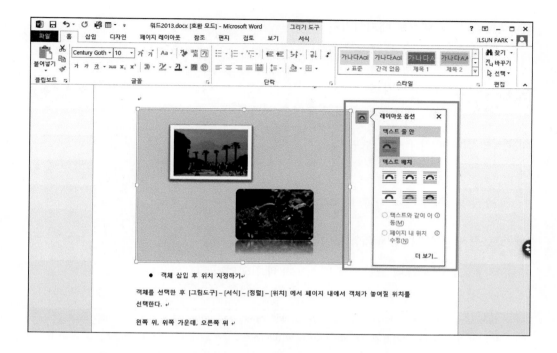

텍스트 줄 안을 선택하여 캔버스 옆으로 글씨가 올라왔다. 삽입된 도형과 상관없이 정렬되었다.

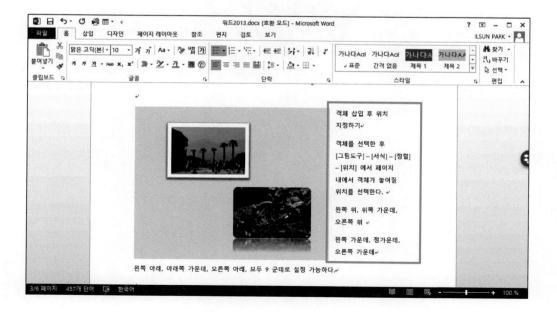

🔷 객체 삽입 후 텍스트 배치시키기

출판을 위해서는 객체와 텍스트를 조화롭게 배치시키는 일이 중요하다.

도형을 선택한 후 [그리기 도구] – [서식] – [정렬] – [텍스트 줄 바꿈]을 클릭한 후 페이지 내에서 객체와 텍스트와의 배치 유형을 선택한다.

대표적인 객체 배치 유형을 보면 다음과 같다.

1) 정사각형 배치

[텍스트 줄 바꿈]에서 [정사각형]을 선택한 경우이다.

객체 주변으로 정사각형 모양으로 텍스트가 배치되었다.

After selecting these a dialogue box (figure 3) will open and you can name the file. Once you have specified a name and a place for your new file, press the Save button. Note: If you want to save your document on a  Mac and then open it on a PC you must specify a file extension (i.e. .doc). Usually your computer will do this for you, but if it does not you must do this process while in Save As. Once you have titled your document, you can give it a file extension by clicking in the Format box. Click Microsoft Word Document for the correct file extension and make sure Append File Extension is checked.

2) 빽빽하게 배치

[텍스트 줄 바꿈]에서 [빽빽하게]를 선택한 경우이다.

객체 모양을 따라 같은 여백만 남기고 텍스트가 둘러싸여 배치되었다.

After selecting these a dialogue box (figure 3) will open and you can name the file. Once you have specified a name and a place for your new file, press the Save button. Note: If you want to save your document on a Mac and then open it on a PC you must specify a file extension (i.e. .doc). Usually your computer will do this for you, but if it does not you must do this process while in Save As. Once you have titled your document, you can give it a file extension by clicking in the Format box. Click Microsoft Word Document for the correct file extension and make sure Append File Extension is checked.

3) 텍스트 뒤 배치

[텍스트 줄 바꿈]에서 [텍스트 뒤]를 선택한 경우이다.

도형이 텍스트 뒤에 배경처럼 오버랩되어 배치되었다.

After selecting these a dialogue box (figure 3) will open and you can name the file. Once you have specified a name and a place for your new file, press the Save button. Note: If you want to save your document on a Mac and then open it on a PC you must specify a file extension (i.e. .doc). Usually your computer will do this for you, but if it does not you must do this process while in Save As. Once you have titled your document, you can give it a file extension by clicking in the Format box. Click Microsoft Word Document for the correct file extension and make sure Append File Extension is checked.

4) 텍스트 배치 영역 편집

텍스트 배치 유형을 사용자가 직접 원하는 대로 지정할 수 있다.

객체를 선택한 후 [그리기 도구] – [서식] – [정렬] – [텍스트 줄 바꿈] – [텍스트 배치 영역 편집]을 클릭한다.

객체 주변으로 검은 사각 점이 생성되고 이 점들을 하나씩 드래그하면서 원하는 위치를 정할 수 있다.

After selecting these a dialogue box (figure 3) will open and you can name the file. Once you have specified a name and a place for your new file, press the Save button. Note: If you want to save your document on a Mac and then open it on a PC you must specify a file extension (i.e. .doc). Usually your computer will do this for you, but if it does not you must do this process while in Save As. Once you have titled your document, you can give it a file extension by clicking in the Format box. Click Microsoft Word Document for the correct file extension and make sure Append File Extension is checked.

학습정리

여백 설정하기

- 여백은 프로그램에 내장된 기본값을 사용할 수도 있고 사용자가 임의로 지정할 수도 있다.
- 여백 설정은 문서 전체에 동일하게 적용할 수도 있고 일부 페이지에만 적용시킬 수도 있다.

단 설정하기

- 단은 문단의 모양을 여러 개의 세로 열로 나누는 것을 말한다.
- 단은 문서 일부에만 적용시킬 수도 있고 단과 단 사이에 경계선을 넣을 수도 있다.
- 단의 너비는 사용자가 임의로 지정할 수 있다.

머리글/바닥글 삽입하기

- 머리글이란 인쇄된 페이지의 맨 위 상단에 표시되는 글을 의미하고, 바닥글이란 인쇄된 페이지의 맨 아래 하단에 표시되는 글을 말한다.
- 머리글/바닥글은 본문 영역에서 보면 희미한 글자체로 표시된다.
- [옵션]에서 짝수 페이지와 홀수 페이지를 다르게 지정할 수 있다.

각주/미주 삽입하기

- 각주는 각 페이지별로 한 페이지 내에서 임의의 단어에대해 추가하는 부연 설명이고, 미주는 문서의 맨 뒤에 추가되는 부연 설명이다.
- 각주/미주 번호는 위첨자 상태로 자동 입력된다.
- 각주/미주 번호는 자동으로 카운팅된다.

1. 워드 문서의 레이아웃 사용에 대한 설명 중 틀린 것은 무엇인가?
   ① 용지 방향을 가로로 지정할 수 있다.
   ② 한번 정한 여백은 문서 전체로 사용해야 한다.
   ③ 신문이나 잡지 등에서 자주 볼 수 있는 스타일로 텍스트를 세로로 여러 개의 열로 나누는 것을 '단'이라 한다.
   ④ 페이지에 별도로 테두리를 만들 수 있다.

2. 인쇄 시 사용하는 문구로 문서의 맨 상단에 문서와 관련된 게시 날짜, 만든 이, 제목 등을 입력하는 영역은 무엇인가?

   ① 각주   ② 미주
   ③ 머리글   ④ 바닥글

3. 다음 중 각주나 미주의 사용 방법에 대한 설명이 아닌 것은 무엇인가?

   ① 중간에 각주를 삭제하면 다시 자동으로 각주 번호가 연이어서 매겨진다.
   ② 문서나 구역의 맨 뒤에 위치하는 주석이 각주이다.
   ③ 각주 번호는 설명이 달려야 할 단어의 오른쪽 상단에 위첨자 상태로 자동 입력된다.
   ④ 각주나 미주 번호는 구역마다 새로 번호 매기기를 할 수 있다.

4. 다음 중 워드 문서에 단을 추가하는 방법에 대한 설명이 틀린 것은 무엇인가?
   ① 문서에 단을 추가할 때에 단의 개수를 임의로 지정할 수 있다.
   ② 단을 추가한 후 단과 단 사이에 경계선을 그을 수 있다.
   ③ 단을 추가한 후 단의 너비 간격을 임의로 조절할 수 있다.
   ④ 단을 추가하면 문서 전체에 단이 추가된다.

5. 다음 워드의 출판 기능 중 설명이 바르지 못한 것은?

   ① 머리글/바닥글을 지정하면 문서 전체에 적용된다.
   ② 머리글/바닥글은 짝수, 홀수 페이지의 내용을 다르게 지정할 수 있다.
   ③ 입력된 머리글/바닥글은 본문 편집 모드에서는 회색으로 보인다.
   ④ 머리글/바닥글에는 텍스트와 날짜, 시간 외에 이미지는 삽입되지 않는다.

6. 워드로 작성한 문서를 출판하려고 한다. 출판 기능으로 적절하지 않은 것은?

① 문서에 페이지 테두리를 지정한다.

② 문서에 배경색을 지정한다.

③ 문서에 머리글/바닥글을 삽입한다.

④ 문서에 이미지를 삽입한다.

7. 워드 문서에 미주를 삽입하려고 한다. 설명이 잘못된 것은 무엇인가?

① 미주를 삽입하고자 하는 단어를 블록 설정한다.

② 미주는 문서의 맨 뒤에 들어가는 부연 설명이다.

③ 미주를 삽입할 때는 맨 마지막 페이지에 직접 입력한다.

④ 미주 번호만 삭제해도 내용이 같이 삭제된다.

8. 도형을 삽입할 때 [새 그리기 캔버스] 기능을 사용하는 방법 중 틀린 것은 무엇인가?

① 캔버스를 삽입한 후 그 안에 도형을 삽입한다.

② 캔버스 안에 도형이 삽입되었을 때 캔버스를 삭제하면 도형도 모두 삭제된다.

③ 캔버스 안의 도형은 도형만 하나씩 삭제가 불가능하다.

④ 캔버스 안에 도형을 삽입하면 도형들의 위치에 관계없이 텍스트를 좌우로 입력할 수 있다.

9. 아래 이미지와 같이 도형과 텍스트를 배치하려고 한다. 텍스트 배치에 어떤 기능이 사용되었는가?

① 정사각형 배치   ② 빽빽하게

③ 투과하여   ④ 텍스트 뒤

10. 아래 이미지 중 워드 문서를 작업할 때 가장 먼저 작업해야 좋은 작업은 무엇인가?

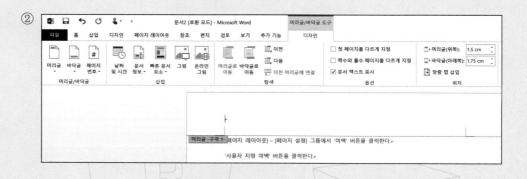

④

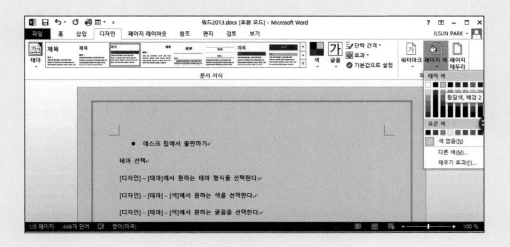

1. ②　2. ③　3. ②　4. ④　5. ④　6. ④　7. ③　8. ③　9. ④　10. ①

파워포인트의 기본 슬라이드 활용하기  **04**

학습목표

1. 프레젠테이션 프로그램으로서의 파워포인트의 활용도를 이해할 수 있다.
2. 슬라이드 레이아웃의 종류와 쓰임에 대해 실습할 수 있다.
3. 다양한 디자인 테마를 활용하여 슬라이드를 작성할 수 있다.

1 파워포인트 2013 기본 작업 환경

◆ 프레젠테이션 프로그램

파워포인트는 청중들에게 다양한 종류의 메시지를 전달하기 위해 사용하는 프레젠테이션(presentation) 프로그램이다.

파워포인트는 마이크로소프트사에서 제작한 대표적인 프레젠테이션 프로그램으로 꾸준히 버전-업되면서 많은 세계인들이 사용하고 있는 프로그램이다.

본 강의에서 사용하고 있는 버전은 파워포인트 2013버전이다.

◆ 파워포인트의 활용도

파워포인트 프로그램은 고객에게 제품에 대한 설명이나 아이디어를 전달하는 데 사용할 수 있다.

직장에서는 직원들에게 회사의 프로시저나 개념 등을 설명하기 위해서 사용할 수 있다.

학교에서 수업할 때 학생들의 이해력을 높이기 위해 텍스트 외에 이미지, 오디오, 동영상 등을 사용한다.

연구소의 프로젝트나 제안서, 연구 결과 발표, 사업 계획서 등에서도 사용할 수 있다.

◆ 파워포인트 [기본 보기] 레이아웃

파워포인트에는 여러 화면 보기 레이아웃이 있는데 그 중 가장 많이 사용하는 화면이 [기본 보기] 화면이다.

[기본 보기] 레이아웃은 리본 메뉴 영역, 슬라이드 편집 영역, 미리 보기 영역, 슬라이드 노트 영역 등 4 개의 영역으로 구분된다.

❶ **리본 메뉴**: MS 워드의 리본 메뉴 방식과 똑같이 메인 메뉴 안에 부메뉴가 아이콘 방식으로 나열되어 있다.

❷ **슬라이드 편집 영역**: 슬라이드 본문을 편집할 수 있는 영역으로 문서에 필요한 만큼 슬라이드를 삽입하여 슬라이드 단위로 작성한다.

❸ **미리 보기 영역**: 여러 장의 슬라이드를 작은 화면으로 모두 보여 주는 패널이다.

미리 보기 영역에서는 슬라이드 본문 편집은 할 수 없고 슬라이드 내용을 미리 보면서 편집할 슬라이드를 선택할 수 있다.

❹ **슬라이드 노트 영역**: 슬라이드 본문에는 들어가지 않지만 해당 슬라이드에 관한 간단한 추가 설명을 입력할 수 있고. 슬라이드 노트에 들어 있는 내용은 프레젠테이션 발표 시 부연 설명이 될 수도 있고 인쇄 시 유인물 방식으로도 인쇄할 수 있다.

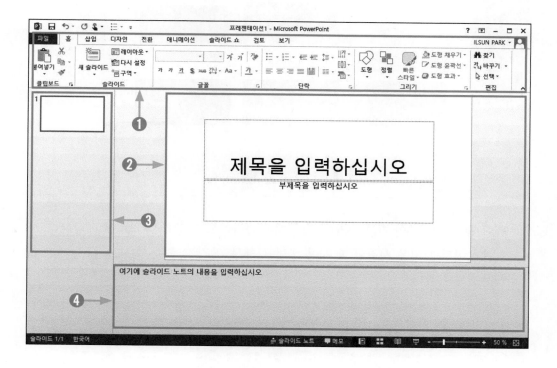

🔷 **새 프레젠테이션 만들기**

처음 파워포인트 프로그램을 실행시키면 기본 슬라이드가 하나 열린다.

또는 문서를 작업하다가 새로운 프레젠테이션 문서를 작성하고자 할 때에도 새 프레젠테이션을 열어야 한다.

❶ [파일] – [새로 만들기] – [새 프레젠테이션]을 클릭하면 기본 슬라이드가 하나 생성된다.

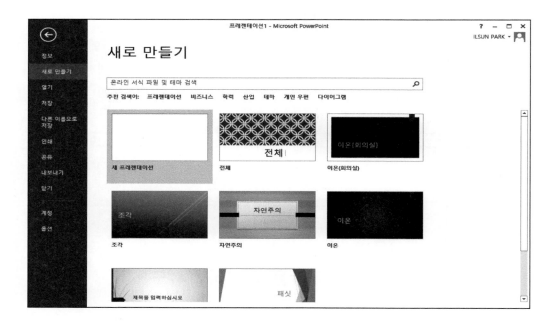

❷ 처음에 생성되는 이 기본 슬라이드는 '제목 슬라이드'로 문서의 커버에 해당한다. 프레젠테이션을 처음 시작할 때 사용될 발표 제목, 제작자, 또는 회사 이름 등에 대한 내용을 수록한다.

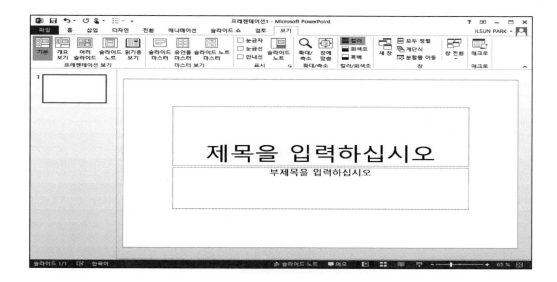

2 / 슬라이드 레이아웃 설정하기

🔷 슬라이드란

슬라이드는 프레젠테이션할 때 화면에 나타나는 장면 하나의 면을 의미한다. 즉, 프레젠테이션을 위한 장면 하나 하나를 슬라이드라 칭한다.

슬라이드는 워드 프로그램의 페이지에 해당하며 복사, 복제, 이동, 삭제가 자유롭게 이루어진다.

🔷 슬라이드 작성 요령

파워포인트는 워드 문서처럼 페이지에 연속해서 내용을 작성하는 것이 아니라 '슬라이드' 단위로 작성한다. 즉, 한 슬라이드의 내용이 넘친다고 해서 자동으로 다음 슬라이드로 넘어가지 않는다. 슬라이드에 들어갈 수 있는 내용만 넣고 넘치는 내용은 임의로 새 슬라이드를 추가하여 작성해야 한다. 따라서 문서를 작성할 때에는 한 슬라이드 안에서 내용이 정리가 되도록 해야 한다.

슬라이드에 작성할 내용은 워드 문서처럼 서술문 형식으로 나열하는 것보다는 '글머리 기호'나 '번호 매기기'를 주로 많이 사용하면서 목록으로 표현하는 방식이 좋다.

파워포인트 문서는 워드 문서에 비해 비주얼한 문서로, 읽는 문서라기보다는 크게 화면을 띄우고 영상처럼 보는 문서이므로 다양한 멀티미디어 콘텐츠를 삽입하여 활용한다.

🔷 슬라이드 방향 설정

❶ 슬라이드를 작성하기 전에 반드시 슬라이드의 방향(가로, 세로)을 먼저 설정해야 한다. 작업을 한 후 슬라이드 방향을 변경할 수는 있으나 단락이나 도형 정렬 등이 깨질 수 있다.

❷ [디자인] − [사용자 지정] − [슬라이드 크기] − [표준(4:3)], [와이드스크린(16:9)] 중 하나를 클릭한다.

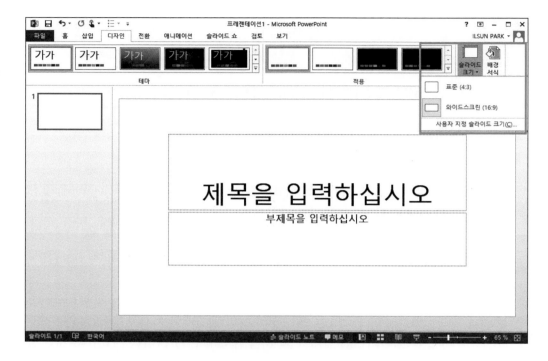

❸ 슬라이드 기본 방향은 '가로', 슬라이드 노트 및 유인물 방향은 '세로'가 기본값으로 설정되어 있다. 이 기본값을 변경하고자 한다면 [디자인] − [사용자 지정] − [슬라이드 크기] − [사용자 지정 슬라이드 크기]를 클릭하여 [슬라이드 크기] 창을 활성화시켜 원하는 크기 값을 입력한다.

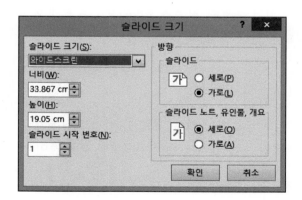

🔲 새 슬라이드 추가하기

[홈] − [슬라이드] 그룹에서 [새 슬라이드]를 클릭한 후 원하는 레이아웃을 선택하여 새로운 슬라이드를 생성한다.

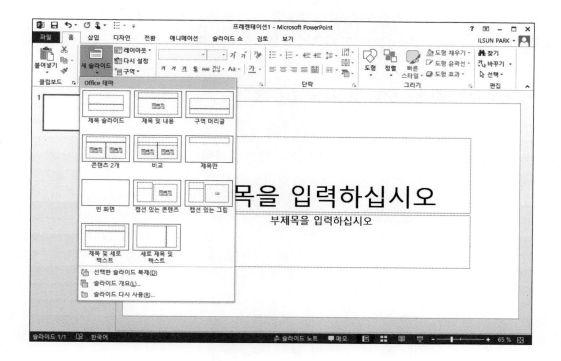

1) 슬라이드 레이아웃

🔲 슬라이드 레이아웃이란

슬라이드 레이아웃이란, 슬라이드에는 다양한 개체들이 삽입되는데 이 개체들의 배열을 어떻게 할것인지에 대한 다양한 개체 틀에 대한 배치 포맷을 말한다.

개체 틀이란 텍스트를 포함하여 표, 차트, SmartArt 그래픽, 동영상, 소리, 그림 및 클립아트와 같은 내용을 유지하는 컨테이너를 의미한다.

파워포인트에서는 텍스트를 입력할 때에도 '텍스트 상자'라는 개체 틀을 삽입하고 그 안에 텍스트를 입력하게 된다.

처음 슬라이드를 삽입할 때부터 반드시 레이아웃이 지정되기 때문에 슬라이드 삽입 시 레이아웃 종류를 잘 선택해야 원활한 작업을 할 수 있다.

일단 슬라이드를 추가한 후에 레이아웃을 변경할 수도 있다.

레이아웃 설정은 '슬라이드 마스터' 작업을 할 때 기준이 되기도 하고 디자인 테마를 지정할 때도 레이아웃별로 디자인이 다르기 때문에 아주 중요하다.

◈ 슬라이드 레이아웃 종류

제목 슬라이드

문서의 겉표지로 제목과 부제목만 입력한다. 제목 슬라이드에는 슬라이드 번호나 기타 머리글, 바닥글에 해당하는 내용을 표시하지 않도록 하는 기능이 있다.

```
┌─────────────────────────────┐
│                             │
│        제목 슬라이드         │
│   ┌─────────────────────┐   │
│   │  부제목을 입력하십시오  │   │
│   │                     │   │
│   └─────────────────────┘   │
│                             │
└─────────────────────────────┘
```

제목 및 내용

슬라이드에서 가장 많이 사용하는 레이아웃으로, 제목 아래 글머리 기호나 번호 매기기 방식의 텍스트를 입력하거나 다른 종류의 개체를 삽입한다. 일반적으로 가장 많이 사용하는 레이아웃이다.

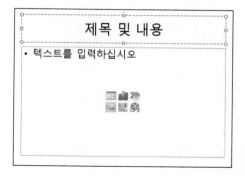

콘텐츠 2개

콘텐츠를 양쪽 2단으로 나누어 입력한다.

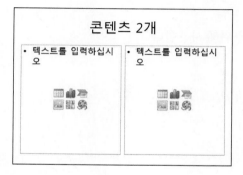

비교

콘텐츠 2개 레이아웃과 비슷하나 양쪽의 콘텐츠를 비교하기 위한 텍스트 상자가 추가로 삽입되어 있다.

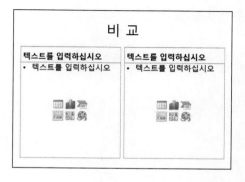

제목만

제목 개체 틀만 있고 나머지는 자유롭게 입력할 수 있다.

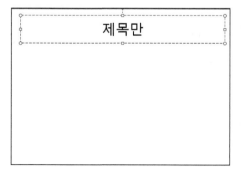

빈 화면

특정 레이아웃을 지정하지 않고 자유로운 배치를 위해 사용한다.

캡션 있는 콘텐츠

콘텐츠를 삽입하고 콘텐츠에 대한 부연 설명을 추가할 수 있다.

캡션 있는 그림

그림을 삽입하고 그림에 대한 부연 설명을 추가할 수 있다.

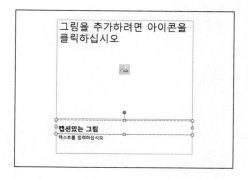

제목 및 세로 텍스트

내용 텍스트를 세로로 입력할 수 있다.

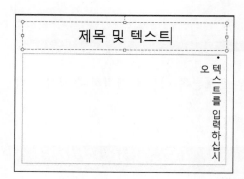

세로 제목 및 텍스트

제목 및 내용 텍스트를 모두 세로로 입력할 수 있다.

2) 슬라이드 레이아웃 변경하기

❶ 슬라이드 삽입 후 레이아웃을 변경하고자 하는 슬라이드를 선택한 후 [홈] – [슬라이드] – [레이아웃]에서 원하는 레이아웃으로 변경한다.

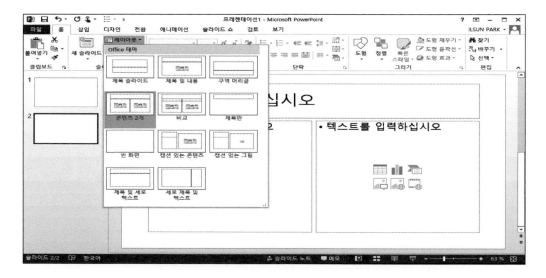

❷ 레이아웃 변경은 슬라이드를 선택한 후 마우스 오른쪽 버튼을 클릭하여 생성된 팝업 메뉴에서도 변경할 수 있다.

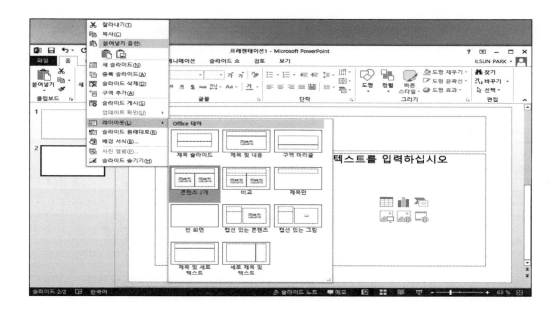

3 텍스트 개체 활용하기

1) 텍스트 개체 입력하기

파워포인트에서 텍스트를 입력하기 위해서는 반드시 텍스트 상자를 먼저 삽입해야 한다.

[삽입] – [텍스트] – [텍스트 상자] – [가로 텍스트 상자]를 클릭하여 텍스트 상자를 만들고 그 안에 텍스트를 작성한다.

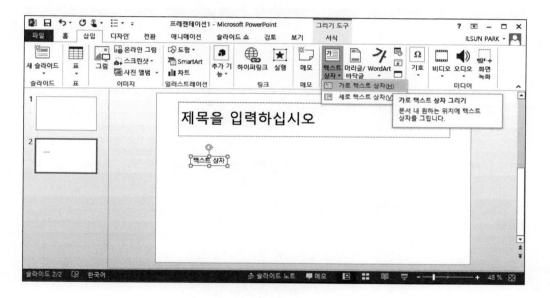

❶ 글꼴 및 단락은 MS 워드에서와 같은 방법으로 편집한다(1차시 워드의 기본 편집 기능 참고).

❷ 특별히 파워포인트에서는 단락의 경우 워드에서 사용하는 단락의 기능 외에 몇 가지 추가로 설정할 수 있는 기능이 더 있다.

텍스트 방향 설정, 텍스트 맞춤, SmartArt로 변환이다.

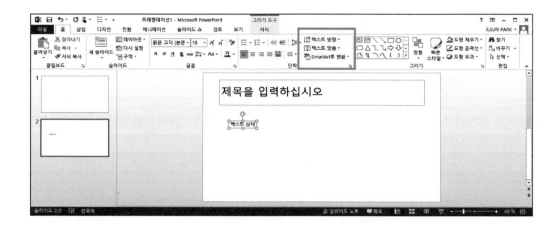

2) 텍스트 방향 설정하기

파워포인트에서 텍스트는 개체로 인식되므로 텍스트 상자 단위로 텍스트의 방향을 설정할 수 있다.

'가로', '세로', '모든 텍스트 90도 회전', '모든 텍스트 270도 회전'도 가능하다.

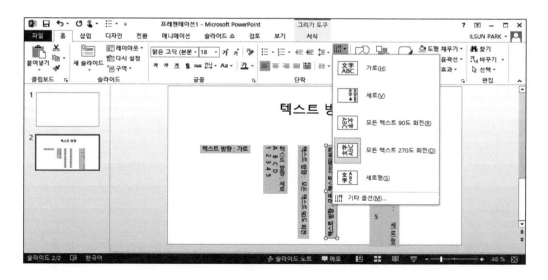

특별히 '세로'와 '세로형'은 아래 그림에서 보는 바와 같이 차이가 있다. '세로'는 텍스트를 세로로 돌려서 입력을 하고 '세로형'은 문자는 그대로 입력하고 나열만 세로로 하는 방식이다.

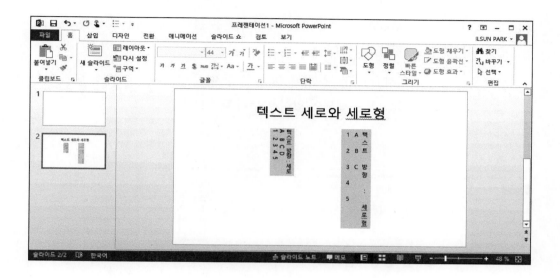

3) 텍스트 맞춤 설정하기

파워포인트에서 텍스트는 개체로 인식되므로 텍스트 상자 안에서 텍스트의 세로 간격을 '위쪽', '중간', '아래쪽'에 맞춰서 정렬할 수 있다.

① 텍스트 상자를 처음 삽입하면 상자 안에 글자가 입력되는 만큼만 텍스트 상자 크기가 정해진다. 텍스트를 계속 입력하면 텍스트만큼 텍스트 상자의 크기가 늘어난다. 이 상태에서는 텍스트 상자 안에 여백이 없기 때문에 '텍스트 맞춤'은 적용되지 않는다.

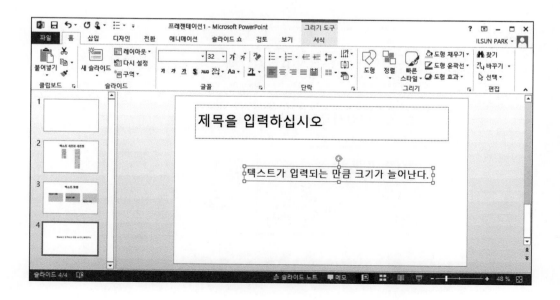

❷ [그리기 도구] – [WordArt 스타일]의 자세히 버튼을 클릭하면 화면 오른쪽으로 [도형 서식] 대화 상자가 생성된다.

오른쪽 대화 상자에서 [텍스트 옵션] – [텍스트 상자]를 클릭하면 [도형을 텍스트 크기에 맞춤]이 기본값으로 선택되어 있어 아무리 텍스트 상자를 크게 하려고 해도 커지지 않는다.

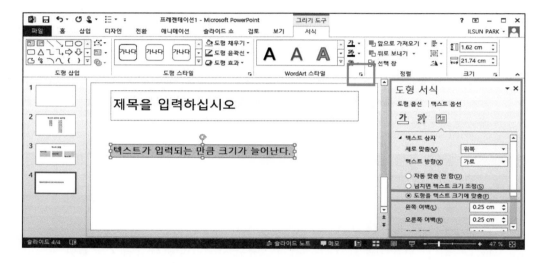

❸ 이때 [자동 맞춤 안 함]으로 체크를 바꿔 준 후 텍스트 상자를 드래그하면 텍스트 상자가 커진 것을 볼 수 있다.

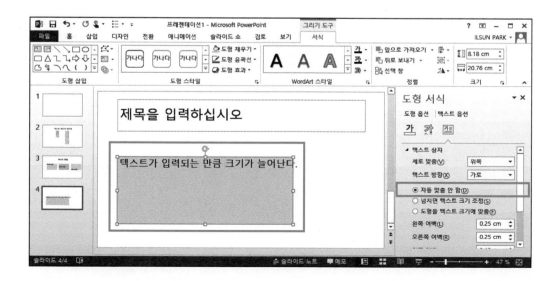

❹ 텍스트 상자가 안에 들어간 텍스트에 비해 상대적으로 더 크면 [텍스트 맞춤]을 적용할 수 있다.

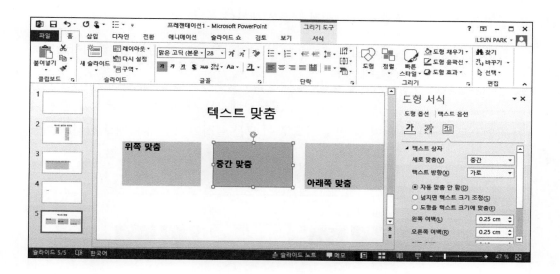

<table>
<tr><td>4</td><td>디자인 테마 활용하기</td></tr>
</table>

4 / 디자인 테마 활용하기

파워포인트는 프레젠테이션 슬라이드를 만드는 프로그램이므로 밋밋한 하얀색 배경보다는 슬라이드 배경에 디자인을 하는 경우가 많다. 슬라이드에 이미 만들어져 있는 디자인 테마를 적용하여 간편하게 배경이 있는 문서로 멋스럽게 슬라이드를 만들 수 있다.

디자인 테마는 배경 이미지, 삽입 글꼴, 글꼴 사이즈, 글꼴 색상, 콘텐츠 위치 등이 슬라이드 레이아웃별로 약간씩 다르게 디자인되어 한 테마를 이루고 있어 '모든 슬라이드에 적용'을 선택한 경우 각각의 레이아웃별로 약간씩 디자인이 다르게 적용된다.

디자인 테마는 '모든 슬라이드에 적용'과 '선택한 슬라이드에 적용'의 선택이 가능하다.

보통의 경우 디자인 테마는 문서에 일관성을 주기 위해 모든 슬라이드에 적용하는 것이 더 좋다.

1) 디자인 테마 적용하기

❶ [디자인] – [테마]에서 원하는 테마 디자인을 마우스의 오른쪽 버튼으로 선택한 후 팝업 메뉴에서 '모든 슬라이드에 적용'을 선택한다.

테마를 적용하게 되면 삽입된 슬라이드의 레이아웃이 다른 경우, 각 레이아웃별로 조금씩 다른 스타일로 적용된다.

디자인 테마는 배경 이미지, 색상, 모양, 글꼴, 텍스트 사이즈까지도 모두 일관된 디자인으로 만들어져 있어 한 번 클릭으로 이 모든 설정이 패키지 형태로 한번에 적용된다.

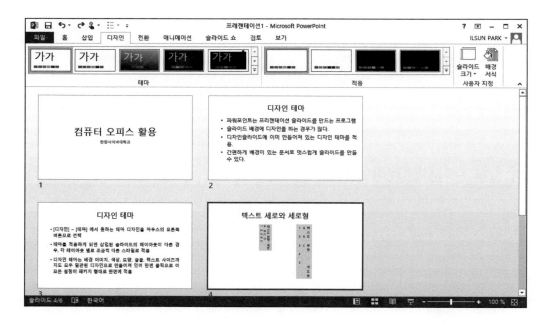

❷ 디자인 테마가 적용되었는데 각각 다른 레이아웃이 설정되어 있어서 테마가 조금씩 다르게 지정된 것을 볼 수 있다.

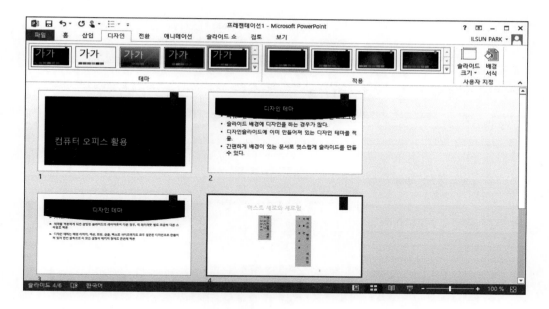

❸ 한번에 자동으로 설정된 테마에서 디자인은 그대로 유지하면서 색상, 글꼴, 효과 등을 다시 따로 지정할 수 있다.

슬라이드를 선택한 후 [디자인] – [적용]에서 [색]을 클릭한 후 원하는 테마 색을 선택하면 배경 테마 색이 변경되고 이때 글꼴 색이나 다른 색상들도 같이 패키지로 변경된다.

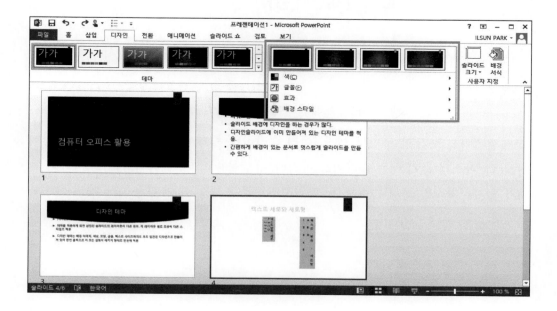

지정된 테마를 취소하려면 [디자인] − [테마] − [Office 테마]를 선택하면 된다.

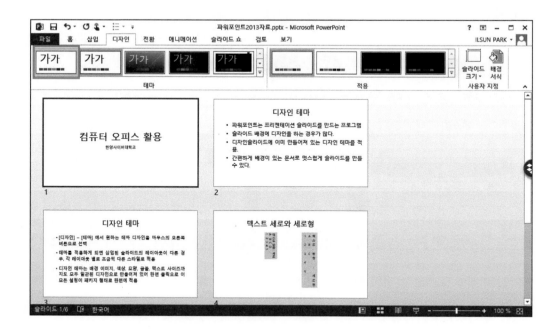

5 파워포인트 보기 화면의 종류

파워포인트에서는 여러 종류의 보기 화면을 제공하여 작업 상황에 따라서 각각 적당한 보기 화면으로 변경할 수 있다.

보기 화면의 종류는 크게 두 가지, 프레젠테이션 보기와 마스터 보기로 나눈다.

'프레젠테이션 보기'에는 기본, 개요, 여러 슬라이드, 슬라이드 노트, 읽기용 보기 방식이 있고 '마스터 보기'에는 슬라이드 마스터, 유인물 마스터, 슬라이드 노트 마스터 보기가 있다. '마스터 보기'는 6차시 "파워포인트의 기능성 개체 활용하기"에서 살펴볼 것이다.

1) 기본 보기

[기본 보기]는 보기 화면 중 가장 기본이 되는 보기 화면으로 슬라이드를 편집할 때 주로 사용하는 보기 화면이다.

❶ **슬라이드 미리 보기 영역**: 만들어진 전체 슬라이드의 미리 보기 화면을 슬라이드 번호와 함께 제공한다. 이곳에서 슬라이드의 순서 바꾸기, 슬라이드 복사, 복제, 이동 및 슬라이드 삭제 등이 이루어진다.

슬라이드에 애니메이션이나 화면 전환, 화면 숨기기 등의 작업 상태가 표시된다.

❷ **슬라이드 영역**: 실제로 슬라이드 본문 편집이 이뤄지는 영역이다. 실제로 슬라이드 쇼로 발표 화면에 나오는 내용이 작성되는 곳이다.

❸ **슬라이드 노트 영역**: 본문 슬라이드에 들어 있지 않은 추가 설명을 작성할 수 있다. 슬라이드 노트 영역은 슬라이드 쇼에서는 나타나지 않고 유인물 방식으로 인쇄하여 사용할 수 있다.

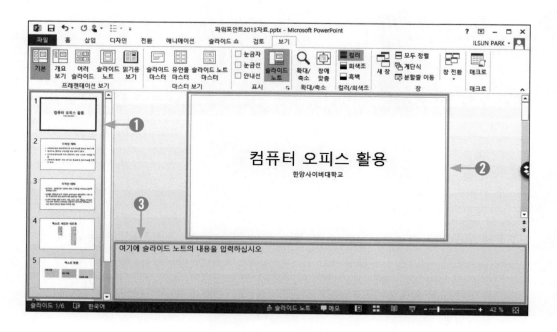

2) 개요 보기

슬라이드 개요 보기는 슬라이드의 제목과 기본 텍스트로만 구성된다. 슬라이드 내용에 이미지나 차트 등이 들어 있어도 개요 보기에는 나타나지 않는다.

프레젠테이션 전체에 걸친 편집, 글머리 기호 또는 슬라이드 순서 변경 등의 작업을 할 때 개요 보기를 사용하면 편리하다.

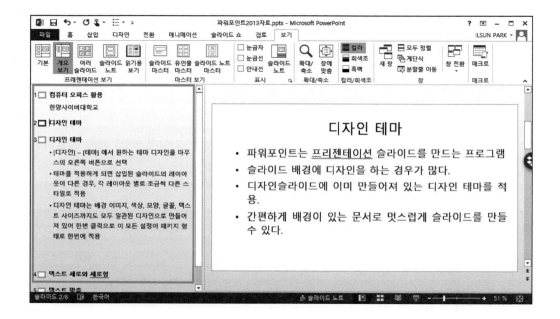

3) 여러 슬라이드 보기

작성한 모든 슬라이드를 모두 한 화면에 보여 준다.

'여러 슬라이드 보기'에서는 슬라이드 번호, 화면 전환 효과, 애니메이션 지정 여부 등이 표시된다.

슬라이드 쇼 예행 연습을 한 후에는 각 슬라이드 발표 예행 연습 시간이 얼마나 걸리는지도 나타난다.

슬라이드 전체를 보면서 단순히 마우스 드래그 방식으로 슬라이드의 순서를 변경할 수 있다.

한 화면에 슬라이드의 모든 화면을 볼 수 있어 슬라이드 전체적인 내용의 흐름을 파악하기가 쉽다.

그러나 슬라이드 내용을 수정하는 편집 작업은 할 수 없다. 슬라이드 편집을 위해서는 해당 슬라이드를 더블 클릭해서 기본 보기로 돌아와 수정 작업을 해야 한다.

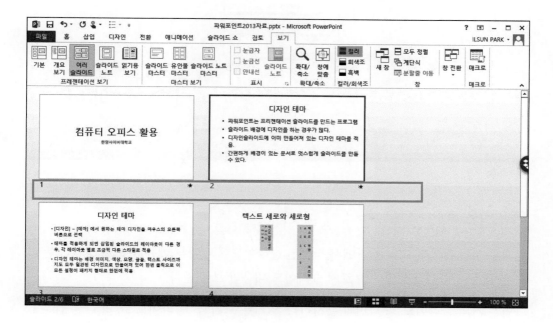

4) 슬라이드 노트 보기

한 슬라이드에 선택한 슬라이드 내용과 슬라이드 노트 화면을 반으로 나누어 함께 보여준다.

슬라이드 노트에 들어갈 내용은 '슬라이드 노트 보기'에서도 간단히 수정할 수는 있으나 슬라이드 본문 편집은 언제나 기본 보기의 슬라이드 영역에서 작업한다.

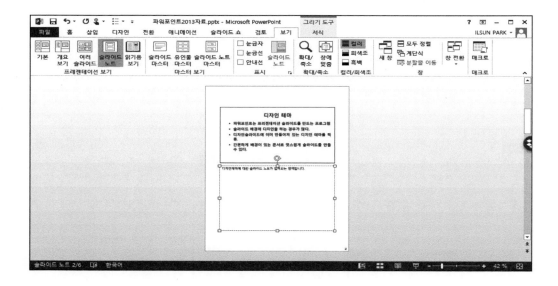

5) 읽기용 보기

현재 문서를 작업하고 있는 창에서 작성된 슬라이드에서 다른 메뉴나 노트 영역 또는 개요 영역 등이 나타나지 않고 오로지 슬라이드 내용만 보여 준다.

화면은 거의 슬라이드 쇼 화면과 흡사하나 '읽기용 보기'와 '슬라이드 쇼'의 다른 점은 슬라이드 쇼는 모니터 전체에 슬라이드를 열어 주고 읽기용 보기에서는 작업하고 있는 파워포인트 창에서만 슬라이드를 열어 준다는 것이다.

❶ 읽기용 보기 화면

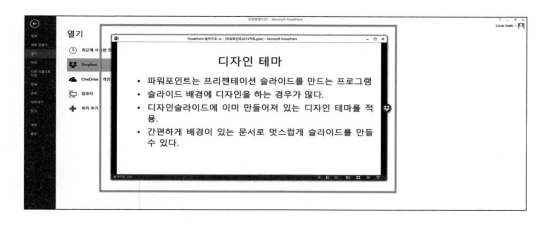

❷ 슬라이드 쇼 화면

디자인 테마

- 파워포인트는 프리젠테이션 슬라이드를 만드는 프로그램
- 슬라이드 배경에 디자인을 하는 경우가 많다.
- 디자인슬라이드에 이미 만들어져 있는 디자인 테마를 적용.
- 간편하게 배경이 있는 문서로 멋스럽게 슬라이드를 만들 수 있다.

학습정리

슬라이드 레이아웃 설정하기
- 제목 슬라이드, 제목 및 내용, 제목만, 콘텐츠 2개 등의 다양한 레이아웃이 있다.

텍스트 개체 활용하기
- 파워포인트에서 텍스트는 텍스트 상자를 생성한 후 상자 안에 텍스트를 입력하는 방식이다.
- 워드와는 다르게 슬라이드 화면 어느 영역에도 텍스트를 삽입할 수 있다.
- 텍스트 상자는 가로, 세로, 세로형 등이 있다.

디자인 테마 활용하기
- 디자인 테마는 프로그램에서 미리 만들어 놓은 배경으로 배경색, 글꼴 크기, 글꼴 색, 배경 디자인 등이 한 묶음으로 되어 있어 하나의 테마만 선택해도 다양한 지정이 가능하다.

프레젠테이션의 보기 화면의 종류
- 파워포인트는 기본 보기, 개요 보기, 여러 슬라이드 보기, 읽기용 보기, 슬라이드 노트 보기 등 여러 종류의 보기 화면이 있다.

확인학습문제

1. 파워포인트의 기본 화면 영역에 대한 설명 중 틀린 것은 무엇인가?

　① 리본 메뉴 – 텍스트 메뉴와 도구 그림이 혼합된 형태의 메뉴 방식이다.
　② 슬라이드 노트 영역 – 슬라이드와 개요 영역으로 나뉜다.
　③ 슬라이드 편집 영역 – 슬라이드 단위로 본문 슬라이드 내용을 편집할 수 있다.
　④ 미리 보기 영역 – 작성된 모든 슬라이드를 작은 화면으로 모두 볼 수 있다.

2. 여러 슬라이드 보기에서 할 수 있는 작업 내용이 아닌 것은 무엇인가?

　① 슬라이드 복제　　　　　② 슬라이드 이동
　③ 슬라이드 삭제　　　　　④ 슬라이드 편집

3. 다음 슬라이드 보기 화면들 중 설명이 바르게 된 것은 무엇인가?

   ① 슬라이드 노트 – 슬라이드에 이미지 편집 작업을 할 수 있다.
   ② 여러 슬라이드 – 개요 보기와 슬라이드 보기 두 가지 방식으로 볼 수 있다.
   ③ 기본 보기 – 본문 편집을 할 수 있다.
   ④ 읽기용 보기 – 슬라이드 이동, 삭제가 가능하다.

*다음 문제를 읽고 맞으면 O, 틀리면 X표를 하시오. (4~5)

4. 파워포인트에서 삽입한 슬라이드의 레이아웃은 언제든지 다른 레이아웃으로 변경할 수 있다.

5. 파워포인트에서 한 슬라이드에 들어갈 내용이 초과되면 워드 문서에서처럼 자동으로 다음 슬라이드로 넘어간다.

6. 파워포인트 슬라이드 작성 시 주의해야 할 사항이 아닌 것은 무엇인가?

   ① 슬라이드를 작성하기 전에 슬라이드의 가로, 세로 방향을 지정해야 한다.
   ② 슬라이드 방향은 [페이지 설정]에서 할 수 있다.
   ③ 슬라이드 방향을 편집 도중에 바꾸더라도 슬라이드 안의 구조는 변형되지 않는다.
   ④ 슬라이드 방향은 문서 전체에 적용된다.

7. 다음 중 파워포인트의 텍스트 설정 기능 중 워드에서는 사용할 수 없는 기능은 무엇인가?

   ① 굵은 글씨   ② 이중 취소선
   ③ 텍스트 90도 회전   ④ 위첨자

8. 파워포인트에서 디자인 테마를 지정하는 방법에 대한 설명이 틀린 것은 무엇인가?

   ① 지정한 테마는 문서를 저장한 후에는 변경이 불가능하므로 신중히 잘 선택해야 한다.
   ② 테마는 슬라이드별로 다르게 지정할 수 있다.
   ③ 같은 디자인 테마가 지정되었더라도 슬라이드 레이아웃별로 조금씩 다르게 지정된다.
   ④ 같은 디자인 테마에서 색상이나 글꼴은 따로 지정할 수 있다.

9. 아래 이미지는 파워포인트에서 슬라이드의 어떤 작업 상황인가?

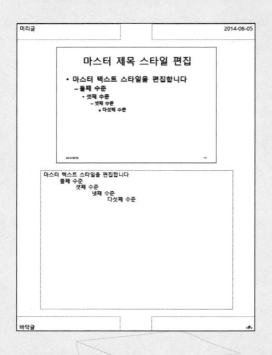

① 슬라이드 마스터   ② 읽기용 보기
③ 슬라이드 노트 마스터   ④ 슬라이드 노트

10. 파워포인트 문서에서 텍스트 상자에 대한 설명이 잘못된 것은 무엇인가?

① 파워포인트에서 텍스트는 텍스트 상자를 생성한 후 상자 안에 텍스트를 입력하는 방식이다.

② 워드와는 다르게 슬라이드 화면 어느 영역에도 텍스트를 삽입할 수 있다.

③ 텍스트 상자에는 가로 텍스트 상자와 세로 텍스트 상자가 있다.

④ 텍스트 상자는 언제나 삽입된 도형보다 상위에 위치한다.

정답

1. ②   2. ④   3. ③   4. ○   5. ×   6. ③   7. ③   8. ①   9. ③   10. ④

파워포인트의 비주얼 개체 활용하기  05

학습목차

1. 그림 활용하기
2. 스마트아트 활용하기
3. 차트 활용하기

학습목표

1. 파워포인트 문서에 그림을 다양한 방식으로 삽입하여 비주얼한 슬라이드를 만들 수 있다.
2. 스마트아트를 활용하여 정보 타입별로 슬라이드를 작성해 프레젠테이션의 이해를 높일 수 있다.
3. 엑셀의 기능인 차트를 연계해서 직관적인 슬라이드를 만들 수 있다.

1 그림 활용하기

1) 그림 삽입하기

파워포인트에서 삽입할 수 있는 그림의 포맷은 상당히 다양하다. 디지털 이미지에서 기본적으로 사용되고 있는 JPG, GIF, BMP, PNG, EPS, TIFF 등의 이미지 포맷 외에도 많은 이미지 포맷을 삽입할 수 있다.

❶ 그림을 삽입하기 위해서 [삽입] – [이미지] – [그림]을 클릭한다.

❷ 원하는 이미지를 선택한 후 삽입하면 일단 이미지 사이즈가 문서 사이즈보다 큰 경우 문서에 맞추어서 그림이 삽입된다.

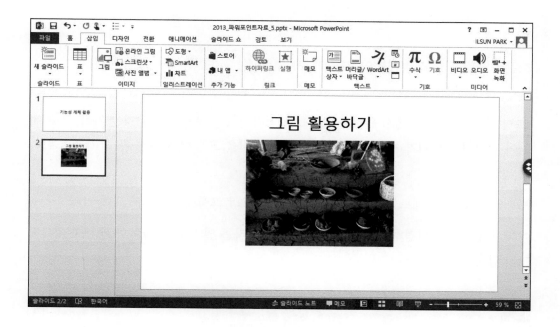

2) 그림 도구 활성화시키기

삽입된 그림을 편집하기 위해서 그림을 클릭하면 [그림 도구]가 활성화된다.

[그림 도구]의 [서식] 탭을 클릭하면 그림 편집을 할 수 있는 메뉴들이 나타난다.

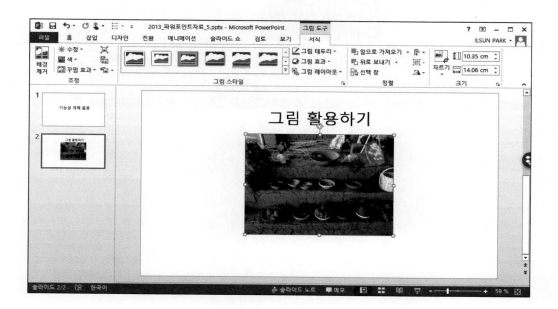

3) 그림 크기 조절

그림을 선택한 후 리본 메뉴의 [그림 도구] – [서식] – [크기]에서 [그림 서식] 대화 상자를 연다.

'그림 서식' 대화 상자에서 원하는 크기를 입력하면 되는데 이때 이미지는 가로, 세로 비율이 깨지면 이미지가 찌그러지므로 '가로 세로 비율 고정'에 체크한 후 크기를 조절하는 것이 좋다.

보통의 경우 '가로 세로 비율 고정'은 기본값으로 프로그램에서 체크가 되어 있다.

이미지의 크기만 변경하려면 [그림 서식] 대화 상자를 열지 않고 바로 리본 메뉴에서도 크기 입력이 가능하다.

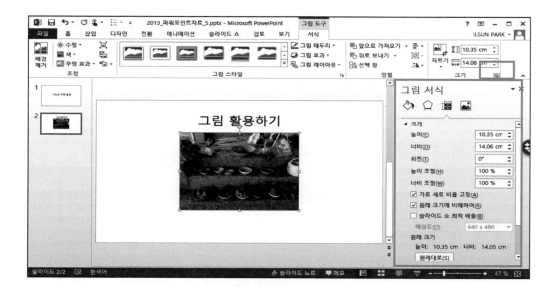

4) 그림 자르기

그림 자르기와 크기 조절은 기능상의 차이가 있다. 크기 조절은 이미지의 전체 크기를 조절하는 것이고 자르기는 이미지의 일부만을 이용할 때 주로 사용한다.

❶ 이미지를 선택한 후 [그림 도구] – [서식] – [크기] – [자르기]를 클릭한다. 이미지를 자르는 방식은 자유롭게 자를 수도 있고 도형에 맞춰서 자를 수도 있다.

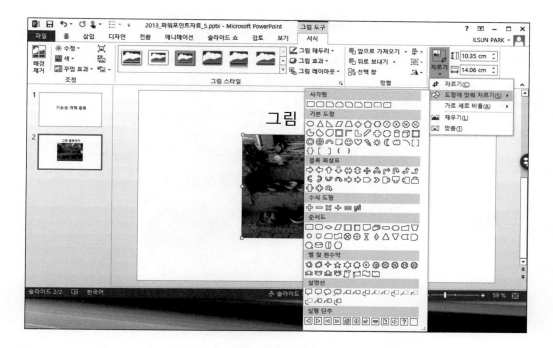

❷ [자르기] 메뉴를 클릭하여 이미지에 검정색 사각 툴이 생성되면 각각의 검정색 툴을 드래그하면서 원하는 이미지 일부만을 남긴다. 작업이 끝난 후 리본 메뉴의 [자르기]를 다시 클릭하거나 슬라이드 화면 빈 공간을 더블 클릭하면 자르기가 완성된다.

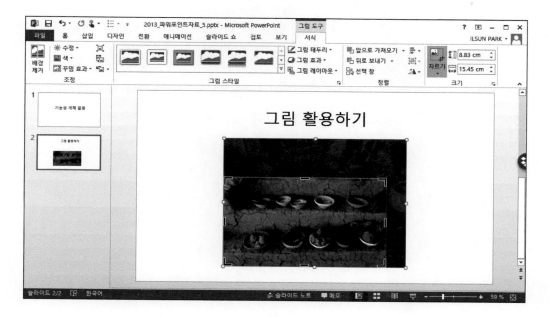

❸ [도형에 맞춰 자르기] 메뉴를 선택한 후 원하는 도형을 선택하면 바로 이미지가 도형 모양으로 잘린다.

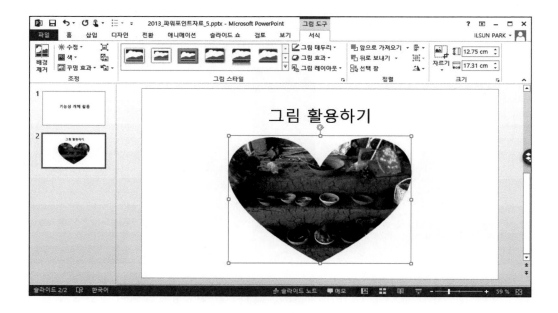

5) 그림 스타일 지정

이미지를 선택한 후 [그림 도구] – [서식] 탭 – [그림 스타일]에서 '자세히' 버튼을 클릭한다.

이미지에 테두리를 주거나 이미지에 효과를 주도록 원하는 그림 스타일을 선택한다.

이때 미리 만들어진 그림 스타일 외에 그림 테두리, 그림 효과 등을 별도로 설정할 수도 있다.

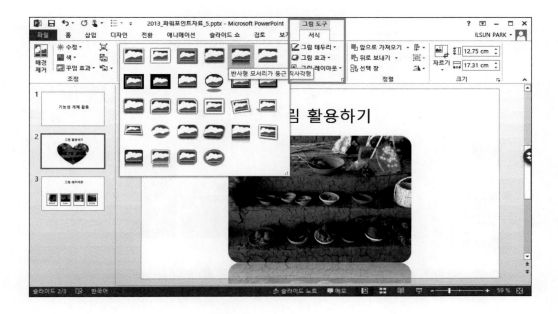

6) 그림 그룹으로 편집하기

이미지가 여러 개 있을 때 이미지들을 그룹으로 묶어 한 번에 편집할 수 있다.

이미지들을 그룹으로 묶으면 이동, 복사, 크기 조절, 효과 주기 등의 작업을 한꺼번에 할 수 있는 편리성이 있다.

한꺼번에 작업한 후 다시 그룹 해제를 하면 단일 이미지로 돌아온다.

❶ 그룹으로 묶을 이미지들을 Ctrl 키와 함께 한꺼번에 선택한 후 [그림 도구] − [서식] − [정렬] − [그룹]을 선택한다.

❷ 이미지들이 그룹이 되면 4 개의 이미지가 하나의 박스 안에 들어 있는 것을 알 수 있다.

이미지들을 그룹으로 묶었어도 이미지 하나 하나에 대한 편집 및 효과 변경은 가능하다.

그룹을 해제하려면 [그림 도구] – [서식] – [정렬] – [그룹 해제]를 선택하면 된다.

7) 그림 레이아웃 사용하기

여러 개의 이미지를 배열할 때 파워포인트의 '그림 레이아웃' 기능을 이용하여 다양하고 편리하게 원 클릭으로 이미지 배열을 설정할 수 있다. 그림 레이아웃의 기능은 기존에 있는 스마트아트 기능을 이미지에 접목시켜 텍스트뿐만 아니라 이미지도 다양한 도형 모양을 이용하여 레이아웃을 변경할 수 있게 만든 기능이다.

그림 레이아웃 설정이 된 이미지들은 자동으로 이미지들이 '그룹화'가 되게 된다.

❶ 슬라이드에 이미지 여러 장을 삽입한다.

❷ 여러 장의 이미지를 Ctrl 키를 이용하여 모두 선택한 후 [그림 도구] - [서식] - [그림 스타일] - [그림 레이아웃]에서 원하는 레이아웃을 선택한다.

'미리 보기' 기능이 있어 마우스를 클릭하지 않고 포인팅만 해도 선택한 레이아웃 모양으로 이미지의 배열이 변경되는 것을 볼 수 있다.

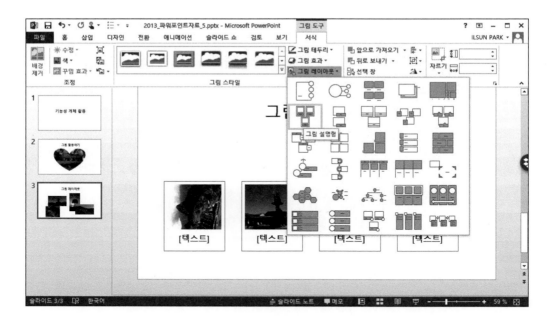

❸ 그림 레이아웃이 지정되고 그림 아래에 텍스트를 입력할 때는 '텍스트 입력 창'이 생성되는데 '텍스트 입력 창'에 바로 입력을 해도 슬라이드에 텍스트가 입력된다.

'텍스트 입력 창'을 사용하지 않고 슬라이드에서 바로 입력해도 된다.

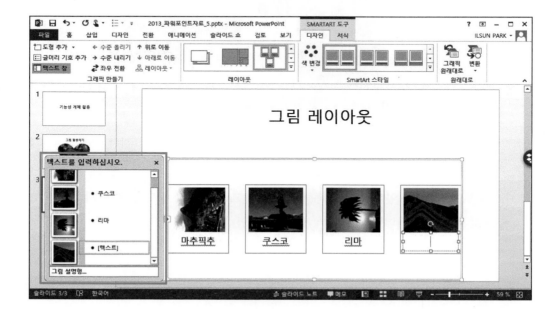

❹ 그림 레이아웃을 이용해 스타일을 지정한 후에 그림들은 '스마트아트' 유형으로 바
  뀌게 된다. 따라서 만들어진 레이아웃 안의 이미지를 클릭하면 [그림 도구]와 함께
  [SMARTART 도구]가 동시에 활성화되어 스마트아트 서식을 사용할 수 있다.

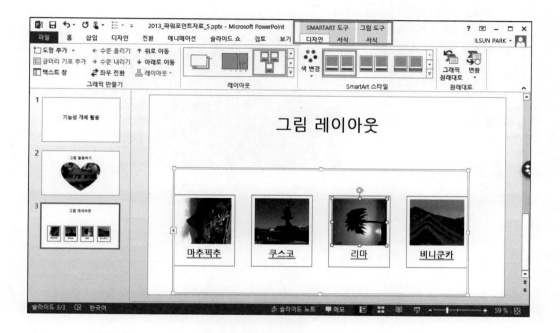

8) 그림 밝기, 대비 조정하기

[그림 도구] – [서식] – [조정] – [수정]에서 밝기, 대비, 선명도 등을 조절하여 다양한
효과를 연출할 수 있다.

9) 그림 색조, 채도 조정하기

[그림 도구] - [서식] - [조정] - [색]에서 채도, 색조 등을 조절할 수 있다.

[그림 도구] − [서식] − [조정] − [꾸밈 효과]에서 페인트 스트로크, 연필 스케치, 분필 스케치 등의 효과를 지정할 수 있다.

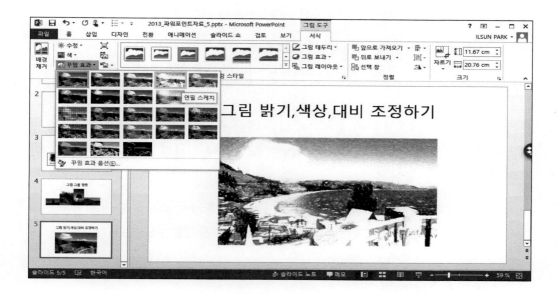

10) 그림 원래대로

그림에 설정된 서식들(색조, 채도, 밝기, 꾸밈 효과)을 모두 취소하여 그림을 원래 상태로 되돌릴 수 있다.

2 ／ 스마트아트 활용하기

스마트아트는 다양한 도형으로 이루어진 도형 레이아웃이다.

개별 도형 활용은 2차시 '워드의 그래픽 요소 활용' 편에서 다루었다. 마이크로소프트 오피스 시리즈 안에 있는 프로그램들은 도형이나 이미지 등을 활용할 수 있는 메뉴와 사용법이 동일하다.

스마트아트는 프로그램에 미리 준비되어 있는 레이아웃을 선택하여 클릭 몇 번으로 도형들의 조합을 그릴 수 있는 기능으로, 일일이 도형 하나 하나를 직접 그리면서 레이아웃을 만드는 수고를 줄여 준다.

스마트아트로 그려진 도형은 다시 도형 모양이나 도형 효과 등 스타일을 내 맘대로 변경할 수 있고, 도형을 추가하여 나만의 도형 레이아웃을 디자인할 수도 있다.

1) 스마트아트 삽입하기

[삽입] - [일러스트레이션] - [SmartArt]를 클릭하면 SmartArt 그래픽 선택 창이 활성화된다.

다양한 레이아웃 중 내용에 맞는 그래픽을 하나를 선택한다.

스마트아트에는 목록형, 프로세스형, 주기형, 계층 구조형, 관계형, 행렬형, 피라미드형 등 다양한 유형의 그래픽이 있다.

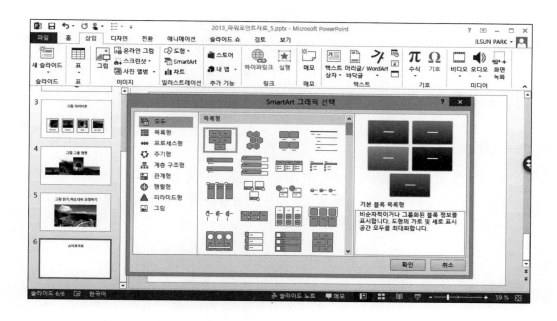

2) 스마트아트 편집하기

스마트아트가 삽입된 후에 해당 스마트아트를 클릭하면 리본 메뉴에 [SmartArt 도구]가 활성화된다.

[SmartArt 도구] 메뉴는 [디자인]과 [서식] 두 개의 부메뉴를 갖고 있다.

[SmartArt 도구] – [디자인] 메뉴에서는 선택한 스마트아트 레이아웃을 다시 변경하거나 스마트아트에 도형을 추가하거나 스마트아트에 스타일을 지정할 수 있다.

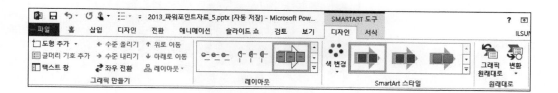

[SmartArt 도구] – [서식] 메뉴에서는 스마트아트의 각각의 도형에 스타일을 지정하거나 스마트아트 내부 텍스트에 워드아트 스타일을 지정하거나 텍스트 효과를 줄 수 있다.

🟦 스마트아트 도형 편집 시

스마트아트를 편집할 때 스마트아트 전체에 대한 변경이면 스마트아트 전체를 선택해야 하고 스마트아트 내부에서 부분적으로 도형의 모양을 변경해야 할 경우에는 해당 도형만을 한 번 더 선택해 줘야 한다.

3) 스마트아트 색 변경하기

❶ 스마트아트를 선택하여 [SmartArt 도구]를 활성화시킨 후 [SmartArt 도구] – [디자인] – [색 변경]을 클릭한다.

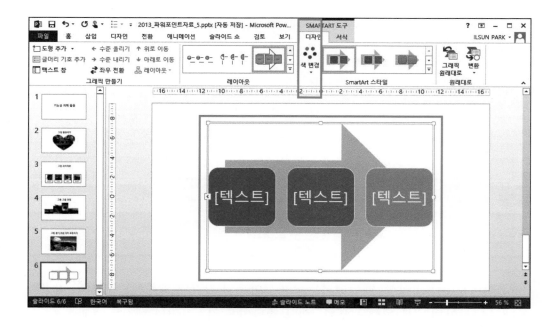

❷ 색상형 목록에서 원하는 색상 이미지를 선택한다.

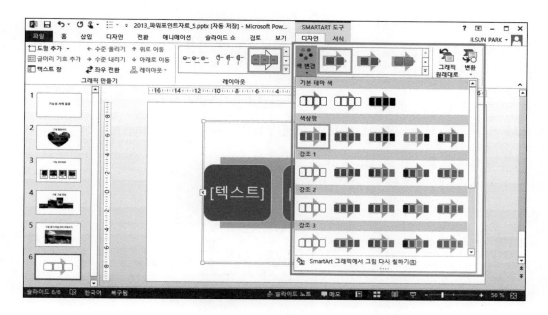

❸ 스마트아트 전체 색상을 바꾸는 것이 아니라 스마트아트 일부의 도형의 색상만 바꾸고자 할 때는 [SmartArt 도구] – [서식] – [도형 스타일]에서 바꿀 수 있다.

[도형 스타일]에서는 도형 하나 하나의 채우기 색, 윤곽선, 도형 효과를 지정하여 도형의 스타일을 변환시킬 수 있다.

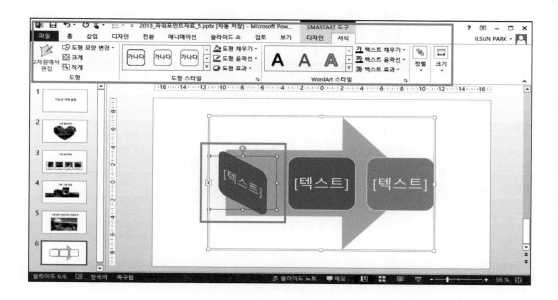

4) 스마트아트 텍스트 창 활용하여 텍스트 입력하기

[SmartArt 도구] – [디자인] – [그래픽 만들기] – [텍스트 창]을 클릭하거나 스마트아트 왼쪽 옆 화살표 버튼을 클릭하면 [텍스트 창]이 열린다. 물론 각각의 도형에 직접 텍스트를 입력할 수도 있다.

스마트아트 왼쪽에 생성된 텍스트 창은 스마트아트 도형에 직접 텍스트를 입력하지 않고도 이 텍스트 창에 입력하면 해당 도형에 자동으로 텍스트가 입력된다.

텍스트 입력이 끝나면 텍스트 창 오른쪽 상단의 [X] 버튼을 클릭해 텍스트 창을 닫는다. 텍스트 창을 이용하면 텍스트 편집을 보다 쉽게 할 수 있다.

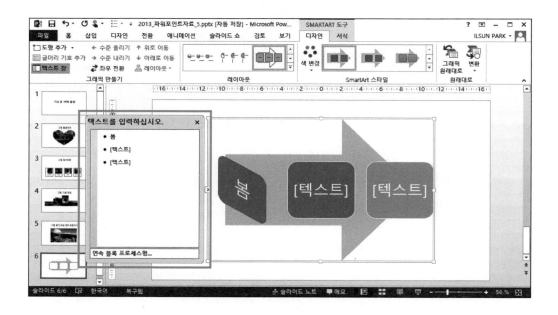

5) 스마트아트에 도형 추가하기

[SmartArt 도구] – [디자인] – [그래픽 만들기] 그룹에서 도형을 추가하거나 도형의 위치를 바꿀 수 있다.

도형 추가 기능은 모든 스마트아트에 적용되는 것은 아니고 스마트아트 종류에 따라 도형 추가 기능이 없는 경우도 있다.

❶ [SmartArt 도구] – [디자인] – [그래픽 만들기] – [도형 추가]를 선택한 후 원하는 위치에 도형을 추가한다. 이때 기존에 먼저 어떤 도형이 선택되어 있었는지에 따라 활성화되는 메뉴가 서로 상이하다.

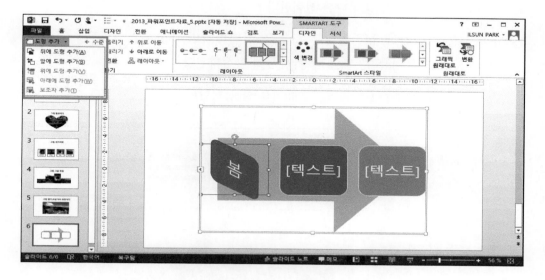

❷ 마지막 "가을" 도형을 선택한 후 [도형 추가] – [뒤에 도형 추가]를 선택하면 "가을" 도형 뒤로 동일한 유형의 도형이 하나 추가되면 "겨울"이라고 입력한다.

❸ 도형을 추가할 때 메뉴를 이용하지 않고 바로 [텍스트 창]에서 추가할 텍스트를 입력하여 자동으로 도형을 추가하는 방법도 있다.

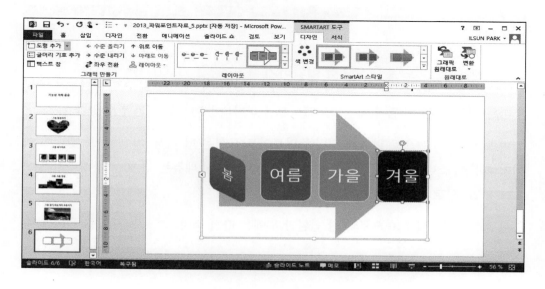

6) 스마트아트의 도형 모양 변경하기

스마트아트 안에 있는 도형의 일부를 다른 모양의 도형으로 변경할 수 있다.

❶ 변경하기를 원하는 도형 하나를 선택한다.

❷ 구체적으로 변경하기를 원하는 도형을 선택해야만 [SmartArt 도구] – [서식] 탭 – [도형] 그룹의 [도형 모양 변경] 메뉴가 활성화된다.

[도형 모양 변경]에서 원하는 도형(예: 하트)을 선택한다.

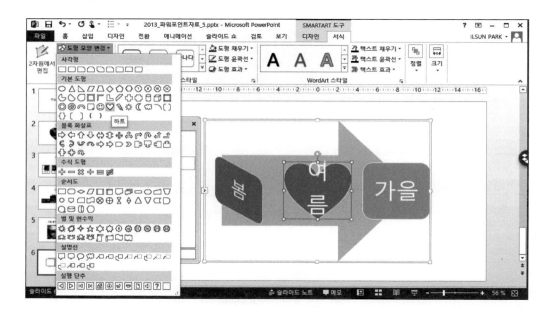

7) 스마트아트를 도형 형식으로 변환하기

스마트아트가 완성이 된 후에는 스마트아트를 하나의 도형으로 변환할 수 있다.

스마트아트가 도형으로 바뀌게 되면 스마트아트 도형은 더 이상 스마트아트 형식이 아니기 때문에 스마트아트를 선택했을 때 [SmartArt 도구] 메뉴는 더 이상 나타나지 않고 [그리기 도구]로 바뀐다.

또한 스마트아트를 도형으로 일단 변환한 후에는 다시 스마트아트 형식으로 돌아올 수 없다.

[SmartArt 도구] – [디자인] – [원래대로] – [도형으로 변환]을 클릭한다.

스마트아트가 도형으로 바뀌었어도 여전히 도형 각각은 다른 도형으로 편집이 가능하다. (하트 모양이 마름모 모양으로 바뀌었다.)

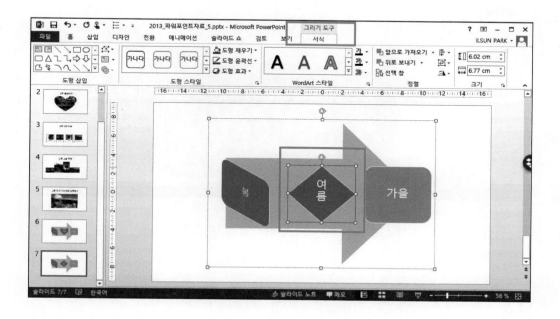

8) 스마트아트를 텍스트로 변환하기

스마트아트로 이루어진 레이아웃을 안에 포함된 도형들을 모두 제거하고 텍스트로 변환할 수 있다.

❶ [SmartArt 도구] – [디자인] – [원래대로] – [변환] – [텍스트로 변환]을 클릭한다.

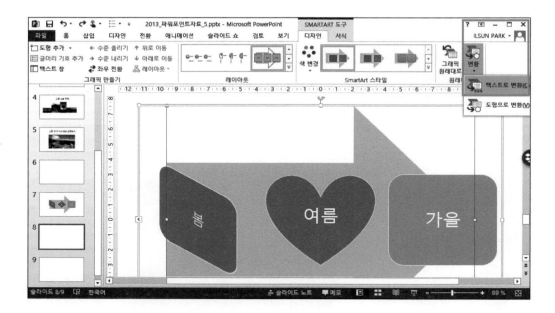

❷ 도형은 사라지고 텍스트만 글머리 기호 형식으로 변하고 [SmartArt 도구] 메뉴도 사라졌다.

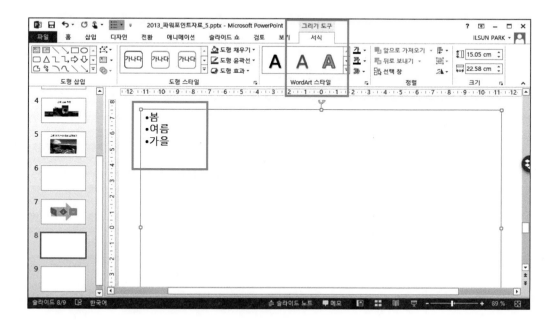

9) 텍스트를 스마트아트로 변환하기

파워포인트에서는 텍스트를 주로 글머리 기호나 번호 매기기 형식을 이용하여 목록으로 나열한다.

이렇게 목록으로 나열된 텍스트를 후에 도형 모양으로 디자인해야 할 때, 원 클릭으로 텍스트를 도형이 있는 레이아웃으로 변경시켜 주는 메뉴가 [SmartArt로 변환]이다.

❶ 먼저, 스마트아트로 변형할 텍스트 상자를 클릭한다. 이때 텍스트는 반드시 글머리 기호나 번호 매기기로 되어 있어야 한다.

❷ 텍스트 상자를 클릭하면 [그리기 도구]가 활성화되지만 [SmartArt로 변환] 메뉴는 [홈] 탭에 있다.

[홈] - [SmartArt로 변환]을 클릭한다.

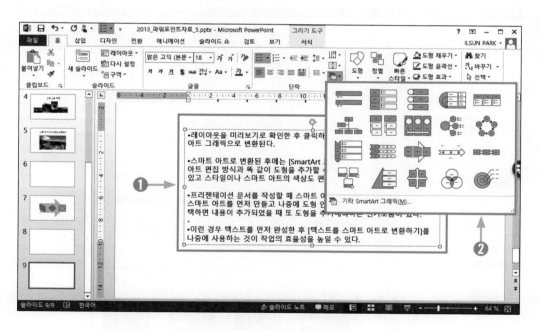

❸ [SmartArt로 변환]을 클릭하면 다양한 스마트아트 레이아웃이 나타난다.

그 중 하나를 포인팅하면 화면에 해당 스마트아트 미리 보기가 나타난다.

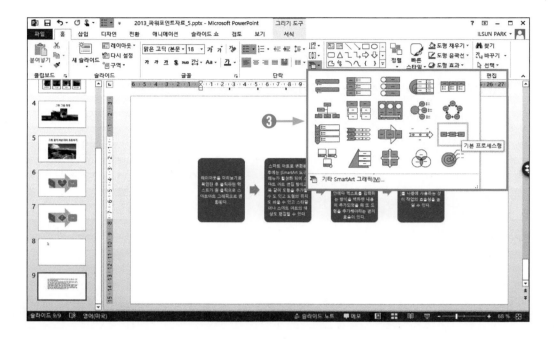

④ 레이아웃을 미리 보기로 확인한 후 클릭하면 텍스트가 원 클릭으로 스마트아트 그래픽으로 변환된다. 스마트아트로 변환된 이후에는 [SmartArt 도구] 메뉴가 활성화되어 스마트아트 편집 방식과 똑같이 도형을 추가할 수도 있고 도형의 위치도 바꿀수 있고 스타일이나 스마트아트의 색상도 편집할 수 있다.

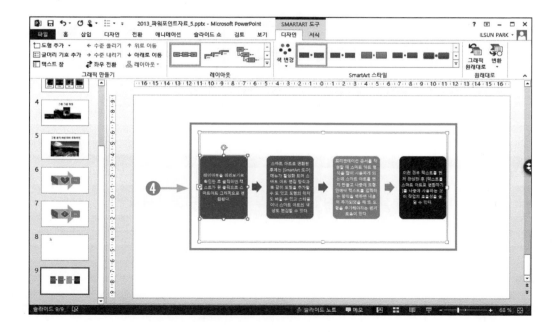

프레젠테이션 문서를 작성할 때 스마트아트 형식을 많이 사용하게 되는데 스마트아트를 먼저 만들고 나중에 도형 안에다 텍스트를 입력하는 방식을 택하면 내용이 추가되었을 때 또 도형을 추가해야 하는 번거로움이 있다.

이런 경우 텍스트를 먼저 완성한 다음 [SmartArt로 변환] 기능을 사용하는 것이 작업의 효율성을 높일 수 있다.

3 차트 활용하기

원래 차트는 엑셀에서 가장 많이 사용하는 기법이며, 워드나 파워포인트에서도 차트를 활용할 수 있는데, 차트 만들기는 엑셀에서 만들어져 워드나 파워포인트로 연동되어 보여지는 것이다. 여기서는 간단하게 파워포인트에서 차트를 어떻게 활용하는지에 대해서만 알아보고 차트의 다양한 옵션은 엑셀 파트에서 자세히 다룰 것이다.

1) 차트 삽입하기

차트는 막대형, 원형, 꺾은선형 등의 그래픽을 이용하여 표로 된 데이터의 내용을 한층 더 이해하기 쉽도록 도와주는 개체로 엑셀 프로그램에서 많이 활용하며 엑셀 프로그램을 이용해서 만들어진다.

❶ 차트 삽입을 위해서 [삽입] – [일러스트레이션] – [차트]를 선택한다.

❷ [차트 삽입] 대화 상자에서 원하는 차트를 선택한다.

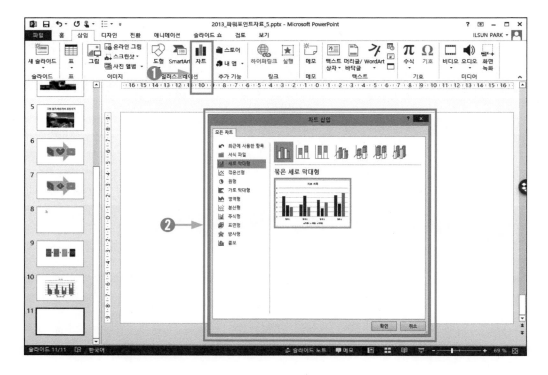

❸ 차트를 만들 데이터를 입력할 수 있도록 엑셀 프로그램이 연동되어 열리고 상단의 리본 메뉴에 엑셀 메뉴가 나타난다.

❹ 임의의 데이터가 입력되어 있는 곳에 차트를 만들 데이터를 입력한다.

❺ 파란색 줄 모서리에 마우스를 포인팅해서 드래그하면 차트에 포함시킬 데이터의 범위를 좁혔다 넓혔다 할 수 있다. (드래그하여 차트에 삽입될 데이터의 범위를 좁혔다고 해서 엑셀 표에 있는 데이터가 삭제되는 것은 아니고 단지 차트에서만 빠져 있을 뿐이라 언제든지 다시 데이터를 포함시킬 수 있다.)

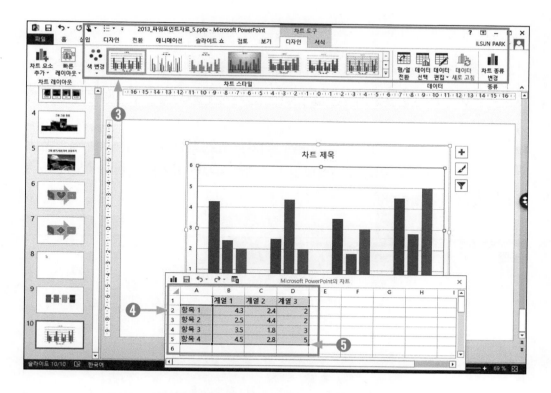

⑥ 엑셀 창을 종료시키면 아래와 같이 파워포인트 문서에 차트가 완성되어 삽입된다.

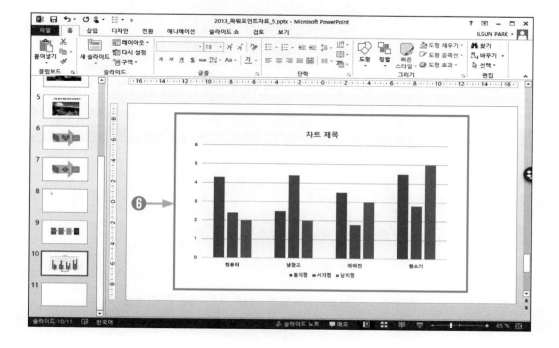

2) 차트 기본 레이아웃

차트는 차트 영역별로 각각의 명칭이 있고 해당 영역을 정확히 선택해야 마우스 오른쪽 버튼 팝업 메뉴를 사용할 수 있다. 각각의 레이아웃별 기능은 리본 메뉴에서도 동일하게 사용할 수 있다.

[차트 도구] – [디자인] – [차트 레이아웃] – [차트 요소 추가]에서 차트의 영역별 요소를 선택한 후 편집할 수 있다. 각 영역별 요소에 대한 자세한 설명은 '엑셀의 차트 및 고급 활용' 편에서 다룰 것이다.

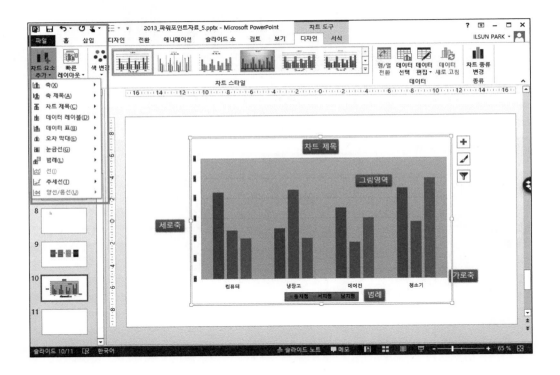

3) 차트 스타일 변경하기

삽입된 차트를 선택하면 리본 메뉴에 "차트 도구" 메뉴가 활성화된다.

❶ [차트 도구] – [디자인] – [차트 스타일]에서 차트 스타일을 변경할 수 있다.

❷ [차트 도구] – [디자인] – [차트 종류 변경]에서 차트 종류를 변경할 수 있다.

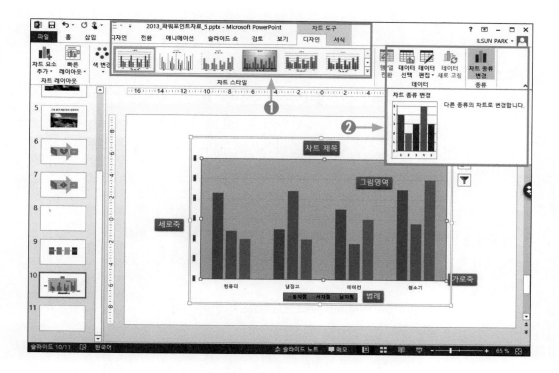

그림 활용하기

- 파워포인트에서는 그림을 다양하게 편집하여 비주얼한 문서를 작성할 수 있다.
- 그림을 그룹으로 묶어서 여러 그림에 한번에 효과를 줄 수 있다.
- [그림 레이아웃] 기능을 이용하여 원 클릭만으로 여러 장의 그림을 스마트아트 도형 과 접목시켜 다양한 방식으로 보여 줄 수 있다.

스마트아트 활용하기

- 일일이 도형 하나 하나를 직접 그리면서 레이아웃을 만드는 수고를 줄이고 프로그램 에 미리 준비되어 있는 레이아웃을 선택하면 클릭 몇 번으로 도형들의 조합이 그려진 다.
- 만들어진 스마트아트는 '도형'이나 '텍스트'로도 변환이 가능하다.

차트 활용하기

- 차트는 막대형, 원형, 꺾은선형 등의 그래픽을 이용하여 표로 된 데이터의 내용을 한 층 더 이해하기 쉽도록 도와주는 개체로 엑셀 프로그램에서 많이 이용되며 파워포인 트에서 작성하는 '차트'는 엑셀 프로그램과 연동되어 만들어진다.
- 차트를 작성하는 동안 엑셀 메뉴가 연동되었다가 차트 작성이 끝나면 다시 본래의 파 워포인트 프로그램으로 돌아온다.

확인학습문제

1. 파워포인트에서 그림 편집을 하려고 한다. 설명이 바르지 못한 것은 무엇인가?

① 그림 사이즈를 축소할 때 그림이 찌그러지지 않도록 하기 위해서는 '가로 세로 비율 고정'에 체크해야 한다.
② 한번 사이즈를 변경하면 원래 크기대로 돌아오지 못하므로 신중해야 한다.
③ 정확한 사이즈 변경을 위해 실제 크기를 숫자로 입력하여 변경할 수 있다.
④ 그림의 일부만을 사용하고자 할 때는 '자르기' 기능을 이용한다.

2. 여러 개의 그림을 한 번의 클릭으로 보기 좋게 배치되도록 도와주는 기능은 무엇인가?

　① 워드아트　　　② 그림 스타일　　③ 그림 레이아웃　　④ 스마트아트

3. 다음 중 스마트아트 편집이 가능하지 않은 상태는 무엇인가?

　① 텍스트를 스마트아트 그래픽으로 변환했을 때
　② 그림을 그림 레이아웃으로 변환했을 때
　③ 스마트아트를 도형으로 변환했을 때
　④ 기본 블록 목록형 스마트아트를 삽입했을 때

*다음 문제를 읽고 맞으면 O, 틀리면 X표를 하시오. (4~6)

4. 파워포인트에서 아래 그림과 같이 '그림 레이아웃'으로 여러 장의 그림을 배치한 경우 더 이상 이미지 추가가 불가능하다.

5. 스마트아트를 도형이나 텍스트로 변환했을 경우에도 [SmartArt 도구] 메뉴를 이용하여 편집이 가능하다.

6. 파워포인트에서 여러 개의 도형을 한 번 그룹으로 묶은 후에도 도형 하나 하나의 편집이 가능하다.

7. 파워포인트에서 텍스트를 스마트아트로 변환하기 전에 선행되어야 하는 작업은 무엇인가?

　① [그리기 도구] 활성화
　② 글머리 기호나 번호 매기기 형식으로 나열
　③ 레이아웃 변경
　④ 텍스트를 도형 모양으로 변경

8. 다음 파일 포맷 중에서 파워포인트 문서에서 호환이 되는 이미지 포맷이 아닌 것은?

① JPEG   ② PNG
③ WMA   ④ GIF

9. 4장의 그림을 한 번의 클릭으로 아래 이미지처럼 정렬하였다면 어떤 기능을 사용한 것인가?

① 도형 정렬   ② 그림 그룹
③ 그림 레이아웃   ④ 그림 애니메이션

10. 다음 설명 중 스마트아트 사용 기법에 대한 설명이 틀린 것은 무엇인가?

① 스마트아트는 다양한 도형으로 이루어진 도형 레이아웃이다.
② 스마트아트는 일일이 도형 하나 하나를 직접 그리면서 레이아웃을 만드는 작업이다.
③ 스마트아트로 그려진 도형은 도형 모양이나 도형 효과 등 스타일을 내 맘대로 변경할 수 있다.
④ 삽입된 스마트아트는 후에도 레이아웃 변경이 가능하다.

정답

1. ②   2. ③   3. ③   4. ✕   5. ✕   6. ○   7. ②   8. ③   9. ③   10. ②

파워포인트의 기능성 개체 활용하기

학습목차

1. 하이퍼링크 활용하기
2. 머리글/바닥글 활용하기
3. 슬라이드 마스터 활용하기
4. 사진 앨범 만들기

학습목표

1. 하이퍼링크 작성을 통하여 웹 기반 문서를 작성할 수 있다.
2. 머리글/바닥글을 활용하여 인쇄 문서의 완성도를 높일 수 있다.
3. 슬라이드 마스터를 활용하여 일관성 있는 문서를 작성할 수 있다.
4. 나만의 디지털 사진 앨범을 만들 수 있다.

1 하이퍼링크 활용하기

하이퍼링크는 특정한 텍스트나 그림 등의 개체에 웹 페이지나 이메일 주소, 그림 또는 프로그램 등을 연결하여 원 클릭으로 실행시키는 작업이다.

하이퍼링크를 작성하는 방식은 링크를 걸 연결 대상에 따라 "기존 파일/웹 페이지", "현재 문서", "새 문서 만들기", "전자 메일 주소" 등 4가지로 구분된다.

1) 하이퍼링크 만들기

🔷 '웹 페이지' 링크 만들기

❶ 링크를 연결할 텍스트나 개체를 블록 설정한다.

❷ [삽입] – [링크] – [하이퍼링크]를 클릭한다.

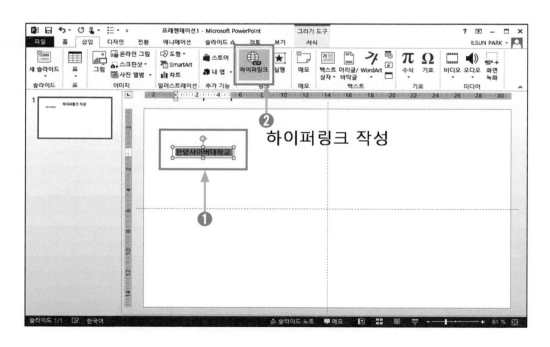

❸ "하이퍼링크 삽입" 대화 상자가 열리면 [연결 대상]에서 [기존 파일/웹 페이지]를 선택한다.

❹ [주소]란에 연결할 웹 주소를 'http'부터 입력한다(예: http://hycu.ac.kr).

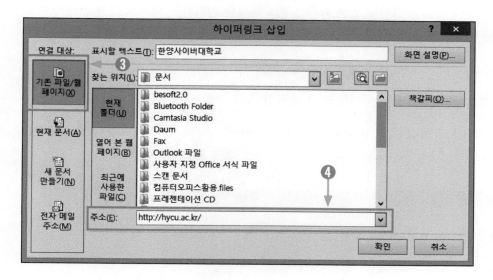

❺ 하이퍼링크의 연결 상태는 편집 화면에서는 확인이 되지 않는다. 하이퍼링크가 잘 연결되었는지 확인하기 위해서는 "슬라이드 쇼" 화면이나 "읽기용 보기" 화면으로 가야 한다.

아래 이미지는 "읽기용 보기" 화면이다.

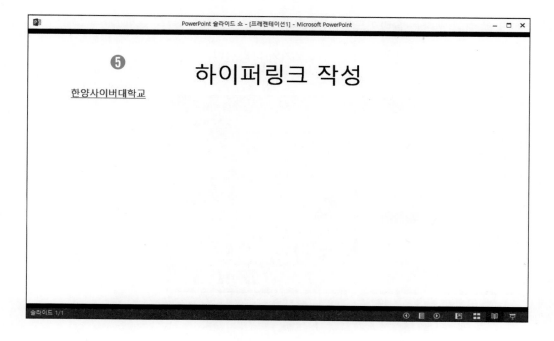

🔷 '현재 문서' 링크 만들기

'현재 문서'라 함은 작성하고 있는 파워포인트 문서를 의미하는 것으로 문서 안에서 바로 원 클릭으로 다른 슬라이드로 넘어가고 싶을 때 사용한다.

❶ 링크를 연결할 텍스트나 개체를 블록 설정한다.

　　[삽입] – [링크] – [하이퍼링크]를 클릭한다.

　　하이퍼링크 삽입 대화 상자에서 [현재 문서]를 클릭한다. 현재 문서란 작성하고 있는 파워포인트 문서로 문서의 위치를 슬라이드 단위로 선택할 수 있다.

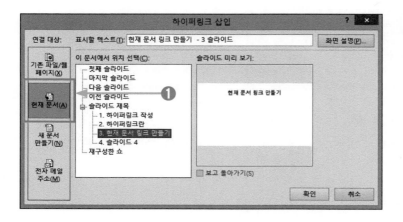

❷ 링크 걸고자 하는 슬라이드를 선택한다.

❸ 창 오른쪽에 선택된 슬라이드 미리 보기가 나타난다.

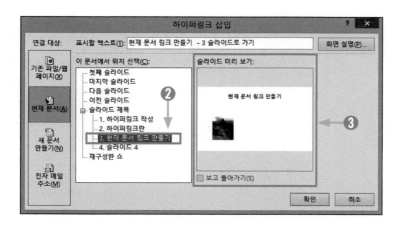

📦 '새 문서' 링크 만들기

링크를 연결할 문서가 작성이 되어 있지 않은 경우 먼저 하이퍼링크를 만들고 후에 연결할 문서를 만들 수 있다.

① 링크를 연결할 텍스트나 개체를 블록 설정한 후 [삽입] – [링크] – [하이퍼링크]를 클릭한다.

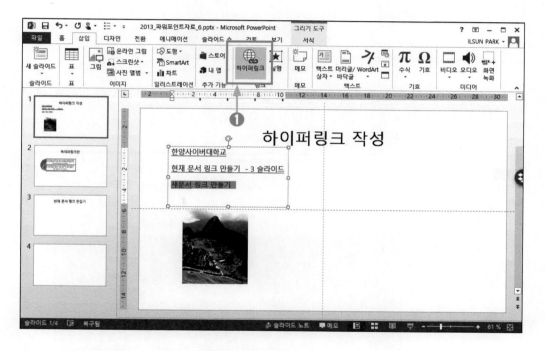

② [연결 대상]에서 [새 문서 만들기]를 클릭한다.

③ [새 문서 이름]에 새로 작성할 문서의 이름(예: 사물인터넷)을 미리 입력한다.

저장 위치가 기본값이 아니면 [변경]을 클릭하여 저장 위치를 변경한다.

④ [문서 편집]에서 문서를 나중에 편집할지 지금 편집할지를 선택한다.

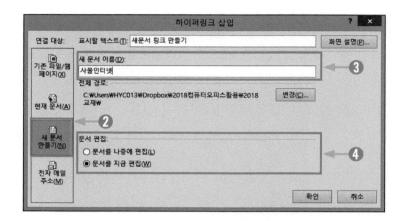

❺ '문서를 지금 편집'을 선택하고 확인을 누르면 아래와 같이 "사물인터넷.pptx"라는
새로운 파워포인트 문서 창이 열리면서 바로 작업을 할 수 있다.

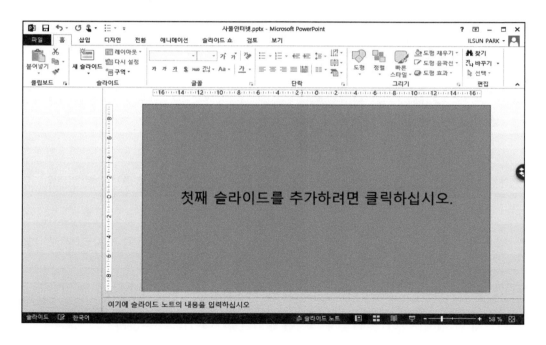

'문서를 나중에 편집'을 선택하면 해당 문서가 저장되고 나중에 필요할 때 문서를 열
어서 편집하면 된다.

🔷 '전자 메일 주소' 링크 만들기

전자 메일 주소 링크가 걸린 텍스트나 개체를 선택하면 내 컴퓨터에 설치된 전자 메일 전용 프로그램이 열리고 그 프로그램에서 메일을 보낼 수 있다.

전자 메일 주소 입력란에 전자 메일 주소를 입력하면 "mailto:"라는 단어가 자동으로 입력된다.

mailto:는 전자 메일 주소를 링크 걸기 위해서 입력하는 html 태그이다. 만일 이 태그가 자동으로 입력되지 않는다면 전자 메일 주소 앞에 반드시 직접 입력해야 한다.

❶ '이메일 링크 만들기' 텍스트를 블록으로 설정한 후 [삽입] – [링크] – [하이퍼링크] 를 클릭한다.

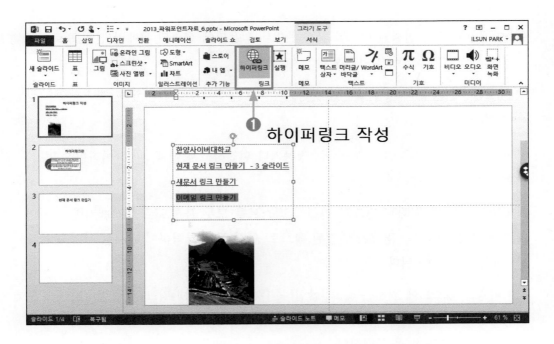

❷ 하이퍼링크 삽입 대화 상자의 [연결 대상]에서 [전자 메일 주소]를 클릭한다.

❸ 주소 입력란에 받을 전자 메일 주소를 입력한다(예: mailto:ispark@gmail.com).

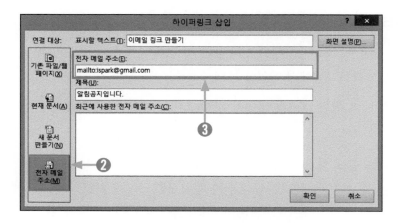

④ 이메일 링크도 '슬라이드 쇼'나 '읽기용 보기' 모드에서만 링크 연결을 확인할 수 있다.

⑤ 이메일 주소가 연결된 링크를 클릭하면 내 컴퓨터에 설치된 이메일 전용 프로그램(예: 아웃룩익스프레스)이 열린다.

2) 하이퍼링크 편집하기

하이퍼링크를 만든 후 연결 링크를 수정하거나 편집하고자 할 때는 "하이퍼링크 편집" 메뉴를 이용하면 된다.

하이퍼링크를 만들 때는 링크가 연결될 텍스트를 모두 블록으로 설정했지만 하이퍼링크를 편집할 때에는 링크가 연결된 텍스트 중 한 곳을 클릭하여 커서만 갖다 놓아도 하이퍼링크 편집이 된다.

하이퍼링크 텍스트에 커서를 놓고 [삽입] - [링크] - [하이퍼링크]를 클릭하거나 또는 하이퍼링크 텍스트에 커서를 놓고 마우스 오른쪽 버튼을 클릭하면 나오는 팝업 메뉴에서 "하이퍼링크 편집"을 클릭한다.

"하이퍼링크 편집" 메뉴는 하이퍼링크가 작성된 후에야 나타나는 메뉴로 하이퍼링크가 연결되지 않은 일반 텍스트에 똑같은 방식으로 마우스 오른쪽 버튼을 누르더라도 팝업 메뉴에는 나오지 않는다.

3) 하이퍼링크 화면 설명 달기

하이퍼링크를 클릭하기 전에 마우스를 포인팅하면 연결된 객체가 무엇인지 알려 주는
텍스트를 입력할 수 있는데 이런 용도의 텍스트를 [화면 설명]이라고 한다.

❶ 하이퍼링크 텍스트에 커서를 옮기고 [삽입] – [링크] – [하이퍼링크]를 클릭한 후
[화면 설명]을 클릭한다.

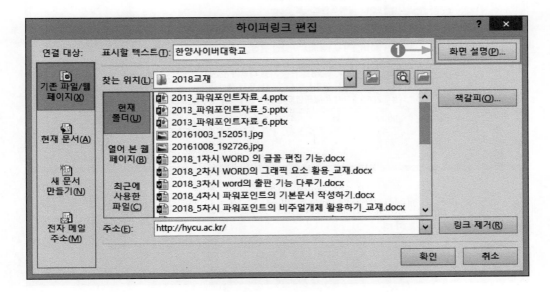

❷ [하이퍼링크 화면 설명 설정] 대화 상자에 화면 설명으로 쓸 텍스트를 입력한 후 [확
인]을 클릭한다.

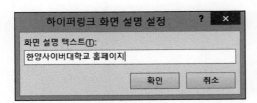

❸ [하이퍼링크 편집] 창의 [확인] 버튼을 클릭한다.

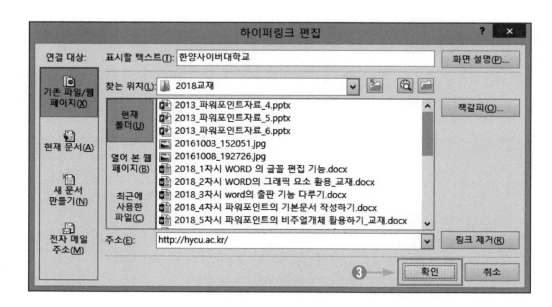

❹ 결과를 보기 위해서는 앞에서 설명한 대로 "슬라이드 쇼"나 "읽기용 보기" 모드에서 링크를 클릭해야 한다.

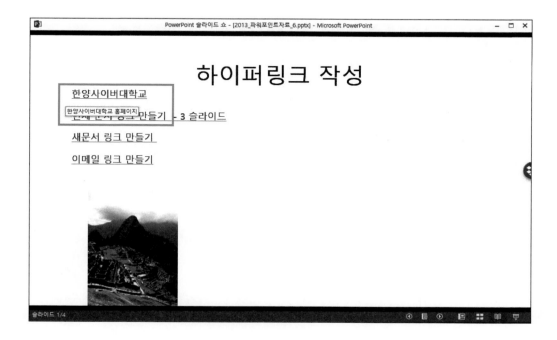

4) 하이퍼링크 삭제하기

하이퍼링크를 삭제할 때는 해당 하이퍼링크 텍스트에 커서를 옮기고 [삽입] – [링크] – [하이퍼링크]를 클릭한 후 [하이퍼링크 편집] 창에서 [링크 제거]를 클릭하면 된다.

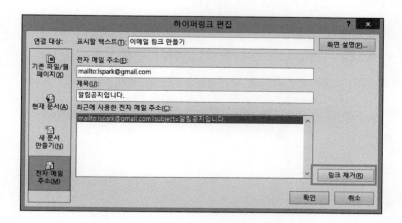

이때 메뉴를 사용하지 않고 마우스 오른쪽 버튼을 클릭해서 팝업 메뉴를 띄우면 [하이퍼링크 제거]라는 메뉴가 나타나 바로 삭제도 가능하다.

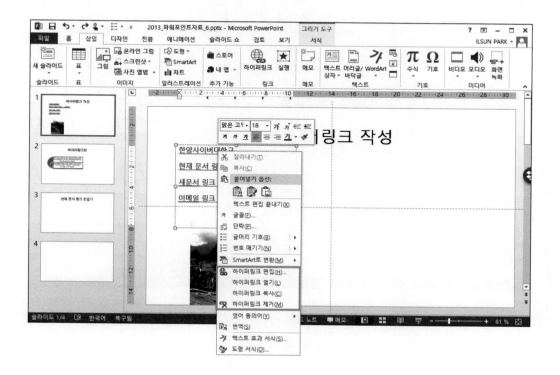

2 머리글/바닥글 활용하기

인쇄된 페이지의 상단 또는 하단에 반복적으로 나타나는 글을 의미하는 것으로 "날짜 및 시간", "슬라이드 번호", "바닥글" 등으로 구분하여 입력할 수 있다.

머리글/바닥글은 본문이 아니므로 본문에서는 입력이 안되고 반드시 [머리글/바닥글] 창에서만 처음 입력이 가능하다. 그러나 한 번 입력된 머리글/바닥글은 본문에서도 수정은 가능하나 가급적 [머리글/바닥글] 창에서 수정하는 것이 혼동을 피할 수 있다.

머리글/바닥글에 입력한 내용은 모든 슬라이드 전체에 적용되게 할 수도 있고 한 슬라이드에만 적용되게 할 수도 있다.

1) 머리글/바닥글 만들기

[삽입] − [텍스트] 그룹 − [머리글/바닥글]을 클릭한 후 [머리글/바닥글] 창에서 입력한다.

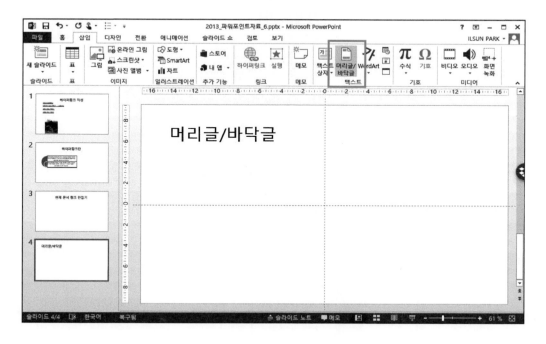

❶ "제목 슬라이드에는 표시 안 함"에 체크하면 머리글/바닥글 내용이 레이아웃이 '제목 슬라이드'인 슬라이드에는 적용되지 않는다.

② 머리글/바닥글이 선택한 특정 슬라이드에만 적용되길 바라면 [적용] 버튼을 클릭한다.

③ 머리글/바닥글이 모든 슬라이드에 적용되길 원하면 [모두 적용] 버튼을 클릭한다.

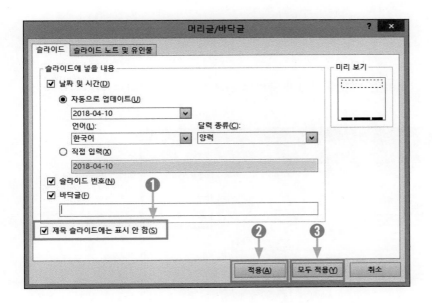

2) 날짜/시간 입력하기

[머리글/바닥글] 창에서 [날짜 및 시간]에 체크한다.

날짜/시간은 [삽입] − [텍스트] 그룹 − [날짜 및 시간]에서도 삽입할 수 있다.

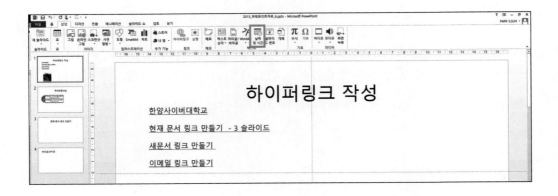

🔷 자동으로 업데이트

입력한 날짜와 시간이 자동으로 업데이트되어 매번 문서를 열 때마다 문서를 연 현재 날짜가 입력된다.

🔷 직접 입력

날짜/시간을 직접 입력하고 이렇게 입력된 날짜/시간은 날짜가 바뀌어도 변하지 않는다.

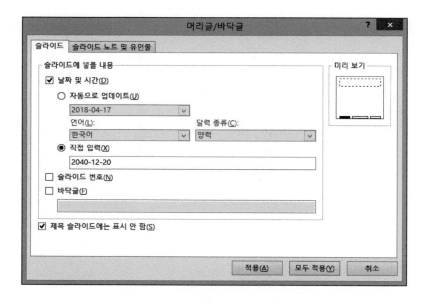

3) 슬라이드 번호

슬라이드 번호는 프레젠테이션 내의 슬라이드의 위치를 나타낸다. [슬라이드 번호]에 체크하면 오른쪽 '미리 보기' 화면에 슬라이드 번호가 입력될 위치가 까맣게 표시된다.

[삽입] - [텍스트] 그룹 - [슬라이드 번호]에서도 삽입할 수 있다.

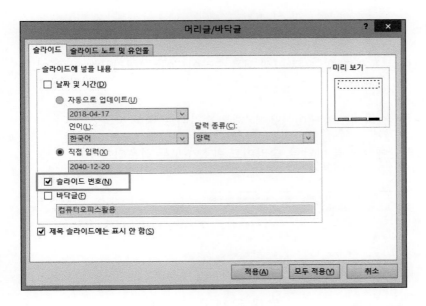

4) 바닥글 입력하기

바닥글은 사용자가 원하는 텍스트를 입력하는 곳으로 주로 회사명, 발표 제목, 발표자 등을 입력한다. [바닥글]에 체크하면 오른쪽 '미리 보기' 화면에 바닥글이 입력될 위치가 까맣게 표시된다.

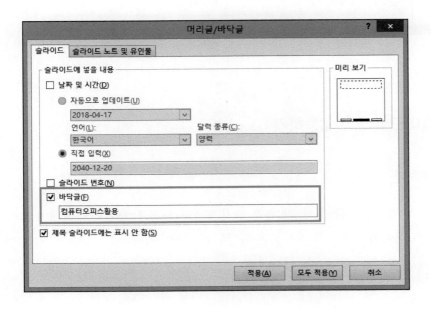

5) 머리글/바닥글 결과 보기

❶ "제목 슬라이드에는 표시 안 함"으로 인해 제목 슬라이드에는 "머리글/바닥글"이 표시되지 않았다.

"제목 슬라이드"란 슬라이드의 레이아웃이 "제목 슬라이드"여야 한다.

❷ 모든 슬라이드 하단에 머리글/바닥글, 슬라이드 번호가 모두 적용되어 있다.

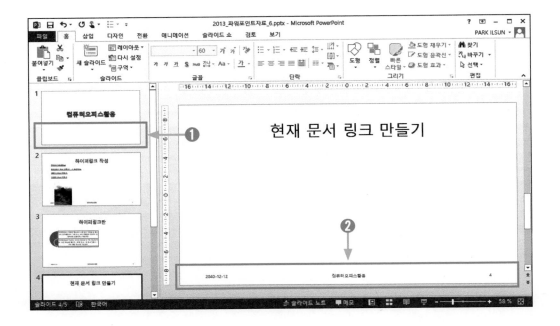

---

3   **슬라이드 마스터 활용하기**

1) 슬라이드 마스터란

슬라이드 마스터는 배경, 색, 글꼴, 효과, 개체 틀 크기 및 위치를 포함하여 프레젠테이션의 테마 및 슬라이드 레이아웃 정보를 저장하는 최상위 슬라이드이다.

슬라이드 마스터에 반복해서 사용될 문구나 이미지, 폰트 정보 등을 저장하면 해당 레이아웃 슬라이드에 똑같이 적용된다. 따라서 슬라이드 마스터를 이용하면 여러 슬라이드에 같은 스타일 정보를 입력할 필요가 없기 때문에 시간이 절약된다.

슬라이드 마스터를 이용하면 항상 같은 서식을 유지할 수 있어 일관성 있는 문서를 만들수 있다.

슬라이드 마스터는 먼저 슬라이드 마스터에서 서식을 지정한 후 새 슬라이드를 추가하면서 작업을 해도 되고, 슬라이드 작업을 한 후에 슬라이드 마스터에서 서식을 지정해도본문에 적용된다.

2) 슬라이드 마스터 편집하기

❶ [보기] − [마스터 보기] 그룹에서 [슬라이드 마스터]를 클릭한다.

[슬라이드 마스터] 메뉴가 활성화된다.

선택한 슬라이드가 [제목만] 레이아웃이기 때문에 슬라이드 마스터 화면에서 [제목 스타일 마스터]가 선택되어 열린다.

슬라이드 마스터 작업을 할 경우 작업할 슬라이드의 레이아웃이 어떤 종류인지 작업자가 알아야 하지만 이렇게 선택되어 알려 주기도 한다.

슬라이드 마스터는 슬라이드 레이아웃별로 편집이 가능하다.

슬라이드 마스터에서는 본문 내용을 삽입하는 것이 아니라 슬라이드에 들어갈 개체들의 스타일을 지정하는 것이다.

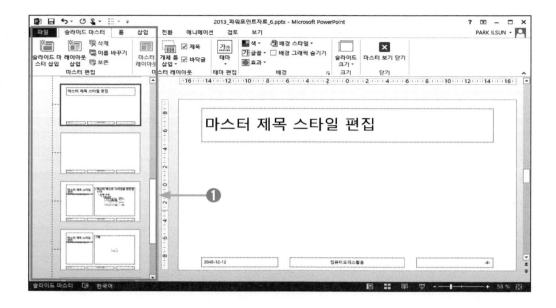

② 슬라이드 제목에 스타일 지정을 하기 위해 [마스터 제목 스타일 편집] 박스 전체를 클릭한 후 'WordArt 스타일'과 '가운데 맞춤'을 지정했다.

③ 바닥글 박스를 선택한 후 '녹색'을 지정했다.

④ 슬라이드 마스터 편집이 다 끝난 후에는 [마스터 보기 닫기]를 클릭하여 슬라이드 본문으로 돌아와서 내용을 삽입한다.

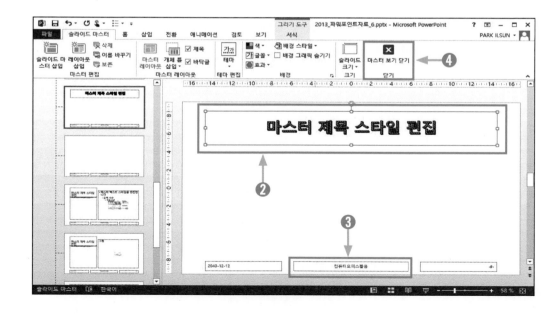

❺ 본문으로 돌아와 결과를 보면 모든 [제목만] 슬라이드의 제목들이 슬라이드 마스터
에서 지정한 대로 동시에 동일하게 설정되었다. 바닥글도 모든 슬라이드에 녹색으
로 적용되었다.

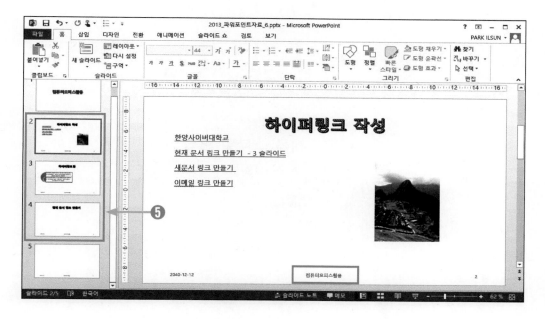

❻ 슬라이드 레이아웃이 [제목 및 내용]인 슬라이드에는 슬라이드 마스터에서 지정한
스타일들이 적용되지 않았다.

❼ 레이아웃 유형에 관계없이 모든 슬라이드에 동일하게 슬라이드 마스터 서식을 지정하고자 할 때에는 [마스터 슬라이드]를 선택한 후 스타일 지정을 한다.

마스터 슬라이드는 [슬라이드 마스터] 화면에서 왼쪽 상단 첫 번째에 있는 레이아웃이다.

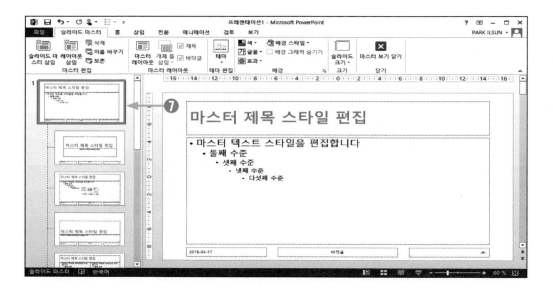

❽ 슬라이드 본문으로 돌아오면 레이아웃 유형과 관계없이 모든 슬라이드에 동일한 제목 스타일과 바닥글 스타일이 지정되었다.

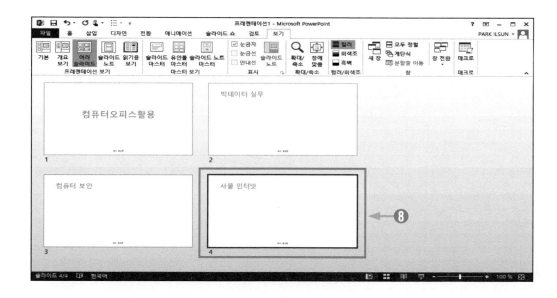

🎁 슬라이드 마스터 서식 지정 유의사항

슬라이드 마스터는 글꼴이나 단락 등의 서식을 슬라이드에 한꺼번에 지정할 때 사용한다. 슬라이드 마스터에서 직접 텍스트를 입력하게 되면 본문에 그대로 반영되어 나타나기 때문에 이중으로 텍스트를 입력하지 않도록 주의해야 한다.

가령, 머리글/바닥글 서식을 지정하려고 할 때 이미 한 번 본문에서 머리글/바닥글을 삽입했는데 마스터에서 머리글/바닥글을 또 다시 삽입하고 서식을 지정하는 방식을 이용하면 이중으로 삽입하는 실수를 범하게 된다. 이 경우 텍스트를 삽입하지 않고 텍스트 상자를 선택한 후 서식만 지정해야 한다.

4 사진 앨범 만들기

1) 앨범 사진 삽입하기

사진 앨범이란 여러 장의 사진을 일괄적으로 표현하여 디지털 앨범을 만들 수 있는 기능이다.

❶ [삽입] – [이미지] – [사진 앨범] – [새 사진 앨범]을 클릭한다.

❷ [파일/디스크] 버튼을 클릭하여 앨범에 넣을 사진을 삽입한다.

❸ 삽입한 사진이 등록되었다. 사진의 순서를 바꾸고 싶으면 체크 박스를 선택한 후 위화살표, 아래 화살표 등을 클릭한다.

❹ 등록된 사진 하나의 체크 박스를 선택하면 맨 오른쪽 미리 보기 창에 이미지가 나타나며 명암 및 채도 변경을 할 수 있고 회전도 가능하다.

2) 앨범 레이아웃 설정하기

❶ [앨범 레이아웃]에서 [그림 레이아웃]의 유형을 선택한다. 한 슬라이드에 그림을 몇 개 삽입할 것인지를 결정한다.

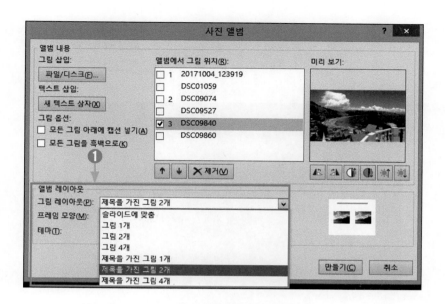

❷ [그림 레이아웃]을 선택한 다음에는 [프레임 모양]을 설정할 수 있다.

[프레임 모양]에서는 그림의 테두리를 각진 모서리로 할지 둥근 모서리로 할지 그리고 테두리 색상을 무엇으로 할지를 선택할 수 있다.

❸ 사진 앨범 옵션 창에서 지정한 대로 "제목을 가진 그림 2개"의 사진에 '단순형 프레임, 흰색' 테두리가 적용된 사진 앨범이 생성되었다.

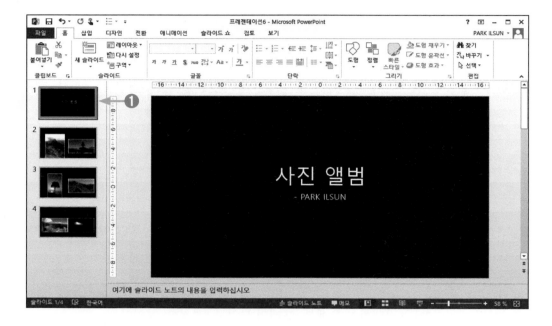

❹ 기본값으로 배경색이 검정색인데 배경색을 바꾸려면 슬라이드 작성 방식과 똑같이 [디자인] – [테마]에서 선택하거나 배경색만 바꿀 수도 있다. 아래 화면은 디자인 테마가 적용된 화면이다.

앨범이 만들어진 후에 생성된 사진 앨범을 수정해야 하는 경우에는 [삽입] - [이미지] 그룹 - [사진 앨범] - [사진 앨범 편집]을 클릭한 후 [사진 앨범 편집] 창에서 다시 옵션을 지정하면 된다.

3) 슬라이드 저장 형식

슬라이드를 저장하는 형식은 매우 다양하다. 그 중 일반적으로 가장 많이 사용하는 형식은 아래와 같다.

- 파워포인트 97~2003 버전 - ppt
- 프레젠테이션 파일 - pptx
- MPEG-4 비디오 - mp4
- Windows Media Video - wmv
- 그림 형식 - jpg, gif, bmp

만들어진 앨범을 동영상으로 저장하려면 저장 형식을 "wmv"로 저장한다.

앨범 슬라이드를 wmv로 저장하면 동영상으로 볼 수 있다.

하이퍼링크 활용하기

- 4가지 카테고리 – 웹 페이지, 현재 문서, 새 문서, 전자 메일 주소 – 링크 방식

머리글/바닥글 활용하기

- 문서의 인쇄본에서 페이지의 상단 또는 하단에 같은 정보를 반복적으로 입력하기 위해 사용.
- 날짜 및 시간, 슬라이드 번호, 바닥글 등을 슬라이드 단위로 적용할 수 있다.

슬라이드 마스터 활용하기

- 슬라이드 마스터에 반복해서 사용될 문구나 이미지, 폰트 정보 등을 저장하여 원하는 슬라이드에 동일한 스타일을 지정한다.
- 슬라이드 마스터는 레이아웃 유형별로 지정되기 때문에 반드시 각 슬라이드의 레이아웃을 알아야 한다.

사진 앨범 만들기

- 여러 장의 사진으로 "사진 슬라이드 쇼"를 만들거나 동영상으로도 편집할 수 있다.

확인학습문제

1. 다음 중 하이퍼링크로 연결할 수 없는 것은 무엇인가?

   ① 웹 페이지　　　　　　　　　② 새 문서
   ③ 슬라이드　　　　　　　　　　④ 표

2. 머리글/바닥글을 슬라이드에 모두 적용하더라도 제외할 수 있는 슬라이드는 무엇인가?

   ① 제목 슬라이드　　　　　　　② 제목만 슬라이드
   ③ 제목 및 내용 슬라이드　　　④ 제목 및 세로 텍스트

3. 머리글/바닥글 작성에 대한 설명이 바르게 된 것은 무엇인가?

① 해당 날짜로 고정시키기 위해서는 '직접 입력'옵션을 선택해야 한다.

② 바닥글에는 클립아트나 이미지는 삽입할 수 없다.

③ 머리글/바닥글은 슬라이드 마스터에서 입력해야 한다.

④ 머리글/바닥글에 대한 서식을 한꺼번에 지정하기 위해서는 [홈] – [글꼴]에서 해야 한다.

4. 하이퍼링크를 설정할 수 있는 개체가 아닌 것은?

① 텍스트   ② 그림

③ 도형   ④ 표

5. 아래 작업 중인 이미지를 보고 설명이 바르지 않은 것은?

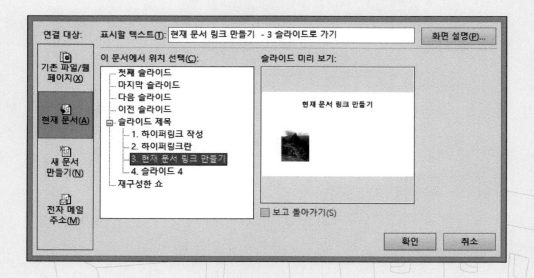

① 텍스트에 하이퍼링크를 설정 중이다.

② 현재 문서로 하이퍼링크 작성 중이다.

③ 링크 걸린 개체에 포인팅했을 때 나타나는 도움말이 설정되어 있다.

④ 같은 파워포인트 문서 내의 특정 슬라이드를 링크 중이다.

6. 아직 작성되지 않은 [새 문서]로 하이퍼링크를 연결할 경우 방법이 옳은 것은?

① 새 문서 이름은 나중에 설정해도 된다.

② 하이퍼링크를 작성한 후 새 문서를 바로 작성해야 한다.

③ 링크에 들어갈 도움말을 먼저 작성해야 한다.

④ [새 문서] 링크를 걸면 문서 파일명이 자동으로 생성된다.

7. 전자 메일 주소를 하이퍼링크로 연결할 경우 방법이 잘못된 것은 무엇인가?

① 이메일 주소 앞에 들어가는 'mailto:'를 반드시 입력해야 한다.

② 이메일로 하이퍼링크를 연결할 때 이메일 제목도 같이 입력할 수 있다.

③ 이메일 주소로 하이퍼링크를 연결할 때도 [화면 설명]을 작성할 수 있다.

④ 이메일을 연결한 하이퍼링크를 클릭하면 해당 웹 이메일 사이트로 연결된다.

8. 하이퍼링크 작성과 관련하여 설명이 틀린 것은?

① 하이퍼링크는 복사가 가능하다.

② 하이퍼링크는 재편집이 가능하다.

③ 하이퍼링크는 제거가 가능하다.

④ 하이퍼링크는 이동이 가능하다.

9. 파워포인트 문서의 슬라이드에 머리글/바닥글을 삽입하고자 한다. 설명이 바른 것은?

① 날짜와 시간을 문서를 열 때마다 업데이트된 시간으로 변경되게 할 수 있다.

② 슬라이드 번호는 반드시 슬라이드 하단에 입력되어야 한다.

③ 머리글/바닥글은 제목 슬라이드에는 표시가 되지 않는다.

④ 머리글/바닥글은 모든 슬라이드에만 적용된다.

10. 슬라이드 마스터 편집과 관련된 설명 중 바른 것은?

① 슬라이드 마스터에서는 텍스트 관련 서식 및 스타일을 지정한다.

② 슬라이드 마스터에서 글꼴을 빨간색으로 지정해도 본문에서는 변경되지 않는다.

③ 슬라이드 마스터에서는 그림이나 도형 관련 개체는 삽입할 수 없고 스타일만 지정할 수 있다.

④ 마스터 슬라이드에 서식을 지정하면 지정한 레이아웃 슬라이드에만 서식이 지정된다.

정답

1. ④   2. ①   3. ①   4. ④   5. ③   6. ④   7. ④   8. ④   9. ①   10. ①

멀티미디어 프레젠테이션 문서 작성하기

학습목표

1. 프레젠테이션에 오디오와 비디오를 삽입함으로써 보다 더 현장감 있는 문서를 제작할 수 있다.
2. 문서에 애니메이션을 적용하여 효과적이고 임팩트 있는 프레젠테이션을 할 수 있다.
3. 문서에 화면 전환을 적용하여 프레젠테이션에 세련미를 더할 수 있다.

---

1 오디오 활용

1) 오디오 파일 포맷

파워포인트 문서에 삽입할 수 있는 오디오 포맷으로는 wav, wma, midi, aiff, mp3, au 등이 있고 이 외에도 다양한 오디오 포맷을 지원하고 있다.

- wav – Windows Audio File
- wma – Windows Media Audio File
- midi – MIDI File
- aiff – AIFF Audio File
- mp3 – MP3 Audio File
- au – AU Audio File

2) 오디오 파일 삽입

❶ [삽입] – [미디어] – [오디오] – [내 PC의 오디오]를 클릭한다.

❷ 미리 만들어진 오디오 파일을 선택한다.

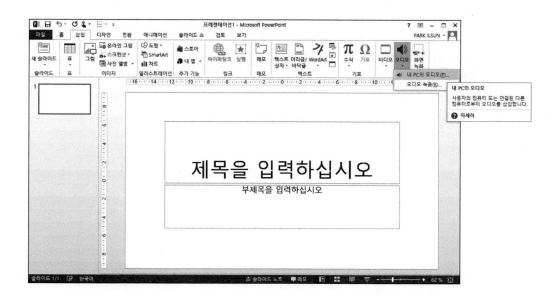

③ 오디오가 삽입되었다는 오디오 심볼 이미지가 나타난다.

④ 오디오 이미지를 클릭하면 리본 메뉴에 [오디오 도구] 메뉴가 추가로 생성되고 [오디오 도구] – [재생] 탭에서 오디오 옵션을 설정할 수 있다.

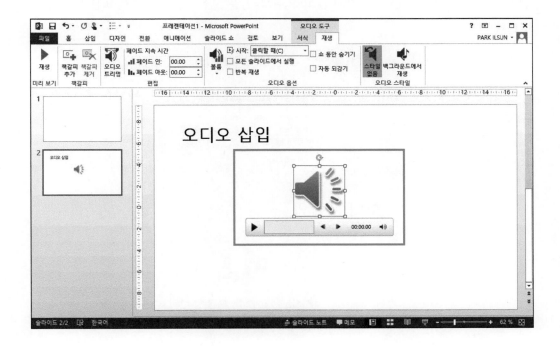

3) 오디오 녹음

만일 이미 만들어진 오디오가 없다면 [삽입] – [미디어] – [오디오] – [오디오 녹음]을 클릭하면 [소리 녹음] 창이 열리고 여기서 바로 녹음하고 삽입할 수도 있다. 단, 녹음 전에 마이크가 연결되어 있어야 한다.

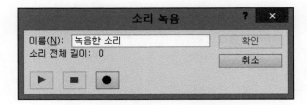

4) 오디오 재생 옵션 다루기

🔷 오디오 트리밍하기

삽입한 오디오 전체를 다 사용하지 않고 오디오의 일부만 사용하려면 필요한 부분만 셀렉트해야 한다.

[오디오 도구] – [재생] – [편집] 그룹 – [오디오 트리밍]을 클릭한다.

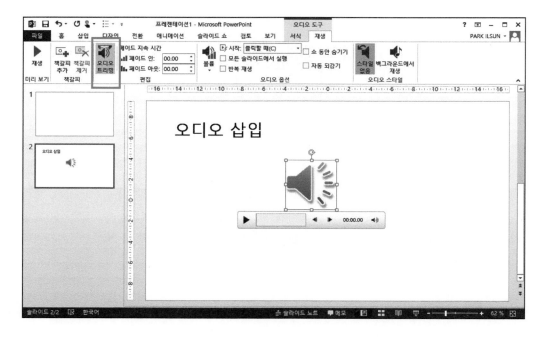

[오디오 맞추기] 창에서 왼쪽의 초록색 바를 드래그하여 사운드의 시작 지점을 지정하고 오른쪽의 빨간색 바를 드래그하여 사운드의 종료 지점을 지정하여 오디오 클립을 트리밍한다.

🔲 페이드 인/아웃

[오디오 도구] - [재생] - [편집] 그룹 - [페이드 지속 시간]에서 설정한다.

페이드 인: 사운드가 처음 시작할 때 작게 시작해서 점점 커져 원래의 볼륨 소리를 내기까지의 시간을 설정한다.

페이드 아웃: 사운드가 종료할 때 원래의 볼륨에서 점점 작아져서 완전히 꺼질 때까지의 시간을 설정한다.

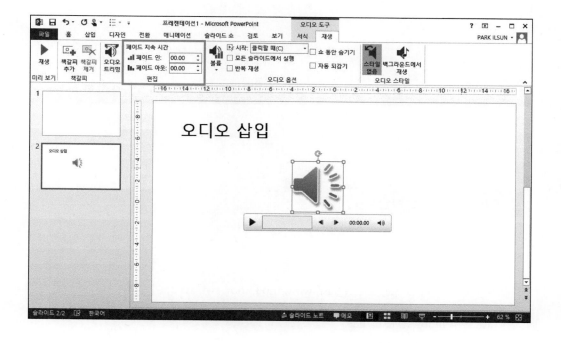

🔷 오디오 옵션

시작: 사운드가 '자동 실행'이 되게 할 것인지 또는 '클릭할 때' 시작되게 할 것인지, 또 '모든 슬라이드에서 실행'할 것인지를 설정한다.

반복 재생: '반복 재생'에 체크하면 사운드는 무한 반복된다.

볼륨: '낮음', '중간', '높음', '음소거' 등 4 단계로 볼륨을 조절할 수 있다.

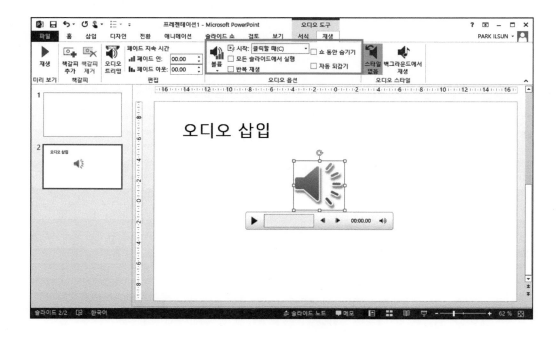

---

2 / **비디오 활용**

1) 비디오 파일 포맷

지원되는 비디오 파일 포맷으로는 asf, wmv, mp4, mov, swf, avi 등이 있다.

- asf – Windows Media File
- wmv – Windows Media Video File

- mp4 − MP4 Video File
- mov − QuickTime Movie File
- swf − Adobe Flash Media File
- avi − Windows Video File

* 32비트 버전의 파워포인트 2010에서는 컴퓨터에 QuickTime Player가 설치되어 있어야만 .mp4 또는 .mov 파일을 재생할 수 있다.

비디오를 삽입하면 비디오 볼륨이나 빨리 감기, 뒤로 가기 등의 조절이 가능한 비디오 콘솔이 함께 삽입된다.

삽입된 비디오 사이즈도 마우스로 드래그하여 조절 가능하다.

비디오를 포함하는 경우 모든 파일이 프레젠테이션 문서에 포함되므로 프레젠테이션을 할 때 파일이 손실될 염려가 없다.

파워포인트 프레젠테이션에서는 비디오를 포함할 뿐만 아니라 연결할 수도 있다. 만일, 프레젠테이션의 크기를 줄이기 위해서라면 내 컴퓨터 안의 비디오 파일이나 YouTube 등의 웹 사이트에 업로드한 비디오 파일에 연결하면 된다.

2) 비디오 파일 삽입

❶ [삽입] − [미디어] − [비디오] − [내 PC의 비디오]를 클릭한다.

❷ 미리 만들어진 비디오 파일을 선택한다.

❸ 비디오 파일이 본문에 삽입된다.

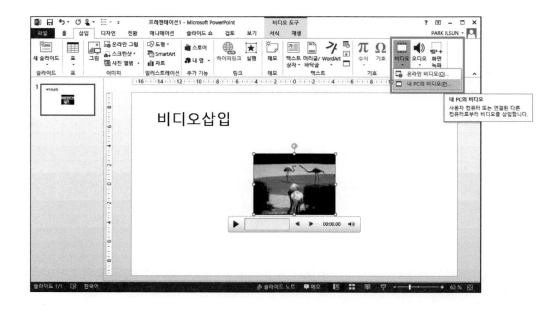

3) 온라인 비디오 연결

❶ [삽입] – [미디어] – [비디오] – [온라인 비디오]를 클릭한다.

온라인 비디오는 웹 사이트에 있는 비디오의 태그를 붙여 넣으면 된다.

이렇게 연결된 비디오 파일은 프레젠테이션 문서의 용량에 크게 영향을 주지 않는다.

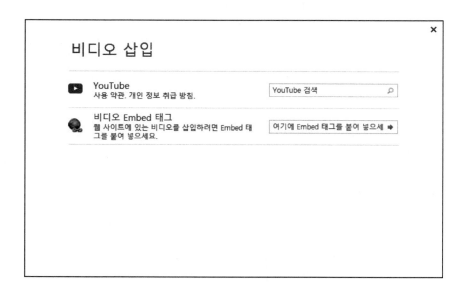

YouTube에서 소스를 복사하려면 [공유]를 클릭하여 나타나는 소스 태그를 복사해서 동영상이 재생될 장소에 붙여넣기 하면 된다.

임베디드 코드(embedded code)로 웹 사이트 비디오를 연결한 경우 [비디오 도구] 메뉴의 [재생] 메뉴에 있는 대부분의 비디오 옵션들은 사용할 수 없다. 책갈피 기능, 비디오 트리밍, 페이드 기능, 시작 옵션 등을 지정할 수 없다. 따라서 본문의 비디오를 클릭했을 때 파워포인트에서 자동으로 제공하는 비디오 콘솔도 나타나지 않는다.

4) 비디오 테두리 스타일 지정하기

비디오는 오디오와는 다르게 화면에 보이는 부분이라 스타일 지정이 필요하다.

삽입된 비디오를 클릭하면 리본 메뉴에 [비디오 도구] 메뉴가 활성화되며 [비디오 도구] – [서식] 탭 – [비디오 스타일]에서 비디오 테두리 스타일을 지정할 수 있다.

5) 비디오 첫 화면 지정하기

비디오 화면의 경우 움직이는 화면이라 처음 화면이 고정되어 있지 않다. 그래서 비디오 화면에 나타날 첫 화면을 다른 사진으로 지정할 수 있다.

[비디오 도구] − [서식] − [조정] − [포스터 틀]을 클릭하여 고정된 비디오 클립의 첫 화면에 보여질 이미지를 찾아 선택해 준다.

6) 비디오 재생 옵션 다루기

🔷 비디오 트리밍

비디오의 재생 시간이 긴 경우 비디오의 시작과 종료 타임을 변경할 수 있다.

단, 비디오를 삽입하지 않고 임베디드 코드로 연결했을 경우에는 트리밍을 할 수 없다.

[비디오 도구] - [재생] - [편집] - [비디오 트리밍]을 클릭해서 비디오 트리밍을 할 수 있다.

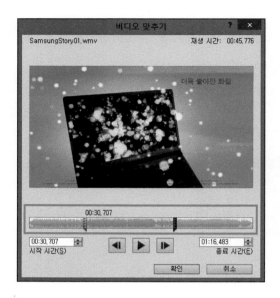

💎 비디오 페이드 인/아웃

[비디오 도구] – [재생] – [편집] – [페이드 지속 시간]에서 비디오 시작 화면이 점점 환해지게 하는 '페이드 인' 시간을 설정하고 마지막 비디오 종료 화면이 서서히 어두워지게 하는 '페이드 아웃' 시간을 설정할 수 있다.

📦 비디오 옵션

시작: 비디오가 '자동 실행' 또는 '클릭할 때' 시작할 것인지를 설정한다.

반복 재생: '반복 재생'에 체크하면 비디오는 무한 반복 재생된다.

볼륨: '낮음', '중간', '높음', '음소거' 4 단계로 볼륨을 조절할 수 있다.

전체 화면 재생: '전체 화면 재생'에 체크하면 비디오 콘솔 안에서가 아닌 전체 화면에서 실행된다.

3	화면 전환

한 슬라이드에서 다음 슬라이드로 넘어갈 때 슬라이드 단위로 페이드나 디졸브 또는 닦아내기와 같은 화면 전환 효과를 삽입할 수 있다.

화면 전환 효과에서는 효과의 속도도 조절할 수 있고 화면 전환 효과에 사운드도 삽입할 수 있다.

단, 한 프레젠테이션에서 슬라이드마다 너무 다양한 타입의 화면 전환 효과를 사용할 경우 프레젠테이션의 집중도를 떨어뜨릴 수 있다.

화면 전환 효과의 결과는 '슬라이드 쇼'에서 확인이 가능한데 '슬라이드 쇼' 화면으로 나가지 않고 슬라이드 편집 화면에서 효과의 결과를 보려면 [전환] - [미리 보기]에서 확인할 수 있다.

1) 화면 전환 효과 삽입

[전환] - [슬라이드 화면 전환]에서 원하는 전환 효과를 선택한다.

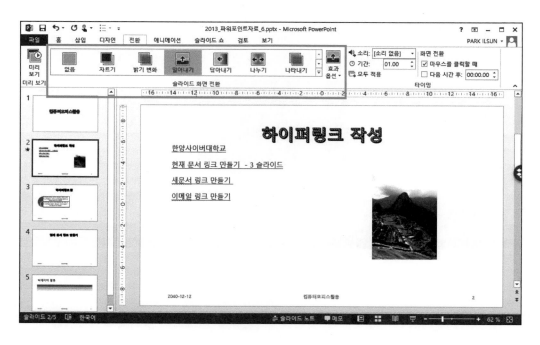

화면 전환 효과에는 아주 많은 다양한 효과 종류가 있다.

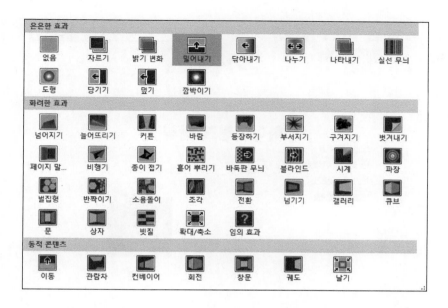

2) 화면 전환 효과 타이밍 지정

[전환] − [타이밍] − [소리]에서는 전환 효과에 음향 효과로 '소리'를 삽입할 수 있다.

[기간]에서는 화면 전환이 실행되는 시간을 설정할 수 있다.

[화면 전환]에서는 화면 전환 시점을 마우스를 클릭할 때로 할지 아니면 일정한 시간이 지나고 화면 전환을 할지를 선택할 수 있다.

화면 전환 효과가 삽입되면 슬라이드 미리 보기 화면에 별표 표식기가 나타나고 지정된 화면 전환 효과가 리본 메뉴에 색깔로 선택되어 나타난다.

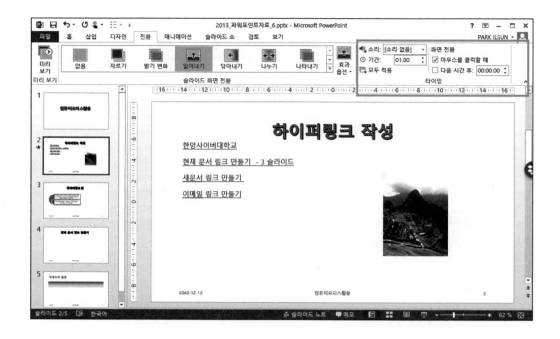

애니메이션

화면 전환은 슬라이드 단위로 화면 전환 효과를 넣는 것에 비해 애니메이션은 슬라이드 단위가 아니라 개체 단위로 삽입된다는 것이 특징이다.

즉, 애니메이션을 지정할 때에는 반드시 먼저 애니메이션을 지정할 개체를 선택한 후에 애니메이션을 지정해야 한다.

1) 애니메이션 종류

애니메이션 효과는 '나타내기', '강조', '끝내기', '이동 경로' 등 네 개의 타입으로 구분된다.

- **나타내기**: 처음 개체가 나타날 때의 동작을 의미한다.
- **강조**: 슬라이드에 개체가 미리 나타나 있고 다시 한 번 강조하는 의미로 주는 효과

이다.

- **끝내기:** 슬라이드에 개체가 미리 나타나 있다가 사라질 때의 동작을 의미한다.
- **이동 경로:** 임의의 경로를 그려 주고 그 경로를 따라 개체를 이동시킬 수 있다.

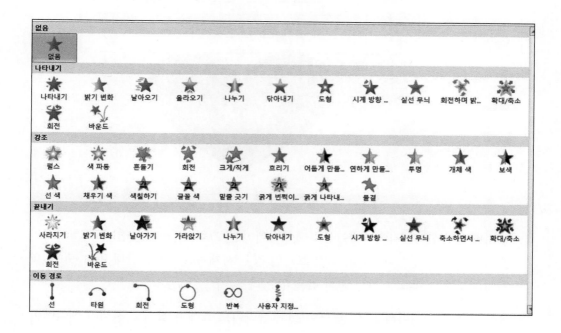

2) 애니메이션 삽입

❶ 애니메이션을 삽입하기 위해서는 반드시 애니메이션을 지정할 개체를 선택한다.

❷ [애니메이션] – [애니메이션] 그룹의 [자세히] 버튼을 클릭하여 애니메이션 종류를 열고 하나를 선택한다(예: 강조 – 회전).

❸ 애니메이션이 지정되면 화면 왼쪽에 애니메이션이 지정된 순서대로 번호가 나타난다.

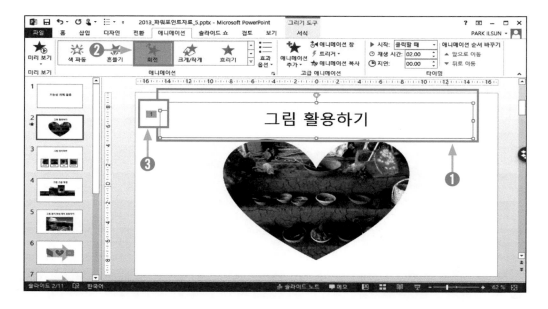

④ 애니메이션 선택 후 [애니메이션] − [애니메이션] 그룹의 [효과 옵션]에서 추가적인 효과 옵션을 지정한다. 가령, 회전 효과인 경우 시계 방향, 시계 반대 방향, 90도 회전, 180도 회전 등의 효과 옵션이 있을 수 있다.

⑤ [애니메이션] − [미리 보기]를 클릭한다. 슬라이드 쇼에서 실제로 진행될 애니메이션을 미리 볼 수 있다.

🧊 애니메이션 중복 지정

애니메이션은 한 개체에 여러 개 중복 지정해도 된다.

[애니메이션] − [고급 애니메이션] − [애니메이션 추가]에서 중복 지정을 할 수 있다.

동일한 애니메이션을 반복 지정할 경우 [고급 애니메이션] − [애니메이션 복사]를 선택한 후 애니메이션을 지정할 개체를 선택하면 된다.

🧊 애니메이션 삭제하기

애니메이션은 개체 단위로 지정이 되어 있으므로 원하지 않는 애니메이션은 편집 모드에서 해당 애니메이션 번호를 삭제한다. 또는 [애니메이션 창]에서도 [제거] 메뉴를 이용하여 삭제할 수 있다.

애니메이션 번호는 애니메이션을 지정하는 순서대로 자동으로 생성되는 것이므로 중간에 번호가 삭제되면 번호가 다시 자동으로 매겨진다.

🧊 애니메이션 결과 미리 보기

애니메이션은 슬라이드 쇼에서 확인이 가능하지만 슬라이드 쇼를 진행하지 않고 편집모드에서 확인하는 방법도 있다. [애니메이션] − [미리 보기]에서 해당 페이지별로 애니메이션이 진행되는 것을 확인할 수 있다.

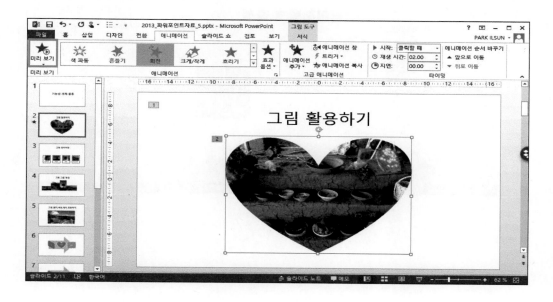

3) 애니메이션 창 사용하기

애니메이션 창에서는 애니메이션과 관련하여 좀 더 다양한 지정을 한꺼번에 할 수 있다는 장점이 있다.

[애니메이션] – [고급 애니메이션] 그룹 – [애니메이션 창]을 클릭하면 오른쪽에 애니메이션 창이 열린다.

🎁 애니메이션 순서 변경하기

1 애니메이션이 삽입되면 삽입된 순서대로 번호가 매겨지고 이 번호 순서대로 애니메이션이 실행된다. 그런데 제작된 순서와 다르게 실행 순서를 바꾸고 싶다면 애니메이션 창을 이용한다.

2 가령, 2번 순서 애니메이션을 3번 순서로 실행되게 하려면, [애니메이션 창]에서 2번을 선택한 후 아래 화살표 ▼ 를 클릭하면 된다.

🔹 리본 메뉴에서 애니메이션 순서 바꾸기

[애니메이션] - [타이밍]에서도 애니메이션 실행 순서를 바꿀 수 있다.

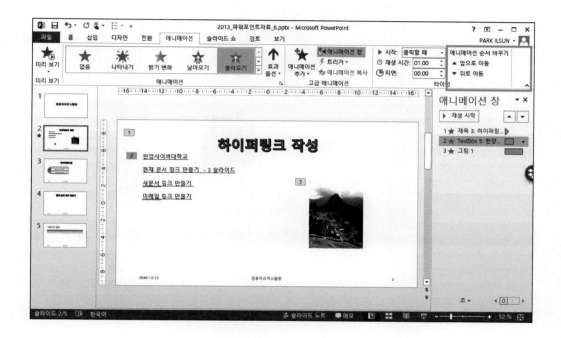

🔹 타이밍 조절하기

[애니메이션] - [타이밍]에서도 애니메이션의 재생 시간, 지연 시간, 시작 동작 설정 등을 할 수 있다.

그러나 [애니메이션 창]을 통해서 타이밍을 설정하게 되면 좀 더 다양한 옵션이 있어서 일관되고 빠르게 애니메이션을 지정할 수 있다.

❶ [애니메이션 창]에서 타이밍을 지정할 애니메이션 이름의 콤보 박스를 클릭한다.

❷ 팝업 메뉴에서 [타이밍]을 선택한다.

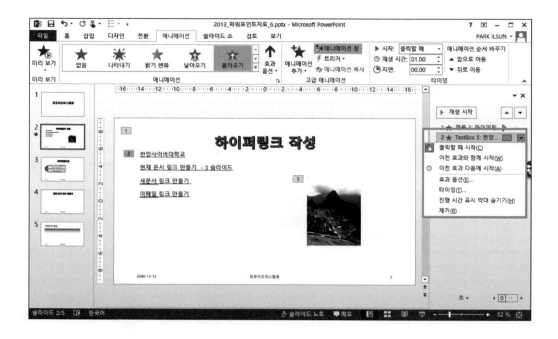

시작

클릭할 때: 마우스로 클릭할 때 애니메이션을 실행한다.

이전 효과와 함께: 이전 효과와 함께 애니메이션을 실행한다.

이전 효과 다음에: 이전 효과가 끝난 후 애니메이션을 실행한다.

재생 시간

리본 메뉴에서 지정할 때는 시간으로만 지정할 수 있으나 애니메이션 창에서 지정할 때는 다양한 지정을 할 수 있다.

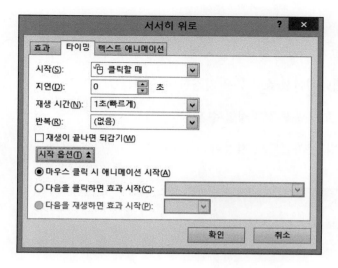

🎲 효과 설정

애니메이션 타입에 맞게 효과 옵션을 설정할 수 있다.

[애니메이션 창]에서 애니메이션 선택 후 [효과 옵션]을 클릭한다.

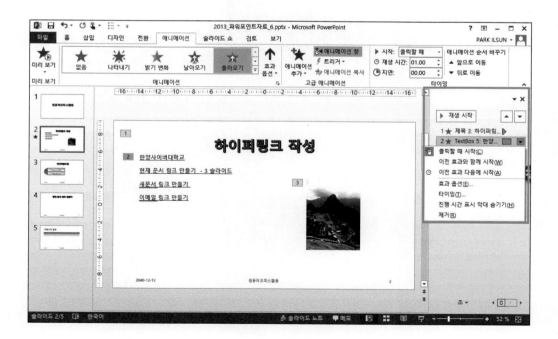

각 애니메이션에 소리도 지정할 수 있다.

애니메이션이 부드럽게 시작되고 부드럽게 종료되는 시점을 설정할 수 있다.

애니메이션 후의 효과, 텍스트 애니메이션 효과 등을 지정할 수 있다.

리본 메뉴에서보다 많은 비디오 효과 옵션을 지정할 수 있다.

텍스트 애니메이션인 경우 단어별, 문자별로도 지정이 가능하다.

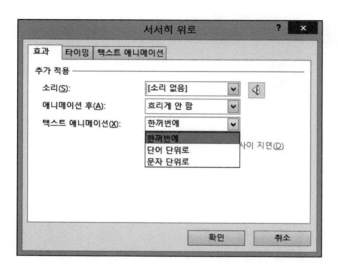

학습정리

1. 오디오 파일 포맷
- 파워포인트 문서에 삽입할 수 있는 오디오 포맷으로는 wav, wma, midi, aiff, mp3, au 등이 있고 이 외에도 다양한 오디오 포맷을 지원하고 있다.

  wav — Windows Audio File

  wma — Windows Media Audio File

  midi — MIDI File

  aiff — AIFF Audio File

  mp3 — MP3 Audio File

  au — AU Audio File

2. 비디오 파일 포맷
- 지원되는 비디오 파일 포맷으로는 asf, wmv, mp4, mov, swf, avi 등이 있다.

  asf — Windows Media File

  wmv — Windows Media Video File

  mp4 — MP4 Video File

  mov — QuickTime Movie File

  swf — Adobe Flash Media File

  avi — Windows Video File

- Embedded 코드로 웹 사이트 비디오를 연결한 경우 [비디오 도구] 메뉴의 [재생] 메뉴에 있는 대부분의 비디오 옵션들은 사용할 수 없다. 책갈피 기능, 비디오 트리밍, 페이드 기능, 시작 옵션 등을 지정할 수 없다. 따라서 본문의 비디오를 클릭했을 때 파워포인트에서 자동으로 제공하는 비디오 콘솔도 나타나지 않는다.

3. 화면 전환 효과
- 한 슬라이드에서 다음 슬라이드로 넘어갈 때 슬라이드 단위로 페이드나 디졸브 또는 닦아내기와 같은 모션이 들어간다.

4. 애니메이션

- 애니메이션은 슬라이드 단위가 아니라 개체 단위로 애니메이션이 삽입된다.
- 애니메이션 창에서는 애니메이션과 관련하여 좀 더 다양한 지정을 한꺼번에 할 수 있다는 장점이 있다.
- 애니메이션은 한 개체에 여러 개 중복 지정해도 된다.
- 애니메이션 번호는 애니메이션을 지정하는 순서대로 자동으로 생성되는 것이므로 중간에 번호가 삭제되면 번호가 다시 자동으로 매겨진다.

확인학습문제

1. 다음 중 파워포인트에서 삽입할 수 있는 오디오 파일 포맷이 아닌 것은 무엇인가?

① wav   ② midi

③ au   ④ wmv

2. 다음 중 오디오 파일 설정에는 없고 비디오 파일 설정에만 있는 기능은 무엇인가?

① 반복 재생   ② 포스터 틀

③ 트리밍   ④ 페이드 인/페이드 아웃

3. 슬라이드에 화면 전환 효과를 줄 때 방법이 바르지 못한 것은 무엇인가?

① 화면 전환 효과에 사운드를 삽입하여 효과를 더욱 현장감 있게 한다.

② 객체를 선택한 후 원하는 화면 전환 효과를 지정한다.

③ 화면 전환 효과의 속도를 조절하여 부드러운 프레젠테이션을 만든다.

④ 화면 전환 시점을 마우스를 클릭할 때로 할지 일정 시간이 지난 후로 할지를 잘 판단해야 한다.

4. 다음 파일 포맷 중 종류가 다른 파일 포맷은 무엇인가?

① midi   ② aiff

③ mp3   ④ wmv

5. 다음 이미지는 무엇을 하는 작업 이미지인가?

① 오디오 페이드 인   ② 오디오 페이드 아웃

③ 오디오 트리밍   ④ 오디오 책갈피 추가

6. 다음 중 파워포인트에서 비디오를 삽입하면서 사용할 수 있는 옵션이 아닌 것은 무엇인가?

① 포스터 틀   ② 비디오 테두리

③ 배경 패턴 채우기   ④ 비디오 자르기

7. 슬라이드에 애니메이션을 지정하는 방법이 잘못된 것은 무엇인가?

① 애니메이션은 개체를 선택한 후 지정해야 한다.

② 애니메이션은 한 개체에 여러 개의 애니메이션을 지정해도 된다.

③ 한 슬라이드에 여러 개의 애니메이션이 지정되면 지정된 순서대로 실행된다.

④ 애니메이션 실행 순서를 바꾸려면 원하는 순서에서 다시 애니메이션을 제작한다.

8. 다음 중 애니메이션 효과에 대한 설명이 잘못된 것은 무엇인가?

① 나타내기 애니메이션은 개체가 처음 나타날 때의 동작을 의미한다.

② 강조 애니메이션은 슬라이드에 개체가 나타날 때 강조되면서 나타나는 효과이다.

③ 끝내기 애니메이션은 슬라이드에 개체가 미리 나타나 있다가 사라질 때의 동작을 의미한다.

④ 이동 경로 애니메이션은 그린 선을 따라 개체를 이동시킬 수 있다.

9. 아래 동영상 관련 이미지에 대한 설명이 바른 것은 무엇인가?

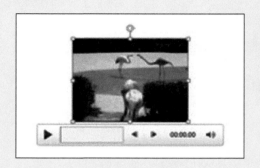

① 소스 태그를 복사해서 붙여넣기 하면 된다.

② 삽입한 후 비디오 트리밍, 페이드 인/아웃 등의 옵션을 지정할 수 있다.

③ 연결된 비디오 파일은 프레젠테이션 문서의 용량에 크게 영향을 주지 않는다.

④ 비디오에 포스터 틀을 지정할 수 없다.

10. 아래 작업 이미지는 무슨 작업을 하고 있는 이미지인가?

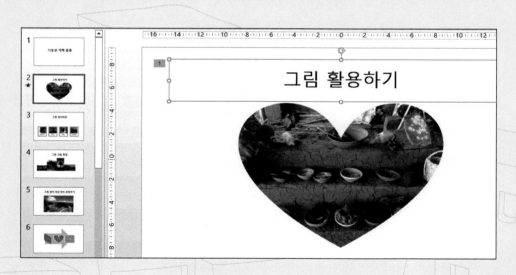

① 화면 전환 효과   ② 애니메이션 지정

③ 스마트아트 설정   ④ 그림 레이아웃 지정

정답

1. ④   2. ②   3. ②   4. ④   5. ③   6. ③   7. ④   8. ②   9. ②   10. ②

프레젠테이션 실행과 관리

학습목표

1. 슬라이드 쇼를 진행하면서 프레젠테이션 예행 연습을 할 수 있다.
2. 파워포인트 문서를 유인물 등 다른 포맷으로 제작, 배포하는 방법을 익힐 수 있다.
3. 프레젠테이션 문서를 보호하고 개인정보를 삭제하는 방법을 익힐 수 있다.

1 / 슬라이드 쇼

슬라이드 쇼는 파워포인트 문서를 다 작성한 후 결과를 확인하거나 프레젠테이션 등을 할 때 사용하는 기능이다.

즉, 슬라이드 쇼는 파워포인트에서 작성한 프레젠테이션 문서를 음향 효과, 동영상 재생, 애니메이션 및 화면 전환 효과 등을 모두 포함하여 모든 멀티미디어적인 요소를 한꺼번에 보여 주는 것을 말한다.

[슬라이드 쇼 리본 메뉴 화면]

1) 슬라이드 쇼 시작

[슬라이드 쇼] − [슬라이드 쇼 시작]에서 슬라이드 쇼를 진행한다.

처음부터 시작: 현재 편집 모드에서 몇 번째 슬라이드가 선택되었는지에 관계없이 슬라이드 쇼는 무조건 처음부터 시작한다.

현재 슬라이드부터 시작: 편집 모드에서 선택된 슬라이드부터 슬라이드 쇼를 진행한다.

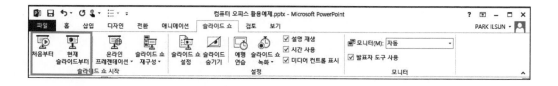

2) 슬라이드 쇼 재구성

전체 슬라이드 중에서 실제로 슬라이드 쇼에서 사용할 슬라이드만을 다시 선택할 수 있다.

보통의 경우 프레젠테이션 발표 시간이 여유롭지 않기 때문에 먼저 충분히 발표할 자료를 슬라이드에 넣고 최종적으로 시간 안에 발표 해야 하는 슬라이드를 다시 구성할 수 있다.

❶ [슬라이드 쇼] − [슬라이드 쇼 시작] − [슬라이드 쇼 재구성]을 클릭한다.

❷ [쇼 재구성] 대화 상자가 열리면 [새로 만들기]를 클릭한다.

❸ [쇼 재구성하기] 창에서 재구성할 슬라이드 쇼 이름을 지정한다.

왼쪽의 '프레젠테이션에 있는 슬라이드' 항목에서 슬라이드 쇼에서 사용할 해당 슬라이드를 선택한 후 [추가] 버튼을 누르면 오른쪽의 '재구성한 쇼에 있는 슬라이드' 항목에 추가된다.

오른쪽에 있는 화살표 버튼을 이용해서 재구성한 슬라이드의 순서를 바꿀 수 있다.

슬라이드 재구성이 끝나면 [확인]을 누른다.

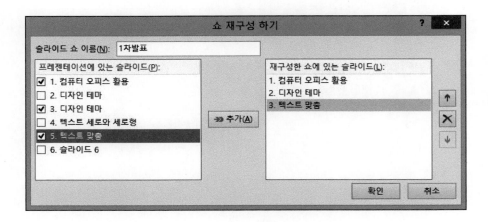

❹ [슬라이드 쇼] – [슬라이드 쇼 재구성]을 클릭하면 조금 전 재구성한 슬라이드 이름인 "1차 발표"가 들어 있는 것을 볼 수 있다.

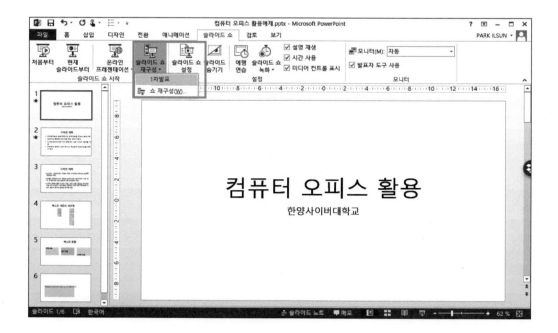

❺ 재구성한 슬라이드 쇼를 다시 편집하려면 [슬라이드 쇼] – [슬라이드 쇼 재구성] – [쇼 재구성]을 클릭한다.

[쇼 재구성] 창에서 "1차발표"를 선택한 후 [편집] 버튼을 클릭한다.

❻ [쇼 재구성하기] 창이 열린다. 여기서 다시 슬라이드를 재구성하면 된다.

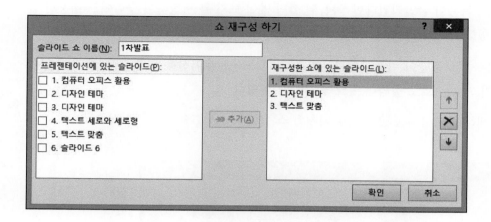

3) 슬라이드 쇼 설정

슬라이드 쇼의 형식이나 슬라이드 쇼의 표시 옵션 등을 자세히 지정할 수 있다.

[슬라이드 쇼] – [설정] – [슬라이드 쇼 설정]을 클릭해서 "쇼 설정" 대화 상자를 연다.

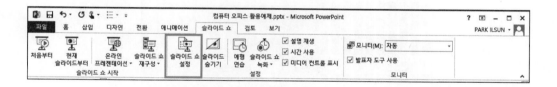

❶ 쇼 형식

발표자가 진행하는 전체 화면으로 슬라이드 쇼를 진행하거나 웹 형식으로 진행할 수도 있다.

'전체 화면'이란 모니터의 사이즈에 맞춰 항상 해당 모니터 전체에 슬라이드를 표시 하는 방식으로 사이즈 조절이 되지 않는다.

'웹 형식'은 모니터 사이즈와 관계없이 웹 문서 형식으로 작업하고 있는 파워포인트 문서 창에 슬라이드 쇼가 진행되는 것으로 사이즈 조절이 가능하다.

❷ 표시 옵션

만일, 녹음이 삽입되었다면 '녹음된 설명 없이 보기'를 지정하여 슬라이드 내용만 볼 수 있다.

또는 발표 시간이 단축되었다든지 깔끔한 프레젠테이션을 위해 '애니메이션 없이 보기' 방식으로도 슬라이드 쇼를 진행할 수 있다.

펜 색이나 레이저 포인터 색도 지정할 수 있다.

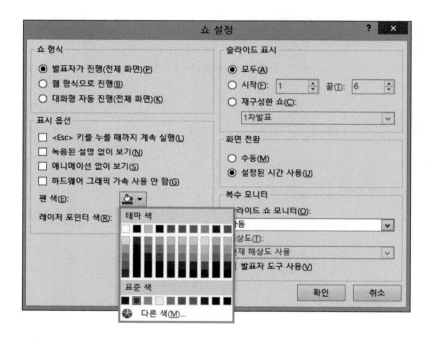

❸ 슬라이드 표시

슬라이드 쇼에 진행할 슬라이드의 시작 페이지와 끝 페이지를 지정할 수 있다.

또는 먼저 만들어 놓은 '재구성한 쇼'가 있다면 '재구성한 쇼'를 설정할 수도 있다.

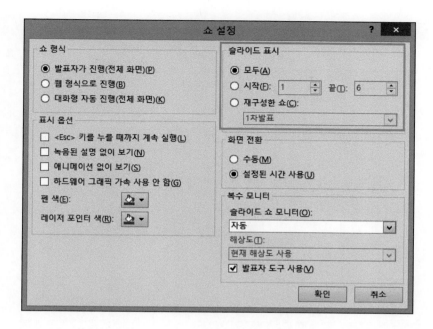

4) 슬라이드 숨기기

슬라이드 쇼를 진행하기 전에 처음부터 만들어진 슬라이드 중에서 발표에 필요 없는 슬라이드를 숨기고 슬라이드 쇼를 진행할 수 있다.

슬라이드를 숨긴다고 해서 슬라이드가 삭제되는 것은 아니다.

❶ 숨기고자 하는 슬라이드를 선택한 후 [슬라이드 쇼] – [설정] – [슬라이드 숨기기]를 클릭한다.

❷ 숨겨진 슬라이드는 [기본 보기] 슬라이드 미리 보기 창에서 슬라이드 번호에 사선이 그어져 있다.

❸ 숨겨진 슬라이드를 다시 보이게 하려면 해당 슬라이드를 선택한 후 [슬라이드 숨기기]를 다시 한 번 클릭하면 된다.

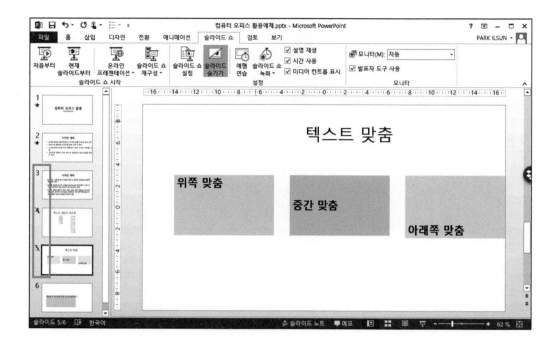

5) 슬라이드 예행 연습

프레젠테이션 발표 이전에 먼저 발표 시간에 맞춰서 프레젠테이션 예행 연습을 해 볼 수 있다.

프레젠테이션은 절대적으로 시간을 엄수해야 하므로 반드시 예행 연습이 필요하다.

예행 연습은 슬라이드 쇼의 전체 화면에서 하게 되고 각 슬라이드에서 소요되는 시간이 기록되고 이 소요된 시간을 저장할 수 있어 발표 시간을 맞출 수 있다.

❶ [슬라이드 쇼] − [설정] − [예행 연습]을 클릭한 후 설정한 애니메이션이나 화면 전환 효과를 실행하고 설명도 같이 진행하면서 각 슬라이드당 걸리는 시간을 체크할 수 있다.

❷ 예행 연습이 다 끝나면 "새 슬라이드 시간을 저장하시겠습니까?"라는 알림창이 뜨고 이때 [예]를 클릭하면 지금 예행 연습한 새 슬라이드 시간을 사용하는 것이고 [아니요]를 클릭하면 기존에 저장된 예행 연습 시간을 유지하고 지금 막 끝낸 예행 연습 시간은 저장하지 않겠다는 것이다.

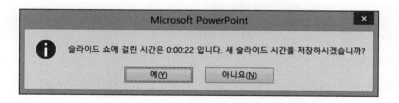

❸ 위의 알림창에서 [예] 버튼을 클릭하면 새 시간이 적용되어 [여러 슬라이드 보기] 모드에서 각 슬라이드당 걸린 시간을 표시해 준다.

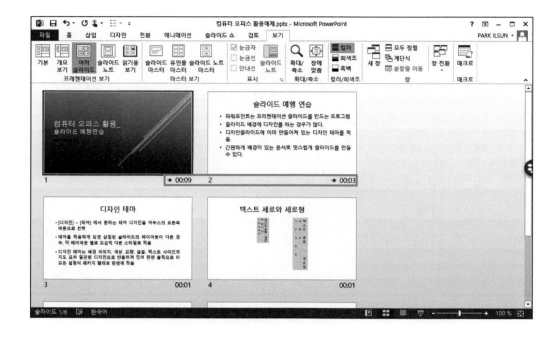

6) 슬라이드 쇼 저장하기

파워포인트에서 작업한 본문 슬라이드를 저장할 수 있는 형식은 다양하다.

가장 많이 사용하는 대표적인 형식은 다음과 같다.

- pptx − 파워포인트 형식
- ppsx − 슬라이드 쇼 형식
- pdf − Portable Document Format
- jpg, png − 이미지 형식
- gif − gif 이미지 형식
- wmv − 동영상 형식

2 / 슬라이드 인쇄하기

1) 슬라이드 크기 및 방향 지정

❶ [디자인] – [사용자 지정] – [슬라이드 크기]에서 슬라이드의 비율(4:3 또는 16:9)을 정할 수 있다.

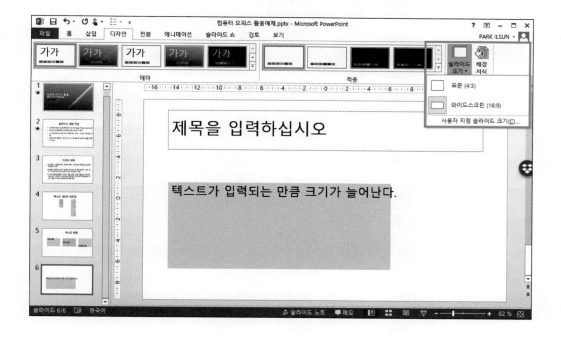

슬라이드 크기를 자유롭게 정하고 싶으면 [사용자 지정 슬라이드 크기]를 선택한다.

[슬라이드 크기] 대화 상자에서 다양한 크기의 슬라이드를 지정할 수 있다. 또한 슬라이드 노트 및 유인물 등의 방향도 지정할 수 있다.

단, 슬라이드 크기나 방향은 슬라이드를 작성하기 전에 먼저 지정해 놓고 작업을 해야 슬라이드 안에 들어간 레이아웃이나 개체의 위치 등이 변하지 않는다.

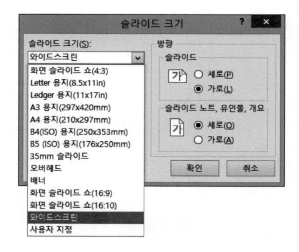

2) 인쇄 설정

인쇄 메뉴에서는 프린터 선택, 인쇄 영역 선택, 인쇄 유형 선택, 그리고 컬러 및 회색조 인쇄 등을 선택할 수 있다.

❶ [파일] – [인쇄]를 클릭한다.

❷ 인쇄될 화면이 오른쪽에 미리 보기 화면으로 제공되기 때문에 화면을 보면서 설정을 할 수 있다.

❸ [설정]에서 인쇄할 슬라이드 영역을 선택한다. 모든 슬라이드, 선택 영역, 현재 슬라이드, 범위 지정 등의 방식으로 선택할 수 있다. 또한 재구성한 쇼나 숨겨진 슬라이드도 인쇄할 수 있다.

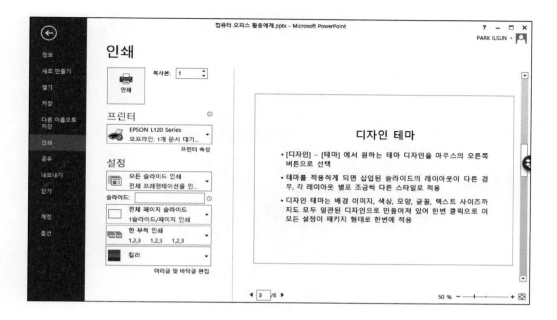

❹ 인쇄 모양을 선택할 수 있다. 전체 페이지 슬라이드, 슬라이드 노트, 개요 등의 형식으로 유형 선택을 할 수 있다.

❺ 유인물의 경우에는 한 페이지에 몇 장의 슬라이드를 넣을 것인지에 따라 1슬라이드부터 2, 3, 4, 6, 9슬라이드까지 선택할 수 있다.

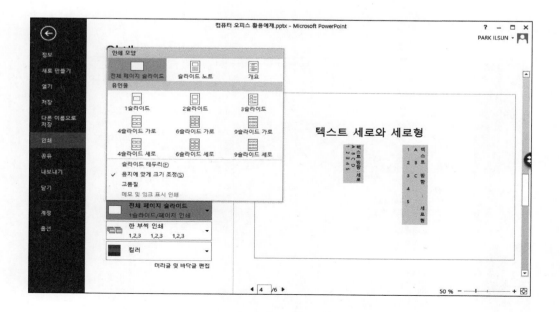

3) 인쇄 모양

🔷 전체 페이지 슬라이드

인쇄할 페이지를 슬라이드 단위로 인쇄한다.

만일 슬라이드에 메모나 잉크 주석이 있다면 같이 인쇄할 것인지도 체크할 수 있다.

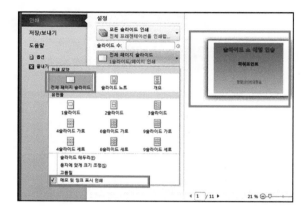

🔷 슬라이드 노트

상단에는 슬라이드 화면이 나타나고 하단에는 슬라이드 노트의 내용이 나타나는 방식이다.

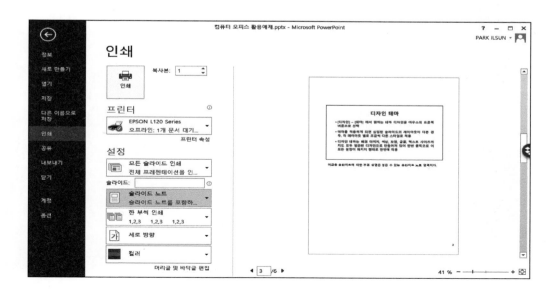

🔷 개요

'개요' 인쇄는 슬라이드에 삽입된 그림, 동영상 등의 이미지를 제외하고 텍스트 개요만
인쇄하는 방식이다.

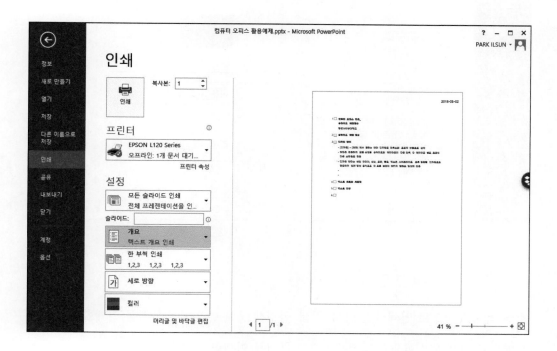

🔷 유인물 인쇄

유인물은 청취자들을 위해 프레젠테이션 내용을 문서로 만들어 배포할 목적으로 인쇄
하는 유형이다.

한 페이지에 9슬라이드까지 넣어서 인쇄할 수 있다.

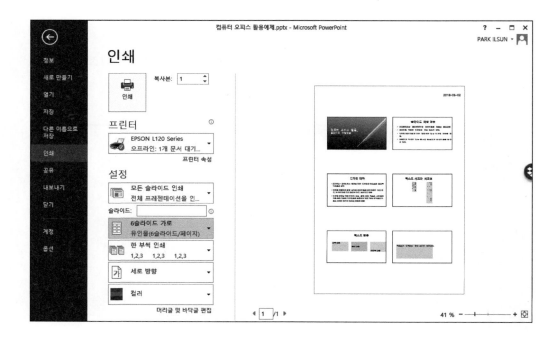

4) 컬러/회색조/흑백 인쇄

컬러 외에 회색조로 인쇄하면 흰색, 회색, 검정색 등을 이용해서 문서를 인쇄할 수 있다.

흑백으로 인쇄하면 흰색과 검정색만으로 문서를 인쇄할 수 있다.

인쇄 옵션에서 회색조나 흑백으로 인쇄를 했다고 해서 슬라이드의 문서 색상 유형이 회색조나 흑백으로 바뀌는 것은 아니다.

원본 문서 자체의 컬러 모드를 회색조나 흑백으로 변경하려면 본문으로 돌아와 [보기] – [컬러/회색조]에서 [회색조] 또는 [흑백]으로 설정하면 된다.

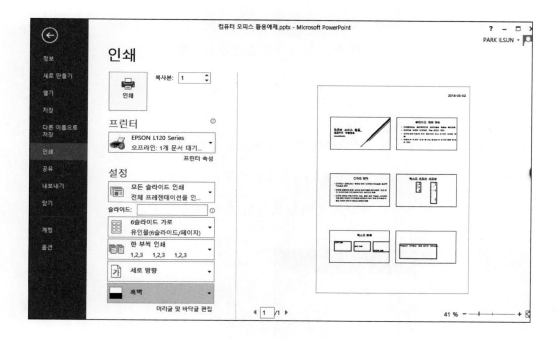

5) 여러 부 인쇄

전체 슬라이드를 여러 부수로 인쇄하는 옵션이 있다.

- 한 부씩 인쇄 (1,2,3 1,2,3 1,2,3) – 먼저 모든 슬라이드 1부를 다 인쇄하고 다시 슬라이드를 반복해서 부수만큼 인쇄한다.

- 한 부씩 인쇄 안 함 (1,1,1 2,2,2 3,3,3,) – 페이지마다 인쇄 부수만큼 반복 인쇄를 한다.

---

3 프레젠테이션 보호 및 관리

프레젠테이션 보호 옵션에서 프레젠테이션의 읽기 암호와 쓰기 암호 등에 대한 정보를 입력하여 다른 사용자가 문서를 열거나 수정하지 못하게 설정할 수 있다.

또한 문서 안에 포함되어 있는 문서 속성이나 기타 정보에 대해서도 보안을 유지할 수 있다.

최근에 프로그램이 계속 빠르게 업데이트되면서 같은 프로그램 파일이라도 버전에 따라 호환이 어려운 경우가 있는데 이를 위해서 호환성 검사도 할 수 있다.

1) 프레젠테이션 암호 간단 설정

프레젠테이션 보호 메뉴에서 간단하게 열기 암호를 설정할 수 있다.

[파일] – [정보] – [프레젠테이션 보호] – [암호 설정]을 클릭한다.

암호를 설정하면 문서를 열 때 반드시 이 암호가 있어야 한다.

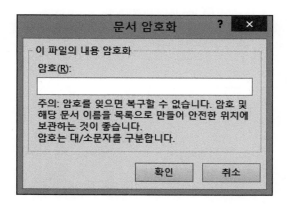

2) 프레젠테이션 열기/쓰기 암호 지정

❶ [파일] – [다른 이름으로 저장]을 클릭하여 저장 창을 띄운다.

❷ [도구] 버튼을 클릭한 후 [일반 옵션]을 선택한다.

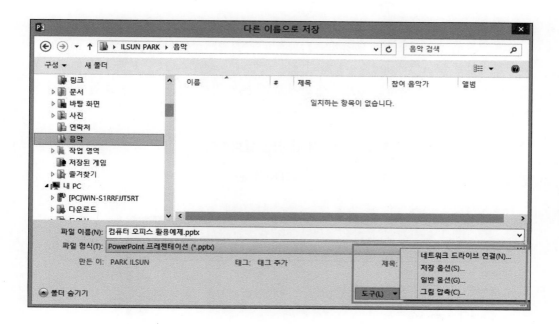

③ **열기 암호**: 열기 암호는 문서를 열 때 사용되는 것이다.

　열기 암호를 설정하면 아예 문서를 열지 못하기 때문에 수정 또한 불가능하다.

④ **쓰기 암호**: 쓰기 암호는 문서를 수정할 때만 사용되는 것이다.

　쓰기 암호만 설정할 경우는 일단 누구나 문서를 열고 다만 문서를 수정하기 위해서
만 쓰기 암호가 필요하다.

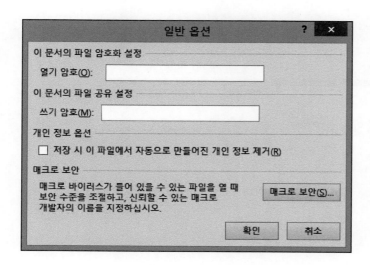

3) 문서 검사

프레젠테이션 문서에는 문서의 내용 외에도 주석, 문서 속성, 만든 이 등등의 정보가 포함되어 있다. 따라서 문서를 배포하기 전에 먼저 문서 검사, 접근성 검사, 호환성 검사 등을 할 수 있다.

[파일] – [정보] – [문제 확인] – [문서 검사]를 클릭한다.

먼저 모든 항목을 체크하고 [검사] 버튼을 클릭한다.

검사한 결과가 나오고 이 중에서 남에게 알려지길 원치 않는 내용을 [모두 제거] 버튼을 클릭해 삭제하면 된다.

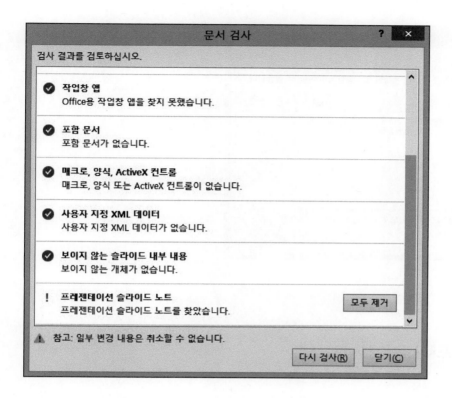

4) 호환성 검사

프로그램의 버전이 달라지면서 최신 상위 버전에서 작업한 내용의 일부 콘텐츠가 하위 버전에서 작동하지 않을 수 있다.

호환성 검사를 통해서 무엇이 호환이 안 되는지를 검토하여 하위 버전에서 문서를 열었을 때를 대비할 수 있다.

[파일] − [정보] − [문제 확인] − [호환성 검사]를 클릭하면 [호환성 검사] 창이 열리고 호환성에 문제가 있는 항목들이 나열된다.

내용을 확인한 후 대화 창 아래 "파워포인트 97−2003 형식으로 저장할 때 호환성 검사"에 체크한 후 [확인] 버튼을 클릭한다. 그러면 나중에 파워포인트 97−2003 형식으로 저장하게 되면 호환성 검사를 해 주고 저장 여부를 묻게 된다.

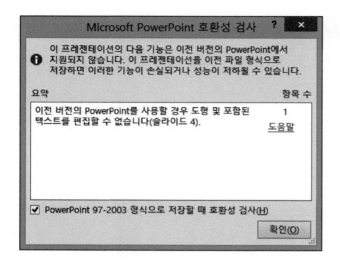

4 / 프레젠테이션 내보내기

프레젠테이션은 [내보내기] 기능을 이용하여 다양한 포맷으로 변환하여 사용할 수 있다.

슬라이드를 [CD용 패키지 프레젠테이션], [비디오 만들기], [유인물 만들기] 등 다양하게 내보내기를 할 수 있다.

1) CD용 패키지 만들기

CD용 패키지 기능은 작성 중인 문서나 이전의 문서를 하나의 CD에 담기 위한 것이다.

다른 사람이 대부분의 컴퓨터에서 프레젠테이션을 볼 수 있도록 패키지를 만드는 것이다.

발표하는 장소의 컴퓨터와 문서를 작성할 당시의 컴퓨터가 다르면 글꼴의 호환성 문제가 야기되는데 트루타입 글꼴을 사용하여 CD 패키지를 만들면 문서를 작성 중인 컴퓨터에서 사용한 모든 글꼴을 CD에 담기 때문에 어느 장소에서 프레젠테이션을 하더라도 문서의 스타일이 깨지지 않는다.

단, CD용 패키지를 만들기 전에 반드시 문서 검사를 선행하는 것이 좋다.

❶ [파일] – [내보내기] – [CD용 패키지 프레젠테이션] – [CD용 패키지]를 선택한다.

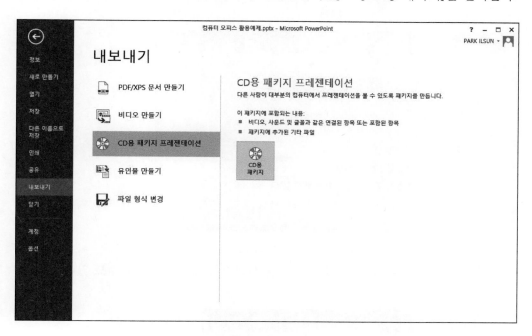

❷ CD용 패키지 창에서 CD 이름을 작성하고 '복사할 파일'에 다른 프레젠테이션 문서 를 더 추가하고 싶으면 [추가] 버튼을 클릭한다.

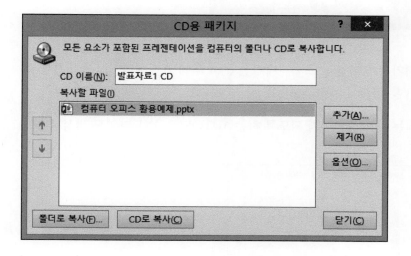

❸ 옵션 창에서 '포함된 트루타입 글꼴'에 체크한다. 필요한 경우 보안을 위해 암호 설정

을 한 후 [확인] 버튼을 눌러 CD용 패키지 창으로 돌아와 [CD로 복사]를 클릭한다.

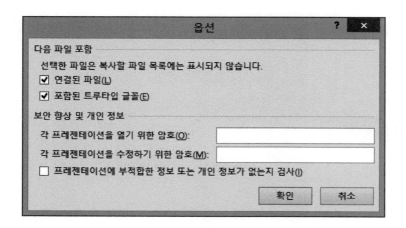

④ 이때 만일 CD가 없다면 [폴더로 복사]를 선택하여 패키지를 만들 수도 있다.

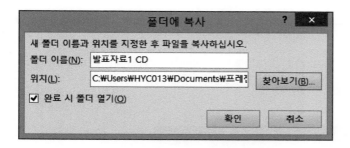

⑤ 프레젠테이션 패키지 폴더에는 프레젠테이션 문서 외에 프레젠테이션에 필요한 아이콘이나 이미지 등이 들어 있을 수 있다.

생성된 패키지에는 바로 플레이가 되도록 하는 AUTORUN.INF 파일도 생성된다.

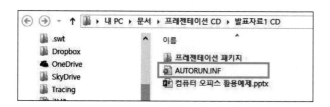

2) 비디오 만들기

프레젠테이션을 슬라이드 쇼나 비디오 DVD로 제작할 수 있다.

기록된 시간, 설명 및 레이저 포인터 동작을 모두 통합하고 애니메이션과 전환 및 미디어를 그대로 유지한다.

❶ [파일] – [내보내기] – [비디오 만들기] – [비디오 만들기]를 클릭한다.

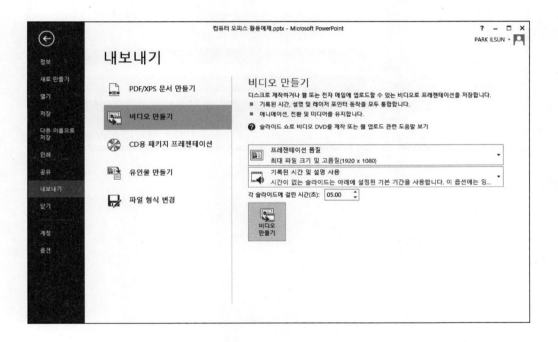

❷ [다른 이름으로 저장] 창에서 mp4 또는 wmv 포맷을 선택한 후 [저장]을 클릭한다.

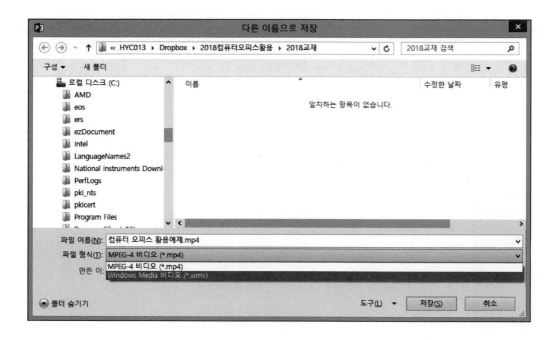

슬라이드 쇼

- 슬라이드 쇼는 파워포인트에서 작성한 프레젠테이션 문서를 음향 효과, 동영상 재생, 애니메이션 및 화면 전환 효과 등을 모두 포함하여 모든 멀티미디어적인 요소를 한꺼번에 보여 주는 것을 말한다.

슬라이드 쇼 재구성

- 전체 슬라이드 중에서 실제로 슬라이드 쇼에서 사용할 슬라이드만을 다시 선택할 수 있다.

슬라이드 쇼 예행 연습

- 프레젠테이션 발표 이전에 먼저 발표 시간에 맞춰서 프레젠테이션 예행 연습을 해 볼 수 있다.
- 예행 연습은 슬라이드 쇼의 전체 화면에서 하게 되고 각 슬라이드에서 소요되는 시간이 기록되고 이 소요된 시간을 저장할 수 있어 발표 시간을 맞출 수 있다.

슬라이드 인쇄

- 인쇄 메뉴에서는 프린터 선택, 인쇄 영역 선택, 인쇄 유형 선택, 그리고 컬러 및 회색조 인쇄 등을 선택할 수 있다.

프레젠테이션 보호

- 프레젠테이션에 열기 암호와 쓰기 암호를 지정하여 프레젠테이션을 보호할 수 있다.
- 문서 검사를 통해서 문서 속성, 주석, 만든 이 등에 대한 검사를 할 수 있다.
- 파워포인트 버전 차이로 인한 호환성 검사를 할 수 있다.

확인학습문제

1. 다음 중 프레젠테이션 문서에서 음향 효과, 동영상 재생 및 애니메이션 등 멀티미디어 요소를 한꺼번에 보여 줄 수 있는 모드는 무엇인가?

    ① 전체 화면 읽기
    ② 웹 모양
    ③ 슬라이드 쇼
    ④ 여러 슬라이드 보기

2. 슬라이드 쇼를 진행할 때 사용할 수 있는 기능이 아닌 것은?

    ① 필요한 슬라이드만 재구성해서 슬라이드 쇼를 진행할 수 있다.
    ② 특정 페이지만 지정해서 슬라이드 쇼를 진행할 수는 없다.
    ③ 슬라이드 쇼를 전체 화면이 아닌 웹 형식으로도 진행할 수 있다.
    ④ 애니메이션 없이 슬라이드 쇼를 진행할 수도 있다.

3. 다음 중 슬라이드 인쇄 유형에서 슬라이드와 슬라이드 노트가 함께 인쇄될 수 있는 유형은 무엇인가?

    ① 개요
    ② 전체 페이지 슬라이드
    ③ 슬라이드 노트
    ④ 유인물

4. 슬라이드 쇼 재구성에 대한 설명이 바른 것은?
    ① 전체 슬라이드 중 실제로 프레젠테이션에서 사용할 슬라이드만 다시 선택한다.
    ② 슬라이드 쇼 설정에서 재구성할 수 있다.
    ③ 쇼 형식을 웹 형식으로 진행할 수 있다.
    ④ 쇼 재구성 설정 시 애니메이션을 사용하지 않은 상태로 슬라이드 쇼를 진행할 수 있다.

5. 아래 이미지 작업은 무엇을 하는 작업인가?

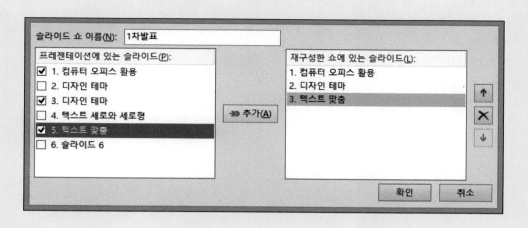

① 화면 전환 효과 지정 ② 슬라이드 쇼 설정

③ 슬라이드 재구성 ④ 슬라이드 쇼 녹화

6. 파워포인트에서 슬라이드 예행 연습을 하는 방법에 대한 설명이 잘못된 것은?

① 프레젠테이션 발표 이전에 먼저 발표 시간을 맞추기 위해 예행 연습을 한다.

② 예행 연습 후 슬라이드당 소요된 시간이 기록된다.

③ 여러 번의 예행 연습을 하면 각 예행 연습마다 시간이 모두 기록된다.

④ 예행 연습 시 기록된 시간은 여러 슬라이드 보기에서 볼 수 있다.

7. 다음 중 파워포인트 문서를 슬라이드 쇼 형식으로 저장했을 때 파일 포맷은 무엇인가?

① pptx ② ppsx

③ pdf ④ wmv

8. 슬라이드를 인쇄하는 방법이 잘못된 것은?

① 인쇄될 화면을 미리 보면서 인쇄 옵션을 설정할 수 있다.

② 슬라이드 재구성한 슬라이드만도 인쇄할 수 있다.

③ 숨겨진 슬라이드는 인쇄할 수 없다.

④ 컬러 슬라이드를 회색조로 인쇄할 수 있다.

9. 다음 프레젠테이션 내보내기 기능 중에서 슬라이드와 슬라이드 노트를 함께 넣어
    내보내기를 할 수 있는 기능은 무엇인가?

    ① 비디오 만들기
    ② CD용 패키지 프레젠테이션
    ③ 유인물 만들기
    ④ 파일 형식 변경

10. 다음 CD용 패키지 프레젠테이션 기능에 대한 설명 중 옳지 않은 것은 무엇인가?

    ① 반드시 CD로 만들어진다.
    ② 폴더로 복사도 가능하다.
    ③ 특정 글꼴이 깨지지 않고 슬라이드가 진행될 수 있다.
    ④ 여러 프레젠테이션 파일 등을 추가할 수 있다.

정답

1. ③   2. ②   3. ③   4. ①   5. ③   6. ③   7. ②   8. ③   9. ③   10. ①

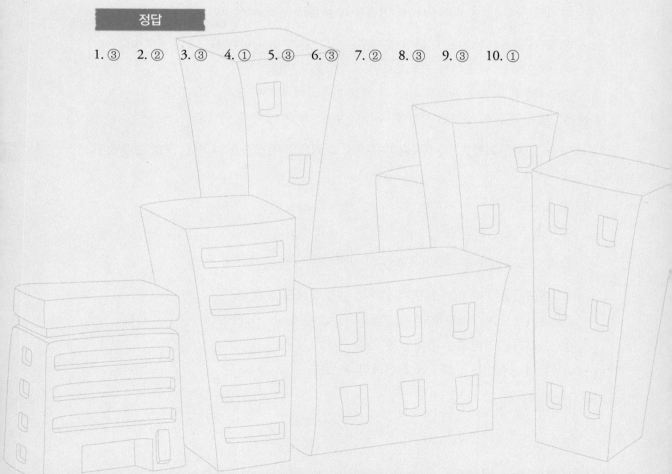

엑셀의 통합 문서 활용하기

학습목표

1. 엑셀에 입력 가능한 데이터 유형을 익힐 수 있다.
2. 워크시트를 활용하여 통합 문서 작성법을 익힐 수 있다.
3. 자동 채우기 핸들을 이용하여 간단하고 편하게 데이터를 입력하거나 수식을 일괄 입력할 수 있다.

1 엑셀의 다양한 기능

🔷 강력한 계산 기능

사칙 연산, 기본 수학 함수 등으로 데이터들의 합, 평균, 최대값, 최소값 등을 자동으로 계산하고 통계 함수, 회계 함수 등을 이용하여 고난도의 계산도 할 수 있다.

🔷 데이터 분석 기능

복잡한 데이터를 필터, 피벗 테이블 등의 분석 도구를 이용하여 원하는 분석 결과를 쉽게 얻고 달성하기 위한 목표값을 찾거나 데이터값의 변동에 따른 예상치 시나리오를 통해 예측해 볼 수 있다.

🔷 데이터베이스 기능

대량의 데이터를 사람의 눈과 손으로 분류하기는 너무 많은 시간을 낭비하게 된다. 검색, 추출, 정렬, 회귀분석 등을 데이터의 분량에 관계없이 몇 번만의 클릭으로 할 수 있고 분류상의 에러가 날 확률이 아주 적다.

🔷 차트 기능

2차원, 3차원의 각종 다양한 그래프의 형태로 복잡한 데이터의 통계를 알기 쉽게 표현할 수 있다. 차트 기능은 엑셀에서의 꽃이라 할 수 있을 만큼 제작이 편리하면서도 프레젠테이션에서 차트의 효과는 막강하다.

파워포인트에서 문서 작성을 하면서 차트를 삽입할 때 엑셀이 연동되어 작업되었던 것을 기억할 것이다. 엑셀 파트에서는 좀 더 자세히 차트 편집에 대해서 살펴볼 것이다.

🔷 매크로 기능

자주 수행되는 작업과 전문적으로 수행되는 계산 작업 등을 저장해 두었다가 반복적으로 사용해야 하는 경우 자동적으로 처리할 수 있다.

🔲 워드프로세서 기능

워드프로세서에서 작성하는 문서 중 견적서나 보고서 등 표 편집이 많고 숫자 계산이 상대적으로 많이 필요한 문서를 작성할 때는 엑셀에서 편집하는 것이 더 수월하다.

2 엑셀의 워크시트 화면 구성

① 빠른 실행 도구 모음

자주 사용하는 메뉴들을 고정해 놓은 곳으로 사용자가 원하는 기능을 추가, 제거할 수 있다.

② 통합 문서 조절

리본 메뉴 탭을 표시하는 방법을 선택할 수 있다. 이 외에도 '창 최소화', '창 최대화', '창 닫기' 기능도 있다.

③ 이름 상자

현재 선택된 셀의 주소나 셀 영역의 이름 또는 문서에 삽입된 개체의 이름이 나타난다.

④ 함수 삽입

수식 입력줄에 함수를 사용할 수 있도록 [함수 마법사]를 호출한다.

⑤ 수식 입력줄

셀에 입력한 데이터나 수식이 나타나는 부분으로 수식 입력줄에 직접 데이터를 입력할 수 있다.

⑥ 영역

데이터 작업을 할 수 있는 실제 작업 공간이다. 워크시트는 작은 사각형인 '셀'로 구성되어 있고 세로 방향을 '열', 가로 방향을 '행'으로 부른다.

❼ 시트 탭

워크시트의 이름이 표시되는 곳으로 워크시트의 추가, 이동, 복사, 삭제, 이름 변경
등이 가능하다.

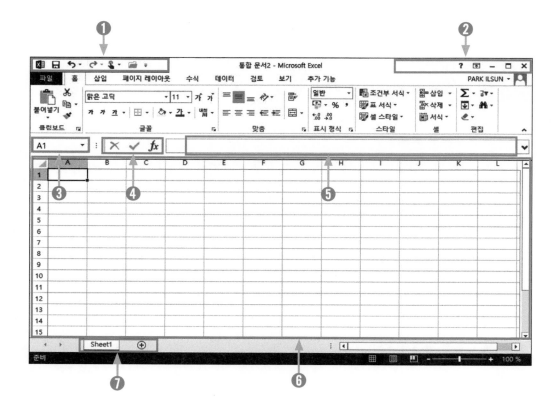

---

3 **엑셀의 통합 문서 다루기**

1) 엑셀 저장 포맷

엑셀에서 저장할 수 있는 파일 형식은 계산이 되는 형식 외에 텍스트 형식으로도 저장이
가능하다.

🔹 엑셀 2013에서 지원하는 파일 형식

형식 유형	파일 형식	내용
엑셀 형식	xlsx	엑셀 2007 ~ 이후 버전의 기본 파일 형식
	xls	엑셀 97 ~ 2003 파일 형식
	xml	XML 데이터 형식
	xltx	엑셀 2010의 기본 서식 파일
텍스트 형식	txt	탭으로 분리된 텍스트 파일
	csv	쉼표로 분리된 텍스트 파일
기타 형식	pdf	문서 서식이 유지되는 Portable Document Format
	ods	Open Document 스프레드시트(공개 소프트웨어)

2) 통합 문서 저장하기

엑셀의 통합 문서를 저장하는 방식은 워드나 파워포인트에서의 문서 저장 방식과 다르지 않다.

문서 저장 방식은 크게 다음과 같이 세 가지 형식으로 나눌 수 있다.

❶ [다른 이름으로 저장]으로 저장하기

❷ [내보내기] – [PDF/XPS 문서 만들기]로 저장하기

❸ [내보내기] – [파일 형식 변경]에서 저장하기

🔹 이 항목을 목록에 고정

자주 사용하는 폴더를 상단에 고정시킬 수 있는 기능이다.

원하는 폴더에 마우스를 포인팅하면 [이 항목을 목록에 고정]이라는 도움말이 뜬다.

클릭하면 맨 상단으로 올라가 고정된다.

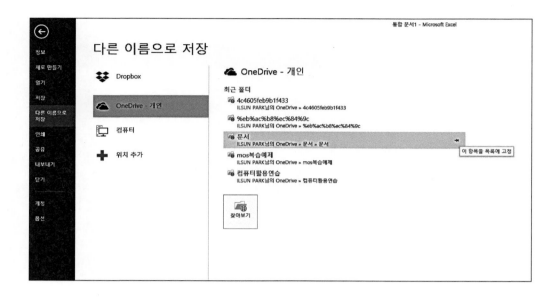

4 워크시트의 구성 및 작성

1) 행과 열

- **셀** – 행과 열이 만나 만들어지는 사각형으로 행과 열 번호로 셀을 지칭한다.
- **행** – 행은 아라비아 숫자로 표기된다(예: 1, 2, 3, …).
- **열** – 열은 알파벳 문자로 표기된다(예: A, B, C, …).
- **셀 주소** – 열 문자와 행 번호로 표시된다(예: B4, A3, C3, …).

  (주의: 3C처럼 순서를 바꾸어 사용하지 않음)

2) 셀 관리

🔷 연속된 여러 개 셀 선택

시작 셀을 클릭하고 Shift 키를 누르면서 마지막 셀을 클릭하거나 마우스로 드래그한다.

🔷 비연속된 여러 개 셀 선택

Ctrl 키를 누른 상태에서 원하는 셀을 클릭한다.

🔷 행/열 전체 선택

워크시트 왼쪽의 '행 번호', '열 번호'를 각각 클릭하면 그 행, 열 전체가 선택된다.

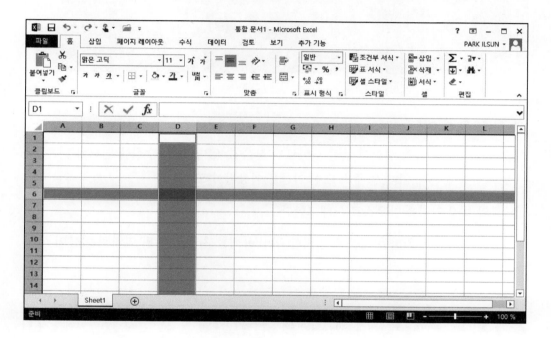

🔷 워크시트 전체 선택

워크시트 맨 상단, 좌측을 클릭하면 워크시트 전체가 선택된다.

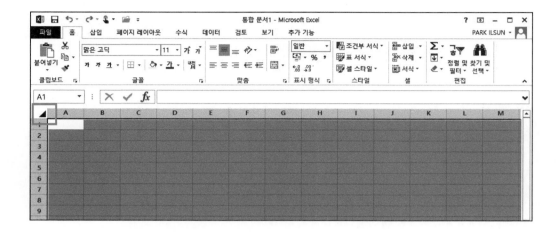

📦 이름으로 셀 선택

이름을 이용하면 특정 영역의 셀들을 빠르게 찾을 수 있다. 또한 수식을 입력할 때 셀 주소로 계산을 하는데 이때 셀 주소 대신 이름을 이용할 수도 있다.

① 셀의 특정 영역을 마우스로 드래그한다.

② 이름 상자에서 원하는 이름을 입력한 후 [Enter]를 치면 지정된 영역의 이름이 생성된다.

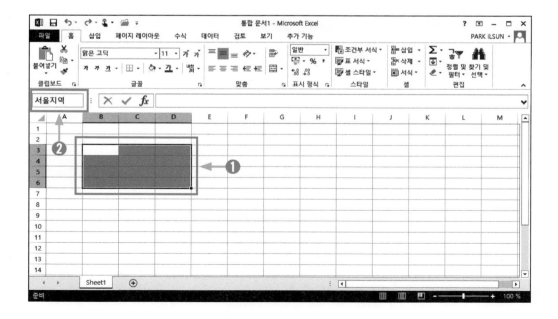

❸ 이름 상자를 클릭하면 그 워크시트에서 생성된 이름들의 목록이 나타나고 그 중 하나를 선택한다.

해당 영역으로 커서가 움직여서 셀의 특정 영역을 자동으로 선택해 준다.

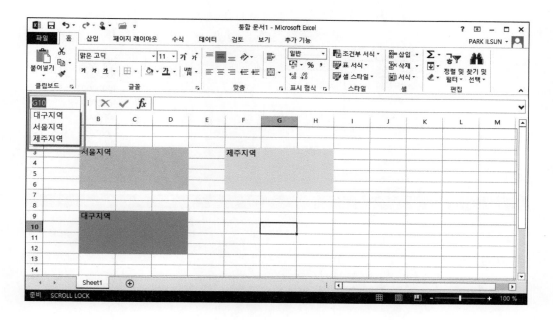

3) 워크시트 이름 변경, 추가, 삭제

🔷 워크시트 이름 변경

해당 워크시트 탭을 더블 클릭해서 원하는 이름을 입력할 수 있다.

또는 워크시트 탭에 오른쪽 마우스 버튼을 클릭하면 뜨는 팝업 메뉴에서 [이름 바꾸기]를 눌러 변경할 수도 있다.

🔷 워크시트 추가

① [Sheet1]이라고 적힌 단어 옆에 ⊕ 버튼을 클릭하면 새 워크시트가 생성된다.

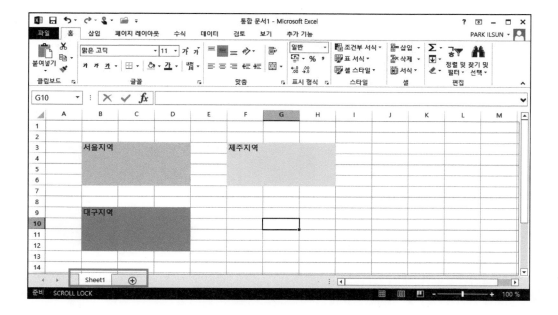

❷ 또는 워크시트 탭에 마우스 오른쪽 버튼을 클릭한 후 메뉴에서 [삽입]을 클릭한다.

[워크시트]를 클릭하고 [확인]을 누른다.

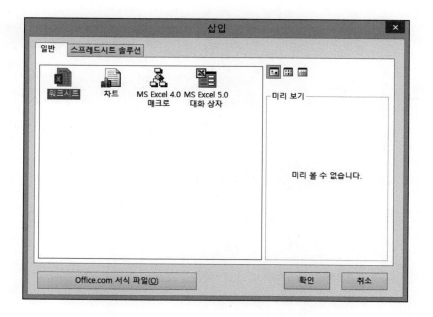

🔷 워크시트 삭제

삭제하기를 원하는 워크시트를 클릭한 후 마우스 오른쪽 버튼을 누르면 뜨는 팝업 메뉴
에서 [삭제]를 클릭한다.

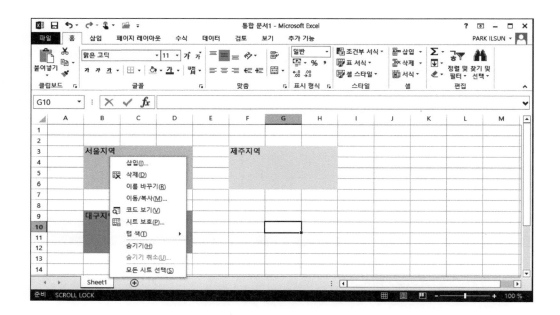

---

5 다양한 데이터 입력

1) 숫자 데이터

숫자 데이터는 엑셀에서 계산되는 기본적인 숫자로 오른쪽 정렬로 입력된다.

숫자는 셀에 11자리까지 표시된다.

숫자가 12자리 이상이면 지수로 표현된다.

분수 입력 시 "0 1/4"와 같이 입력해야 1/4(분수)로 표기된다.

통화 표시인 ₩이나 $는 숫자 앞에 쓴다.

계산을 위한 기본 숫자 외에 숫자를 텍스트로 변환하거나 기호가 섞인 날짜, 시각, 통화, 백분율 등으로 특별한 설정으로 바꾸어 사용할 수 있다.

2) 문자 데이터

문자는 왼쪽 정렬로 입력된다.

숫자를 계산이 필요 없는 문자로 인식시키려면 숫자 앞에 '(아포스트로피)를 붙인다. 아포스트로피를 붙인 숫자는 [Enter]를 치는 순간 아포스트로피는 사라지고 더 이상 숫자 포맷이 아니라 텍스트처럼 숫자가 왼쪽 정렬이 된다.

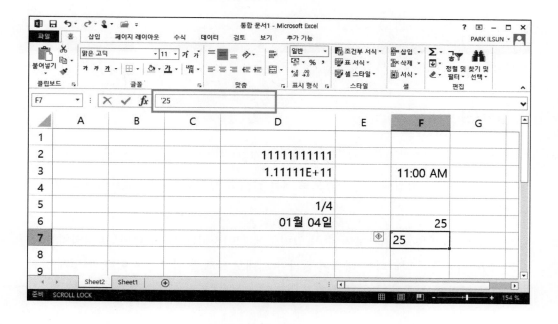

문자로 인식된 숫자 옆에는 표식이 붙고 이 표식을 클릭하면 '숫자로 변환', '오류 무시' 등을 선택할 수 있는 메뉴가 나타난다.

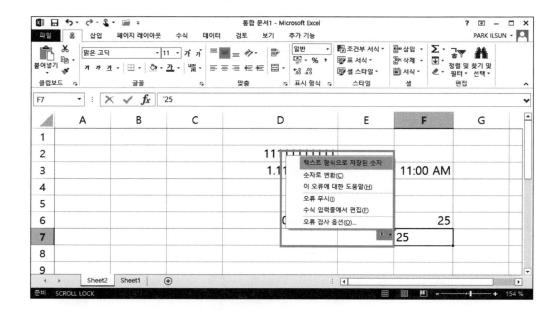

3) 날짜/시간 입력

숫자에 슬래시(/)나 하이픈(–)을 이용하여 날짜를 입력한다.

예를 들어, "1/4"라고 입력하면 자동으로 기본 날짜 포맷으로 "01월 04일"이라고 입력된다.

날짜가 입력된 셀을 클릭해 보면 수식 입력줄에 "2018–01–04"라 나타난다. 입력한 내용과 수식 입력줄에 나타나는 내용이 달라야 제대로 날짜를 입력한 것이다. 이렇게 날짜 포맷으로 입력해야 후에 날짜 서식 지정 변경이 가능하다.

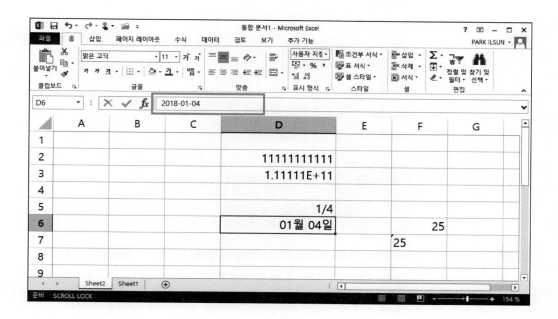

만일, 날짜로 입력한 내용과 수식 입력줄에 나타나는 내용이 같으면 날짜 포맷으로 입력한 것이 아니고 직접 "07월 05일"이라고 텍스트로 입력한 것이다. 이렇게 텍스트 포맷으로 날짜를 입력하면 차후에 날자 서식 지정을 변경할 수가 없다.

시, 분, 초는 콜론(:)으로 구분하여 표시한다.

12시간제를 입력할 경우 시간 입력 후 공백 1개를 입력한 후 AM이나 PM을 입력한다.

4) 텍스트 줄 바꿈

한 셀 안에 긴 내용의 텍스트를 모두 넣으려면 [텍스트 줄 바꿈] 기능을 이용한다.

❶ 셀을 클릭하고 텍스트를 길게 입력하면 옆의 다른 셀에 걸쳐서 표시된다.

❷ 해당 셀을 클릭하고 [홈] – [맞춤] – [텍스트 줄 바꿈]을 클릭한다.

❸ 텍스트 크기만큼 셀의 크기가 커진다. 대신 그 셀이 포함된 행 전체도 같이 커지게 된다.

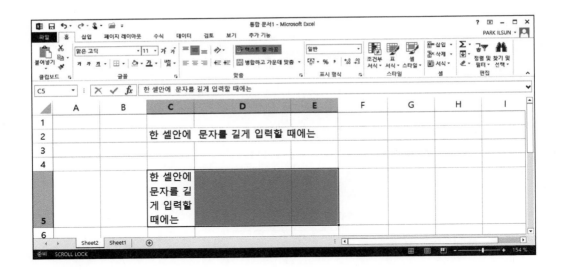

6 데이터 자동 채우기

똑같은 데이터를 반복해서 입력하거나 일련 번호, 학번 등과 같이 일정한 규칙으로 증가하거나 감소하는 데이터를 연속으로 입력할 때 편리하게 사용할 수 있는 기능이다.

1) 자동 채우기 핸들 이용하기

'자동 채우기 핸들'을 이용하여 반복되는 문자나 숫자 또는 증가, 감소하는 숫자를 자동으로 입력할 수 있다.

📦 문자 자동 채우기

반복해서 자동 채우기 할 문자를 선택하고 오른쪽 하단에 있는 "채우기 핸들"을 클릭한 후 원하는 셀까지 드래그한다.

숫자 자동 채우기

하나의 숫자를 입력한 후 자동 채우기 핸들로 드래그하면 같은 숫자가 반복 복사된다.

드래그를 한 후 [옵션]에서 [연속 데이터 채우기]를 선택하면 드래그한 숫자가 연속 데이터로 바뀐다.

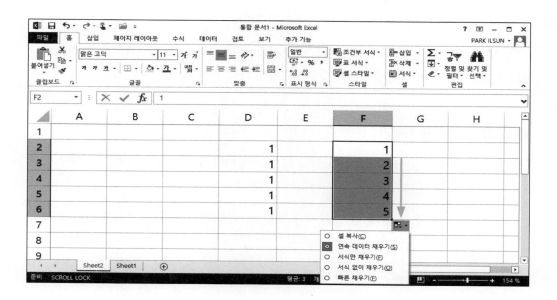

숫자와 문자가 혼합되어 있는 경우에는 숫자는 연속 증가하고 문자는 반복 복사된다.

🔷 숫자 자동 증가시키기

1, 3, 5, 7과 같이 갭이 있는 숫자를 자동으로 입력하려면 먼저 두 개의 셀에 1과 3을 각각 입력한 후 그 두 개의 셀을 블록 잡고 자동 채우기 핸들을 아래로 드래그하면 1과 3의 간격을 계산해 2씩 커지는 숫자로 자동 채우기가 된다.

만일 5, 10, 15, 20, … 등으로 5씩 커지는 숫자를 자동 채우기로 채우려면 처음 셀에 5를 입력하고 그 아래 셀에 10을 입력한 후 자동 채우기 핸들을 이용하면 된다.

🔷 요일/날짜 자동 채우기

'자동 채우기 핸들'을 사용하면 요일이나 날짜는 선택한 시점부터 연속적으로 하루씩 증가하면서 동일한 날짜 포맷으로 자동 채우기가 된다.

이때, 요일의 경우 옵션을 '평일 단위 채우기"를 선택하면 토요일, 일요일을 제외한 평일로만 채우기가 진행된다.

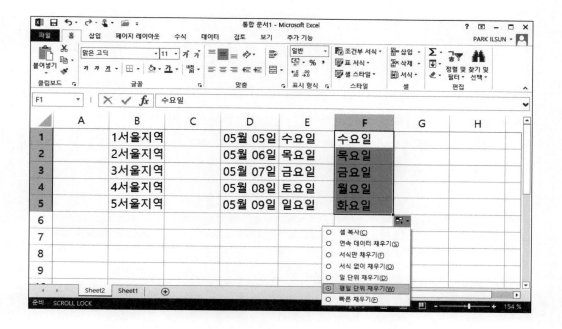

연습문제

1. 다음과 같은 서식으로 표를 작성하시오.

- 번호는 자동 채우기 핸들을 이용한다.
- 날짜는 [홈] – [표시 형식]에서 '간단한 날짜' 형식으로 지정한다.
- 제목 행은 '색 채우기'를 한다.
- 회원명은 '가운데 맞춤'으로 한다.

번호	회원명	가입 날짜	탈퇴 날짜	지역	성별	회원등급	포인트 점수
A01	홍문성	2011-02-23	2013-05-21	강서	여	준회원	335
A02	김미자	2007-05-14	2009-07-12	강남	여	실버회원	225
A03	홍길동	2005-05-05	2014-04-18	강북	남	골드회원	155
A04	지영훈	2008-06-01	2015-03-17	강북	남	골드회원	170
A05	최철수	2000-06-21	2013-04-04	강서	남	실버회원	247
A06	안미정	2013-04-11	2015-07-14	강남	여	준회원	198
A07	박수길	2004-08-14	2015-08-12	강동	남	실버회원	321
A08	최미란	2007-09-15	2013-05-22	강동	여	일반회원	249
A09	김동익	2008-03-25	2012-02-16	강서	남	일반회원	265
A10	이선미	2002-04-17	2011-09-12	강북	여	실버회원	301

확인학습문제

1. 엑셀에서 하나의 셀이 아니라 여러 개의 셀의 영역을 한번에 지칭할 수 있는 방법은 무엇인가?

① 상대 참조   ② 절대 참조
③ 이름 상자   ④ 통합 문서

2. 엑셀에서 다음과 같은 데이터를 입력하려고 한다. 다음 중 표기가 잘못된 것은 무엇인가?

① 통화(100달러): 100$ ② 분수(1/4): 0 1/4

③ 날짜(05월 08일): 5/8   ④ 문자(영업): 영업

3. "A01"이란 문자를 자동 채우기 핸들로 아래로 드래그해서 반복 문자를 만들 때 결과에 대한 설명이 바른 것은 무엇인가?

① A01, A01, A01 이 반복되어 나타난다.

② A01, B01, C01과 같이 앞의 문자가 증가하면서 나타난다.

③ A01, A02, A03과 같이 문자는 그대로 있고 숫자만 증가하면서 나타난다.

④ A01, B02, C03과 같이 앞의 문자와 뒤의 숫자가 증가하면서 나타난다.

4. 날짜 자동 채우기 작업을 할 때 사용할 수 없는 옵션은 무엇인가?

① 연속 데이터 채우기   ② 일 단위 채우기

③ 토요일 채우기   ④ 월 단위 채우기

5. 셀 주소를 절대 참조 주소 방식으로 쓰기 위해 행과 열 주소 앞에 삽입하는 기호는 무엇인가?

① &   ② %

③ $ ④ @

6. 엑셀에서 사용할 수 있는 파일 포맷이 아닌 것은 무엇인가?

① xlsx   ② xml

③ txt   ④ tiff

7. 다음 이미지처럼 엑셀의 인터페이스 창에서 워크시트 전체를 원 클릭으로 블록으로 선택하기 위해서 어느 곳을 선택해야 하는가?

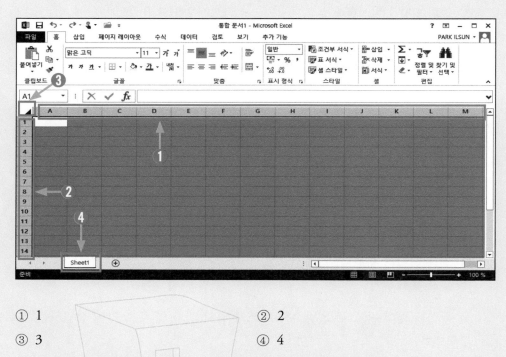

① 1   ② 2
③ 3   ④ 4

8. 엑셀에서 숫자를 입력하던 중 다음 이미지처럼 숫자가 나타났다면 이유가 무엇인가?

① 숫자 표기의 오류   ② 셀 간격이 좁아서
③ 숫자가 아닌 문자로 표기됨   ④ 숫자 표기 자릿수 초과

9. 아래 이미지에서처럼 글자가 원 클릭으로 한 셀 안에 입력되었다. 어떤 기능이 설정되었겠는가?

	똑 같은 데이터를 반복해서 입력하거나 일련번호, 학번 등과 같이 일정한 규칙으로 증가하거나 감소하는 데이터를 연속으로 입력할 때 편리하게 사용할 수		

① 병합하고 가운데 맞춤　　　　　② 텍스트 줄 바꿈

③ 셀 간격 조절　　　　　　　　　④ 전체 병합

10. 다음 설명 중 자동 채우기 핸들 사용 방법에 대한 설명이 잘못된 것은?

① 하나의 숫자를 입력한 후 자동 채우기 핸들로 드래그하면 같은 숫자가 반복 복사된다.

② 자동 채우기 핸들로 드래그를 한 후 [옵션]에서 [연속 데이터 채우기]를 선택하면 드래그한 숫자가 연속 데이터로 바뀐다.

③ 숫자와 문자가 혼합되어 있을 경우에는 숫자는 연속 증가하고 문자는 반복 복사된다.

④ 1, 3, 5, 7과 같이 갭이 있는 숫자를 자동으로 입력하려면 먼저 두 개의 셀에 시작하는 숫자 1과 갭이 되는 숫자 2를 각각 입력한 후 자동 채우기를 이용한다.

정답

1. ③　　2. ①　　3. ③　　4. ③　　5. ③　　6. ④　　7. ③　　8. ④　　9. ②　　10. ④

엑셀의 서식 및 조건부 서식 10

학습목표

1. 다양하게 셀 서식을 지정하는 방법을 이용하여 데이터의 표시 형식을 변환할 수 있다.
2. 조건부 서식을 이용하여 조건에 맞는 데이터를 표시하는 방법을 학습할 수 있다.
3. 자동 합계 기능을 이용하여 간편한 수식 계산을 할 수 있다.
4. 셀 주소의 상대 참조 방식과 절대 참조 방식을 이해할 수 있다.

1 / 셀 서식의 이해

엑셀에서 사용하는 숫자가 모두 계산을 위한 것은 아니다. 일련 번호나 학번, 전화번호 등과 같은 숫자의 경우는 계산을 위한 것이 아니라 다른 용도의 포맷으로 사용하기 위함 이다. 따라서 사용자의 의도대로 데이터를 사용하기 위해서는 셀 서식을 이용하여 셀 안 의 데이터의 표시 형식을 적절하게 지정해 주어야 한다.

즉, 엑셀에서의 모든 데이터 유형은 [셀 서식]에서 적절하게 지정해서 사용해야 한다.

1) 간단한 표시 형식 사용하기

자주 사용하는 간단한 데이터의 셀 서식은 리본 메뉴의 [홈] – [표시 형식] 그룹에서 지 정할 수 있다.

숫자, 통화($, ₩), 날짜(2011-09-18), 백분율(%), 분수 등의 형식이 등록이 되어 있어 쉽 게 한 번의 클릭으로 지정할 수 있다.

지정 서식	숫자	표시
일반	10	10
숫자	10	10
회계	10	₩10
간단한날짜	10	1900-01-10
자세한날짜	10	1900년 1월 10일 화요일
시간	10	오전 12:00:00
백분율	10	1000%
텍스트	10	10

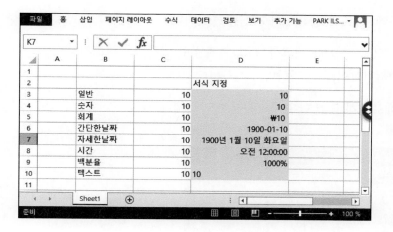

2) 셀 서식 대화 상자 사용하기

🔷 숫자 소수점 및 천 단위

숫자의 경우 천 단위마다 구분 기호(,)를 넣을 수 있고 계산한 후의 값을 소수점 몇 째 자리까지 표시할 수 있다.

❶ 서식을 지정할 숫자가 있는 영역을 블록으로 설정한다.

❷ [홈] − [표시 형식]의 [자세히] 버튼을 클릭하여 [셀 서식] 대화 상자를 연다.

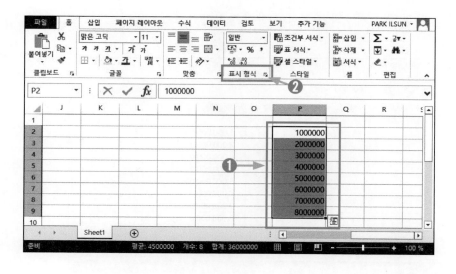

❸ [셀 서식] 대화 상자에서 [표시 형식] – [숫자]를 클릭한다.

[1000 단위 구분 기호(,) 사용]에 체크하고 [소수 자릿수]에서 표시하고자 하는 소수
점 자릿수를 입력한 후 [확인]을 클릭한다.

소수 첫째 자리까지 표시하고 천 단위마다 구분하도록 체크한다.

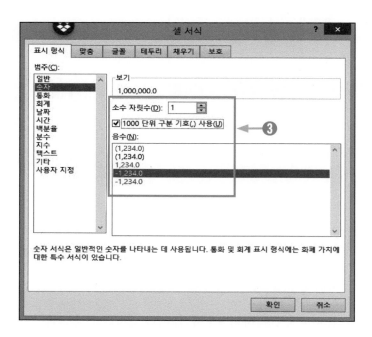

❹ 각 숫자에 천 단위 구분 기호와 소수점이 첫째 자리까지 표시되었다.

🔹 날짜 형식

날짜와 시간에 해당하는 일련의 숫자를 날짜 값으로 나타낼 수 있다.

[셀 서식]에서 날짜 형식을 지정하려면 반드시 숫자가 날짜 형식으로 되어 있어야 한다.

(265쪽의 '날짜/시간 입력' 참고)

❶ "12월 12일"을 표시하기 위해 "12/12"라고 입력한다.

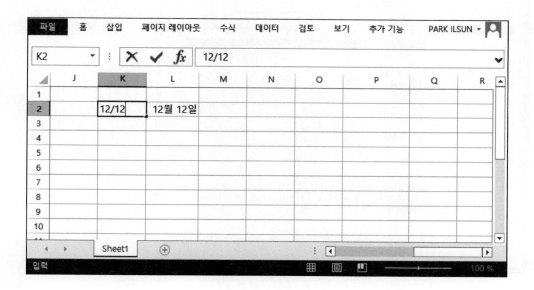

❷ [홈] – [맞춤]의 [자세히] 버튼을 클릭하여 [셀 서식] 대화 상자를 연다.

[범주] – [날짜] – [형식]에서 원하는 표시 형식을 선택한다.

❸ 선택한 날짜 형식으로 표시되었다.

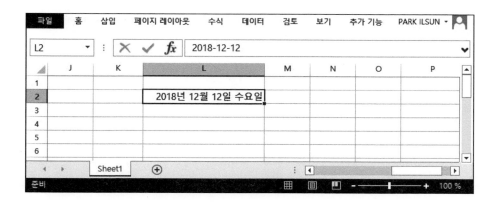

3) 사용자 지정 서식 사용하기

리본 메뉴에 있는 [표시 형식]에 등록되어 있는 것 외에 셀 서식을 사용자가 직접 지정해서 사용할 수 있다.

🎁 숫자 표시 형식

일반적으로 숫자는 "#"으로 표현하고 그 뒤에 올 문자는 큰따옴표 안에 넣으면 된다.

❶ 숫자 뒤에 특정 문자인 '순위'라는 텍스트를 넣으려면, 먼저 숫자를 블록으로 설정한다.

❷ [홈] – [표시 형식]의 [자세히] 버튼을 클릭하여 [셀 서식] 대화 상자를 연다.

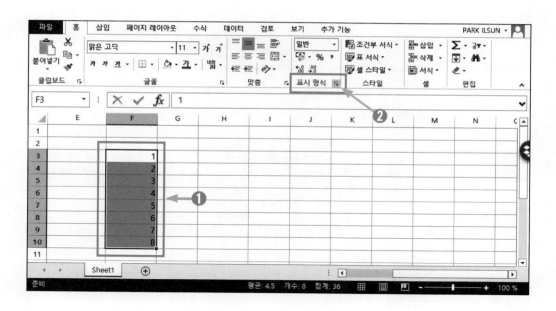

❸ [셀 서식] 대화 상자에서 [범주] – [사용자 지정]을 클릭한다.

[형식] 입력란에 #"순위"라고 입력한다.

[보기]란에 "1순위"라고 표시되면 [확인]을 클릭하여 본문으로 돌아온다.

④ 숫자 옆에 "순위"라는 텍스트가 자동으로 입력되었다.

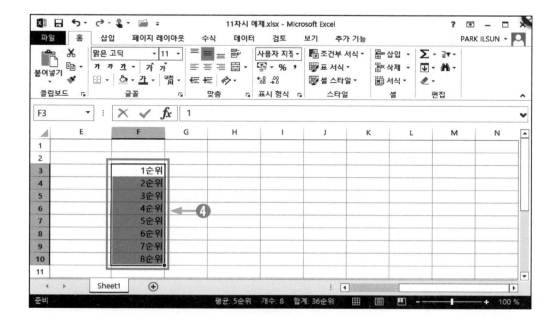

🔹 문자 표시 형식

❶ 문자 뒤에 특정 문자를 넣으려면, 특정 문자를 삽입하고자 하는 텍스트를 먼저 블록으로 설정한다.

❷ [홈] – [표시 형식]의 [자세히] 버튼을 클릭하여 [셀 서식] 대화 상자를 연다.

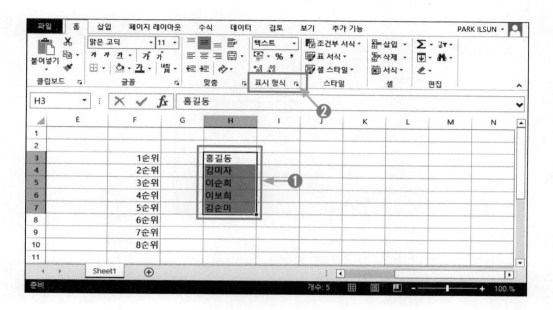

❸ [셀 서식] 대화 상자에서 [범주] – [사용자 지정]을 클릭한다.

[형식] 입력란에 @"회원"이라고 입력한다.

서식이 맞게 지정이 되었다면 [보기]란에 처음 데이터인 "홍길동회원"이라고 표시된다. 이때 만일 서식 지정이 틀렸다면 [보기]란에 미리 보기가 표시되지 않는다.

④ 이름 옆에 "회원"이라는 글자가 자동으로 입력되었다.

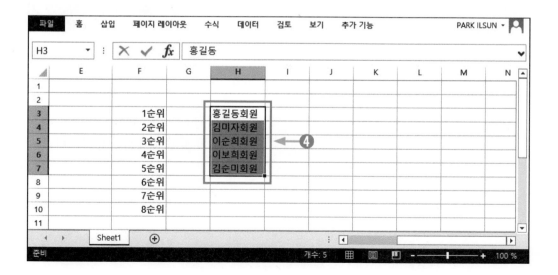

2 조건부 서식

사용자가 조건을 지정하고 지정한 조건에 따라 데이터 서식의 형태를 다르게 표현하여 데이터 분석을 쉽게 해 준다.

데이터 막대, 색조, 아이콘 집합을 사용하여 주요 셀이나 데이터를 강조할 수도 있다. [홈] – [스타일] – [조건부 서식]에서 설정한다.

1) 셀 강조 규칙

조건에 맞는 데이터에 적용할 서식을 지정한다. 보다 큼, 보다 작음, 다음 값의 사이에 있음, 같음, 텍스트 포함, ⋯ 등의 조건을 지정할 수 있다.

예제 10-1

각 업체별로 매출액이 20,000,000원보다 큰 제품 지정하기

❶ 서식을 지정할 매출액 셀들을 모두 선택한다.

❷ [홈] – [스타일] – [조건부 서식] – [셀 강조 규칙] – [보다 큼]을 클릭한다.

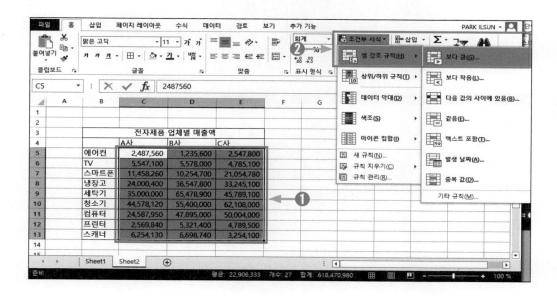

❸ [보다 큼] 서식 지정 창에서 매출액이 20,000,000보다 크면 "진한 빨강 텍스트가 있는 연한 빨강 채우기" 서식을 다음과 같이 지정한다.

❹ 매출액이 20,000,000보다 큰 데이터에만 "진한 빨강 텍스트가 있는 연한 빨강 채우기" 서식이 지정되었다.

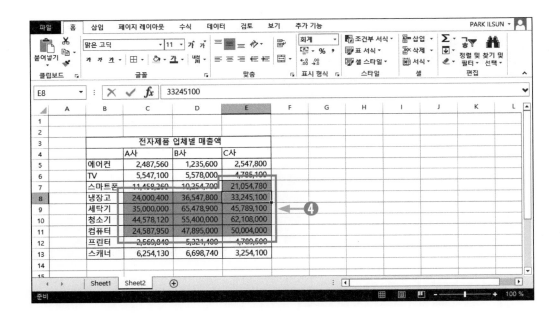

2) 상위/하위 규칙

상위 10%, 하위 10%, 평균 초과, 평균 미만, … 등의 조건을 지정하여 표시할 수 있다.

예제 10-2

매출액이 하위 10%에 해당하는 데이터 서식 지정하기

❶ 서식을 지정할 매출액 셀들을 모두 선택한다.

❷ [홈] – [스타일] – [조건부 서식] – [상위/하위 규칙] – [하위 10%]를 클릭한다.

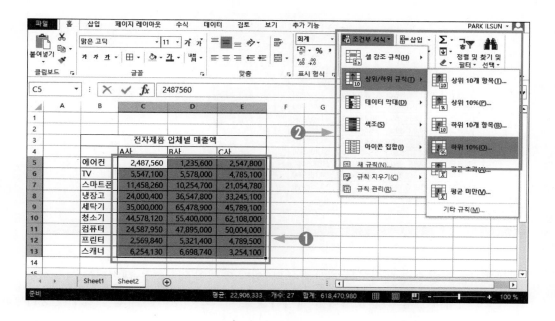

❸ [하위 10%] 서식 지정 창에서 하위 10%에 속하는 셀의 서식을 "진한 노랑 텍스트가 있는 노랑 채우기"로 지정한다.

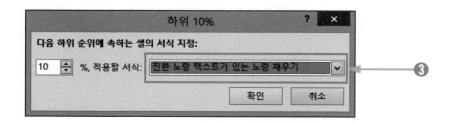

④ 매출액이 하위 10%에 속하는 데이터에만 "진한 노랑 텍스트가 있는 노랑 채우기"
서식이 지정되었다.

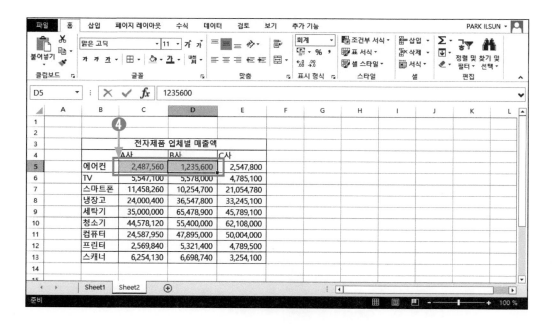

*엑셀에서는 자동으로 데이터를 계산해 준다. 이때 엑셀이 인식하는 데이터는 사용자가
블록으로 지정하는 방식이다. 따라서 데이터를 블록으로 지정하는 작업을 아주 신중하
고 정확하게 해야 한다.

예제 10-3

매출액이 평균 초과에 해당하는 데이터 서식 지정하기

❶ 서식을 지정할 매출액 셀들을 모두 선택한다.

❷ [홈] - [스타일] - [조건부 서식] - [상위/하위 규칙] - [평균 초과]를 클릭한다.

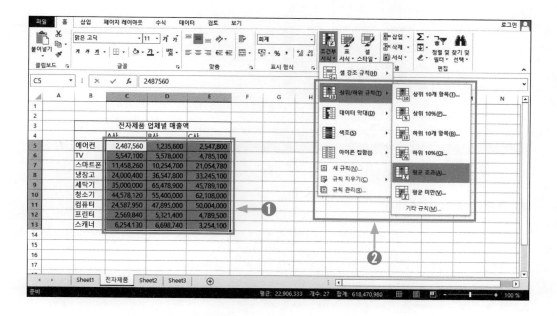

❸ [평균 초과] 서식 지정 창에서 평균은 프로그램이 자동으로 알아서 계산해 주고 "진한 녹색 텍스트가 있는 녹색 채우기" 서식을 지정한다.

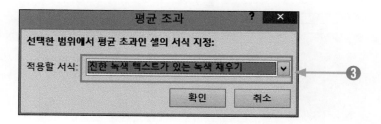

④ 매출액이 평균을 초과하는 데이터에만 "진한 녹색 텍스트가 있는 녹색 채우기" 서식
이 지정되었다.

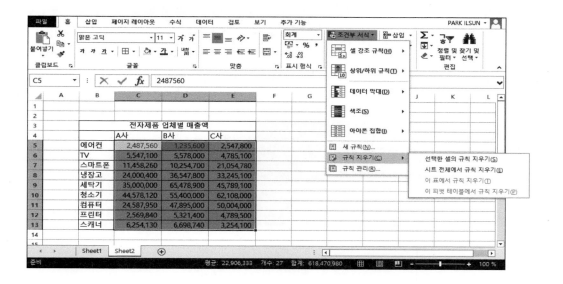

🔷 조건부 서식 삭제하기

지정된 조건부 서식을 삭제하려면 서식이 지정된 셀들을 모두 블록으로 지정한 후 [조건
부 서식] − [규칙 지우기] − [선택한 셀의 규칙 지우기]를 선택한다.

3) 데이터 막대

데이터 막대는 특정한 조건을 주지 않는다.

조건 없이 데이터들 간의 상대적 비교를 하기 위함이다.

가장 높은 값을 100%로 정하여 데이터 막대의 길이가 길수록 데이터의 크기가 큰 것이다.

[홈] − [스타일] − [조건부 서식] − [데이터 막대]에서 '그라데이션 채우기' 또는 '단색 채우기' 등을 이용해 색상으로 데이터의 크기를 상대 비교한다.

[데이터 막대] 서식은 특별한 조건을 주지 않아도 숫자의 크기를 자동으로 인식하므로 클릭 한 번으로 서식이 지정된다.

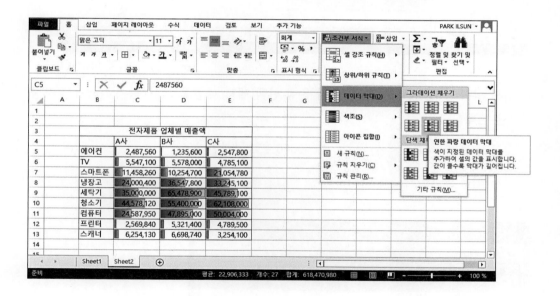

4) 새 규칙 만들기

❶ 서식을 지정할 매출액 셀들을 모두 선택한다.

❷ [홈] − [스타일] − [조건부 서식] − [새 규칙]을 클릭한다.

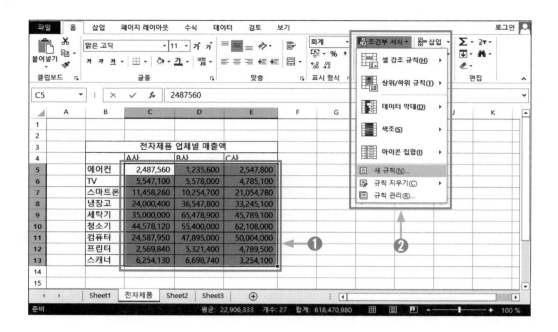

❸ [새 서식 규칙] 대화 상자의 [규칙 유형 선택]에서 '다음을 포함하는 셀만 서식 지정'
을 선택한다.

[규칙 설명 편집]에서 셀 값 < 10000000으로 지정한다.

[서식]을 클릭한다.

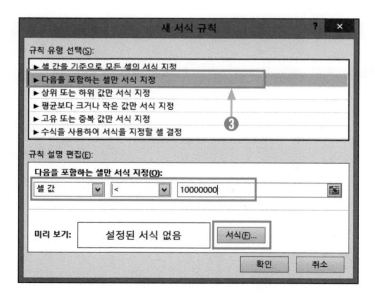

❹ [셀 서식] − [글꼴]에서 원하는 서식(기울임꼴, 보라색)을 지정한다.

❺ [셀 서식] − [채우기] − [채우기 효과]에서 원하는 색상 타입을 선택한다.

두 가지 색과 그라데이션이 선택되었다.

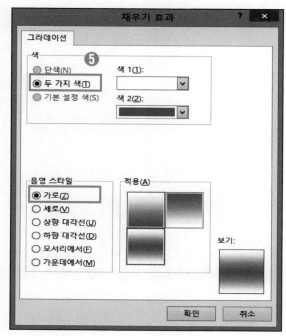

❻ [미리 보기]에서 지정한 서식을 확인한 후 [확인]을 클릭한다.

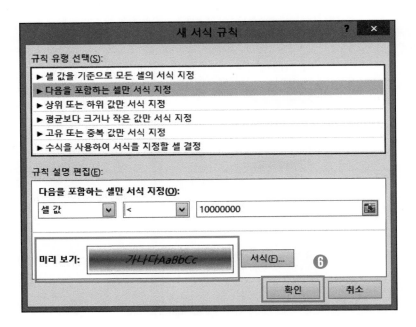

❼ 새 규칙을 만들어 서식을 지정했다.

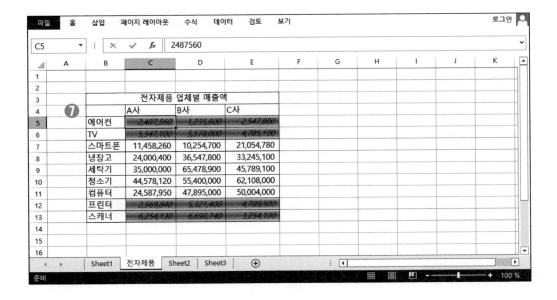

3 수식 복사와 셀 주소 활용

수식을 입력할 때에는 셀 또는 수식 입력줄에서 "＝"을 입력한 후에 수식을 입력하면 된다.

수식을 입력할 때에는 직접 숫자를 입력하지 않고 숫자가 있는 셀의 주소를 참조하는 방식으로 입력한다.

두 가지 방식에 따라 자동 채우기 핸들로 수식을 복사했을 때 다른 결과를 얻게 된다.

📦 셀 참조 방식의 종류

- **상대 참조** - A3
- **절대 참조** - $A$3(행과 열 주소 앞에 각각 "$"를 삽입한다.)
- **혼합 참조** - A$3, $A3(행이나 열, 둘 중의 하나에만 "$"를 삽입한다. 행 주소만 또는 열 주소만 절대 참조.)

📦 상대 참조 방식

상대 참조 방식으로 수식이 구성된 경우에는 자동 채우기 핸들로 수식을 복사했을 때 결과 셀의 위치가 바뀌면 자동으로 참조하는 셀의 위치도 상대적으로 바뀐다.

결과 셀의 위치가 한 행 아래로 내려가면 수식에서 참조할 셀의 위치도 한 행씩 밀려 내려간다.

즉, 왼쪽 셀에 있는 두 개의 값(B3, C3)을 더한 결과(D3) 식은 다음과 같다.

B3+C3

이 수식을 자동 채우기를 하면 두 번째 결과값의 위치가 D4에 나타나기 때문에 자동으로 D3이 D4로 증가했듯이 더해야 할 값의 위치도 행의 숫자가 하나씩 증가해 "B4+C4"가 된다.

결과적으로 수식을 사용할 때 상대 참조 방식을 쓰게 되면 수식 복사를 했을 때 상대 참조 주소들이 자동으로 변경된다는 것이다.

🔷 절대 참조 방식

절대 참조 방식으로 수식이 구성된 경우에는 자동 채우기 핸들로 수식 복사를 했을 때 결과 셀의 위치가 바뀌어도 참조하는 셀의 위치는 바뀌지 않는다.

절대 참조 주소 방식은 불변의 고정적인 데이터를 참조하는 경우에 사용한다.

가령, 각각의 합계를 구할 때 인센티브 값(I3)을 더해 주게 되면 합계를 구하는 식은 다음과 같다.

(B3+C3+$I$3)

자동 채우기 핸들로 수식을 복사하게 되더라도 나머지 셀들은 상대 참조 방식이라 셀들의 참조 위치가 자동으로 변경된 반면, 절대 참조인($I$3)은 변경되지 않는다.

아래 이미지는 편의상 절대 참조 수식을 입력하여 보여 준 것이고 실제로는 절대 참조의 결과 셀을 하나씩 클릭해 보면 수식을 볼 수 있다.

▲	A	B	C	D	E	F	G	H	I	J
1										
2				상대참조	상대참조수식	절대참조	절대참조수식		인센티브	
3		1	5	6	B3+C3	16	B3+C3+$I$3		10	
4		2	10	12	B4+C4	22	B4+C4+$I$4			
5		3	15	18	B5+C5	28	B5+C5+$I$5			
6		4	20	24	B6+C6	34	B6+C6+$I$6			
7		5	25	30	B7+C7	40	B7+C7+$I$7			
8										
9										

4 자동 합계 이용하기

엑셀 프로그램에서는 계산에서 자주 사용하는 합계, 평균, 숫자 개수, 최대값, 최소값 등과 같은 기본 함수 계산을 "자동 합계"라는 메뉴로 제공한다.

자동 합계에 있는 함수를 사용하면 함수나 인수에 대한 기초 지식이 없어도 원 클릭으로 함수 계산을 쉽게 할 수 있다.

1) 자동 합계

예제 10-4

전자제품 제품별 총 매출액을 구하시오.

1단계) 3사의 에어컨 매출액 합계 구하기

❶ 자동 합계 기능을 사용하기 위해 처음 데이터인 '에어컨'의 세 회사의 매출액과 매출액 합계가 들어갈 셀까지 드래그한다.

❷ [홈] - [편집] - [자동 합계] - [합계]를 클릭한다.

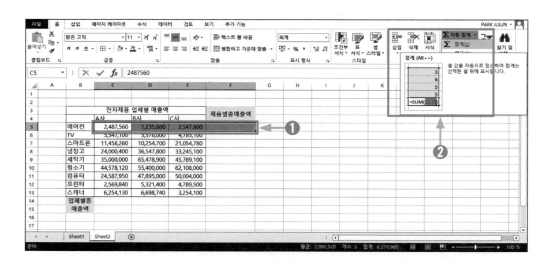

❸ 선택한 데이터 셀들의 바로 뒤 빈 셀에 에어컨 매출액 합계가 표시된다. 합계 셀을 클릭하면 수식 입력줄에 "SUM(C5:E5)"라고 식이 나타난다.

에어컨의 A사 매출액인 C5 셀부터 C사 매출액인 E5 셀까지의 합계를 의미한다.

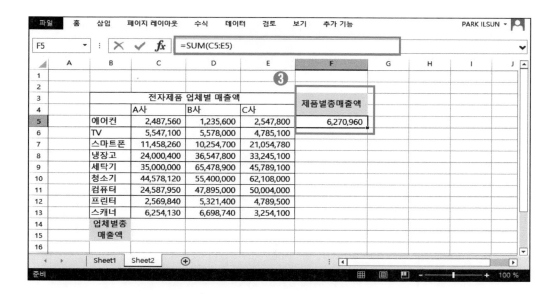

2단계) 채우기 핸들로 수식 복사하기

나머지 전자제품의 매출액 합계를 구하기 위해서 자동 채우기 핸들을 이용한다.

계산된 에어컨의 매출액 합계를 클릭한 후 자동 채우기 핸들로 스캐너 셀까지 드래그하면 처음 에어컨의 총 매출액에 입력된 수식(SUM(C5:E5))이 복사되어 나머지 셀들에 합계가 채워진다.

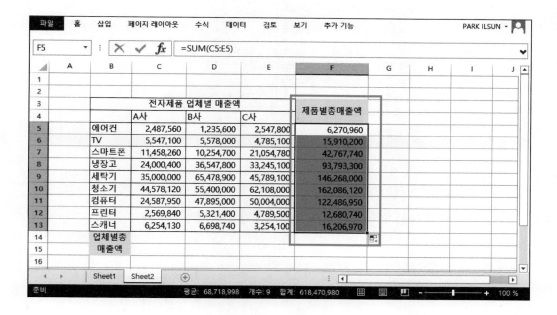

 예제 10-5

전자제품 업체별 총 매출액을 구하시오.

이번에는 합계를 구하는 순서를 다르게 지정할 수 있다.

❶ 먼저 데이터를 블록으로 지정하지 않고 합계 결과가 입력될 셀(C14)에 커서를 놓는다.

❷ [홈] - [편집] - [자동 합계] - [합계]를 클릭한다.

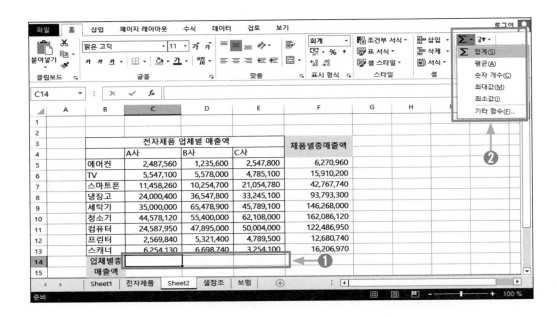

❸ 결과 셀에 함수 수식이 입력되고 합계를 내야 할 셀들이 자동으로 블록 설정된다.

　　내용이 맞으면 확인 후 [Enter]를 누르면 합계가 계산되어 나온다.

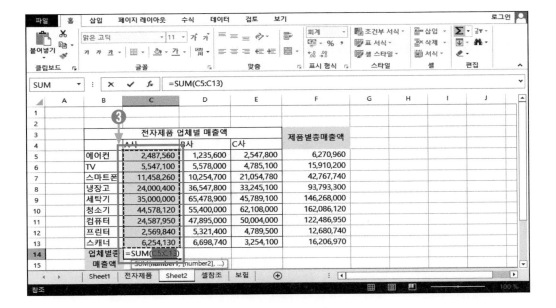

2) 평균 구하기

예제 10-6

[자동 합계] - [평균] 기능을 이용한 평균 구하기

❶ 강경실 평균 셀(G4)에 커서를 놓는다.

❷ [홈] - [자동 합계] - [평균]을 클릭한다.

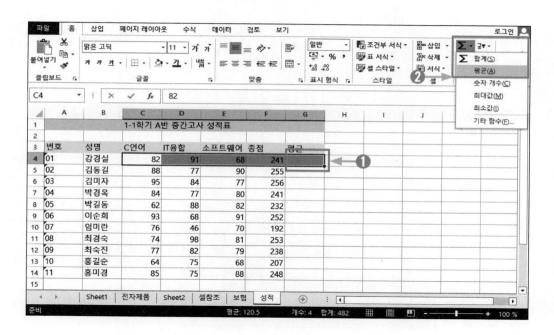

❸ 강경실의 C언어, IT융합, 소프트웨어 점수가 포함되어 "AVERAGE(C4:F4)" 수식이
평균 셀에 나타난다.

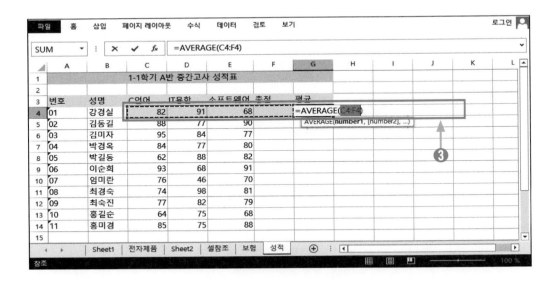

❹ 이때 만일 원하지 않은 셀 영역(총점)이 포함되었다면 다시 원하는 셀 영역을 마우스
로 드래그하면 셀 영역이 다시 선택된다.

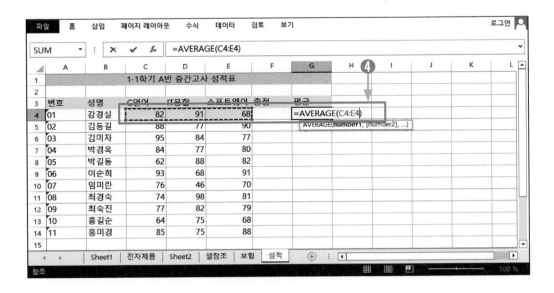

❺ 수식이 맞는지 확인 후 [Enter]를 누르면 평균이 계산된다.

수식 입력줄에 "AVERAGE(C4:E4)"라고 함수가 제대로 입력된 것을 확인할 수 있다.

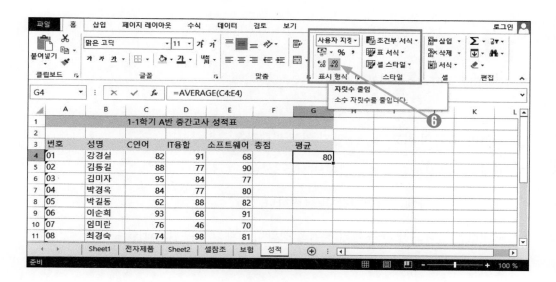

❻ 소수점을 없애고 정수로 표시하고 싶다면 [홈] − [표시 형식] − [자릿수 줄임]을 눌러 구해진 평균 셀의 소수점을 없앤다.

❼ 평균 수식을 복사하기 위해 자동 채우기 핸들을 아래로 드래그하여 나머지 학생들의 평균을 구한다.

파일	홈	삽입	페이지 레이아웃	수식	데이터	검토	보기						로그인

G4 ▾ : ✕ ✓ ƒ× =AVERAGE(C4:E4)

◢	A	B	C	D	E	F	G	H	I	J	K	L
1			1-1학기 A반 중간고사 성적표									
2												
3	번호	성명	C언어	IT융합	소프트웨어	총점	평균					
4	01	강경실	82	91	68		80					
5	02	김동길	88	77	90		85					
6	03	김미자	95	84	77		85					
7	04	박경옥	84	77	80		80					
8	05	박길동	62	88	82		77					
9	06	이순희	93	68	91		84	← ❼				
10	07	임미란	76	46	70		64					
11	08	최경숙	74	98	81		84					
12	09	최숙진	77	82	79		79					
13	10	홍길순	64	75	68		69					
14	11	홍미경	85	75	88		83					
15												

◄ ►	Sheet1	전자제품	Sheet2	셀참조	보험	성적	⊕		

준비   평균: 79   개수: 11   합계: 872   100 %

🔷 최대값 구하기

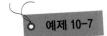

예제 10-7

C언어 과목 최고 점수 구하기

❶ 'C언어' 과목의 최고 점수를 알기 위해 최대값을 구한다.

최대값을 표시하고자 하는 셀에 커서를 놓는다.

❷ [홈] – [자동 합계] – [최대값]을 클릭한다.

❸ 최대값을 구하고자 하는 셀의 영역을 정확히 드래그한 후 [Enter]를 누른다.

수식은 MAX(C4:C14)이다.

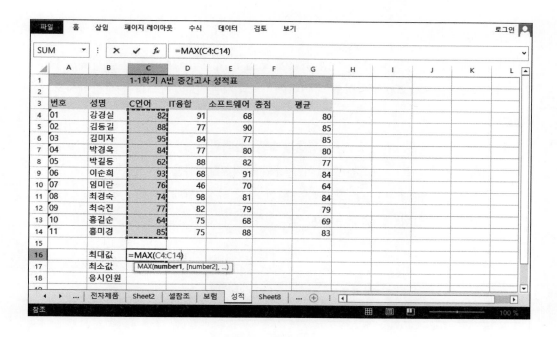

예제 10-8

IT융합, 소프트웨어 과목 최고 점수 구하기

구해진 C언어의 최대값 셀을 선택한 후 자동 채우기 핸들로 오른쪽으로 드래그하면 나
머지 IT융합, 소프트웨어 과목의 최대값도 수식 복사 방식으로 구할 수 있다.

연습문제

1. 헬스 센터 회원 관리 대장의 작성된 표에 조건부 서식의 "새 규칙 만들기"를 이용하여 포인트 점수가 200점 이상인 데이터에 "녹색 기울임꼴" 텍스트를 지정하시오.

〈힌트〉

1. 서식을 지정할 '포인트 점수' 셀들을 모두 선택한다.
2. [홈] – [스타일] – [조건부 서식] – [새 규칙 만들기]를 클릭한다.
3. 규칙 유형 선택: [다음을 포함하는 셀만 서식 지정] 선택
   규칙 설명 편집: 셀 값 > = 200으로 설정
   서식: 녹색, 기울임꼴

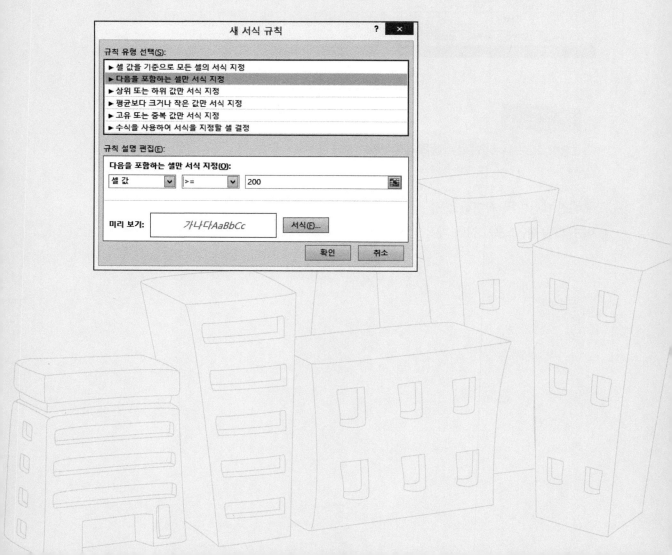

〈결과 보기〉

파일	홈	삽입	페이지 레이아웃	수식	데이터	검토	보기	로그인

	A	B	C	D	E	F		H	I
1				헬스 센터 회원 관리 대장					
2									
3	번호	회원명	가입 날짜	탈퇴 날짜	지역	성별	회원등급	포인트 점수	
4	A01	홍문성	2011-02-23	2013-05-21	강서	여	준회원	*335*	
5	A02	김미자	2007-05-14	2009-07-12	강남	여	실버회원	*225*	
6	A03	홍길동	2005-05-05	2014-04-18	강북	남	골드회원	155	
7	A04	지영훈	2008-06-01	2015-03-17	강북	남	골드회원	170	
8	A05	최철수	2000-06-21	2013-04-04	강서	남	실버회원	*247*	
9	A06	안미정	2013-04-11	2015-07-14	강남	여	준회원	198	
10	A07	박수길	2004-08-14	2015-08-12	강동	남	실버회원	*321*	
11	A08	최미란	2007-09-15	2013-05-22	강동	여	일반회원	*249*	
12	A09	김동익	2008-03-25	2012-02-16	강서	남	일반회원	*265*	
13	A10	이선미	2002-04-17	2011-09-12	강북	여	실버회원	*301*	
14									

2. 예제 10-6에서 [자동 합계]를 이용하여 총점, 최소값과 응시인원을 모두 구하시오.

〈힌트〉

1. 최대값에서 평균까지 자동 채우기를 할 경우 컴퓨터에서 계산한 평균값은 소수점이 있었는데 표시 형식에서 정수로 바꾸었기 때문에 그 셀에 정수 지정을 안한 경우 다시 소수점이 나타날 수 있다. 이런 경우는 다시 정수 지정을 하면 된다.

2. 응시 인원은 [자동 합계] - [숫자 개수]를 이용한다.

〈결과보기〉

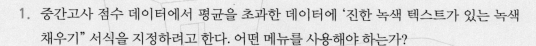

번호	성명	C언어	IT융합	소프트웨어	총점	평균
			1-1학기 A반 중간고사 성적표			
01	강경실	82	91	68	241	80
02	김동길	88	77	90	255	85
03	김미자	95	84	77	256	85
04	박경옥	84	77	80	241	80
05	박길동	62	88	82	232	77
06	이순희	93	68	91	252	84
07	임미란	76	46	70	192	64
08	최경숙	74	98	81	253	84
09	최숙진	77	82	79	238	79
10	홍길순	64	75	68	207	69
11	홍미경	85	75	88	248	83
	최대값	95	98	91	256	85
	최소값	62	46	68	192	64
	응시인원	11				

확인학습문제

1. 중간고사 점수 데이터에서 평균을 초과한 데이터에 '진한 녹색 텍스트가 있는 녹색 채우기" 서식을 지정하려고 한다. 어떤 메뉴를 사용해야 하는가?

   ① 자동 필터   ② 자동 정렬
   ③ 셀 서식   ④ 조건부 서식

2. [자동 합계] 메뉴를 이용하여 구한 결과값이 83.33333으로 나왔다. 이 숫자의 표시 형식을 정수로 바꾸고자 한다. 알맞은 표시 형식은 무엇인가?

   ① 백분율   ② 지수
   ③ 자릿수 줄임   ④ 1000 단위 구분 기호

3. 결과 셀의 수식이 다음과 같을 때 이를 수직 방향으로 수식 복사를 했다면 그 아래 셀에 입력되는 수식은 무엇인가?

   (B3+C3+$I$3)
   ① B3+C3+$I$3   ② B4+C4+$I$3
   ③ C3+D3+$J$3   ④ C4+D4+$J$4

4. 엑셀의 셀 서식 사용법에 대한 설명이 바르지 못한 것은?

① 숫자에 1000 단위 구분 기호를 표시할 수 있다.

② 연산의 결과로 구해진 숫자 소수점의 자릿수는 변경할 수 없다.

③ 날짜를 입력하기 위해서 12/12라고 입력하면 '12월 12일'이라고 표시된다.

④ 숫자를 계산을 위한 것이 아니라 전화번호 등의 포맷으로 바꾸기 위해 셀 서식을 이용한다.

5. 아래 이미지에서처럼 먼저 숫자를 입력한 후 같은 문자는 반복 표시하려고 한다. 방법이 맞는 것은?

① 첫 행에 '1'이라고 적고 자동 채우기 핸들을 사용한다.

② 전체를 블록 잡고 셀 서식 대화 상자에서 #"순위"라고 입력한다.

③ 전체를 블록 잡고 셀 서식 대화 상자에서 @"순위"라고 입력한다.

④ 전체를 블록 잡고 셀 서식 대화 상자에서 %"순위"라고 입력한다.

6. 아래 결과 이미지에서처럼 이름을 입력한 후 모든 이름 옆에 '회원'이라는 문자를 반복 삽입하려고 한다. 셀 서식 대화 상자 이미지에서 빈칸에 입력해야 할 단어를 적어라.

(결과 이미지)

(셀 서식 대화 상자)

7. 조건부 서식을 이용하여 매출액이 20,000,000보다 크면 "진한 빨강 텍스트가 있는 연한 빨강 채우기" 서식을 지정하려 한다. 아래 이미지 대화 창의 제목은 어떤 조건이 되어야 하는가?

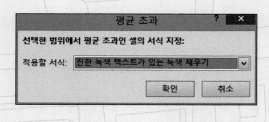

① 보다 큼   ② 보다 작음
③ 크거나 같음   ④ 다음 값의 사이에 있음

8. 아래 이미지와 같은 대화 창에서 작업을 하고 있다면 무슨 기능을 사용하려 하는 것인가?

① 표 서식   ② 셀 스타일
③ 조건부 서식   ④ 표시 형식

9. 셀 안의 색깔이 아래 이미지처럼 표시되었다면 조건부 서식의 어떤 기능을 사용한 것인가?

◢	A	B	C	D	E	F
1						
2						
3			전자제품 업체별 매출액			
4			A사	B사	C사	
5		에어컨	2,487,560	1,235,600	2,547,800	
6		TV	5,547,100	5,578,000	4,785,100	
7		스마트폰	11,458,260	10,254,700	21,054,780	
8		냉장고	24,000,400	36,547,800	33,245,100	
9		세탁기	35,000,000	65,478,900	45,789,100	
10		청소기	44,578,120	55,400,000	62,108,000	
11		컴퓨터	24,587,950	47,895,000	50,004,000	
12		프린터	2,569,840	5,321,400	4,789,500	
13		스캐너	6,254,130	6,698,740	3,254,100	
14						

① 셀 강조 규칙   ② 상위/하위 규칙

③ 데이터 막대   ④ 색조

10. 아래 이미지를 보고 답하라.

C언어와 IT융합 점수의 합계에 기본 점수 20점을 더하려고 한다.

전체 학생의 결과값은 '강경실'의 결과값을 구한 후 수식 복사를 할 것이다.

수식이 맞는 것은 무엇인가?

◢	A	B	C	D	E	F	G
2							
3	성명	C언어	IT융합		기본점수	20	
4	강경실	82	91				
5	김동길	88	77				
6	김미자	95	84				
7	박경옥	84	77				
8	박길동	62	88				
9	이순희	93	68				
10	임미란	76	46				
11	최경숙	74	98				
12	최숙진	77	82				
13	홍길순	64	75				
14	홍미경	85	75				

① $B$4+$C$4+$F$3   ② B4+C4+$F$3

③ $B$4+$C$4+F3   ④ B4+C4+F3

정답

1. ④　2. ③　3. ②　4. ②　5. ②　6. @회원　7. ①　8. ③　9. ③　10. ②

엑셀의 데이터 다루기 11

학습목표

1. 많은 양의 데이터를 일정 기준으로 정렬한 후 데이터를 일괄적으로 보거나 찾기 쉽게 할 수 있다.
2. 자동 필터 기능을 이용해서 필요한 데이터만 추출할 수 있다.
3. 연산자를 활용하여 중복된 기준으로 데이터를 추출할 수 있다.
4. 부분합 기능을 이용하여 특정 필드에서 유사한 레코드끼리 묶어 계산할 수 있다.

1 레코드 정렬

많은 데이터가 모여서 데이터베이스를 이루고 이러한 많은 양의 데이터를 보기 쉽고 찾기 쉽게 순서대로 정렬할 수 있다.

레코드 정렬 방식에는 데이터 레코드의 특정 필드 열 값을 기준으로 레코드 행의 순서를 '오름차순' 또는 '내림차순'으로 재배열하는 방식과 '사용자 지정 정렬 방식'이 있다.

정렬은 기준이 되는 해당 열만을 정렬하는 것이 아니고 관계되는 같은 행의 데이터 전체 (이를 "레코드"라 한다)를 정렬한다.

1) 자동 오름차순/내림차순 정렬

숫자 데이터는 낮은 숫자에서 높은 숫자 순서가 오름차순이다.

문자 데이터는 ㄱ, ㄴ, ㄷ ~ ㅎ 순으로 오름차순이다.

영문 알파벳은 a, b, c ~ z 순으로 오름차순이다.

❶ 정렬의 기준이 되는 열에 있는 셀 하나를 선택한다.

❷ [데이터] – [정렬 및 필터] – [오름차순 정렬]을 클릭한다. [오름차순 정렬] 메뉴는 선택한 데이터가 텍스트이면 "텍스트 오름차순 정렬"이 되고 선택한 데이터가 숫자이면 "숫자 오름차순 정렬"로 자동으로 바뀐다.

❸ 레코드 전체가 회원명이 오름차순으로 정렬될 때 같이 정렬된 것을 볼 수 있다.

레코드가 정렬된 후에는 '되돌리기' 기능으로 한 번은 원래대로 돌아올 수 있으나 여러 번에 걸쳐 정렬이 되면 원래 데이터로 돌아오기가 어려우므로 정렬을 할 때는 원본 데이터의 복사본을 만들어 놓고 작업을 하는 것이 좋다.

또는, 회원명 앞에 번호를 붙여 여러 번 정렬을 해서 데이터의 순서가 바뀌었어도 다시 번호로 정렬을 하면 원래 데이터로 돌아올 수 있다.

2) 고급 정렬-두 가지 이상의 기준 정렬

한 가지 기준이 아니라 두 가지 이상의 기준으로 정렬할 수 있다.

자동 정렬을 이용할 경우에는 정렬 기준을 먼저 선택해서 정확히 기준 열을 지정해야 하지만 정렬 대화 상자를 이용할 경우에는 기준을 대화 상자 안에서 정하기 때문에 데이터 영역 아무 곳이나 선택하면 된다.

예제 11-1

헬스 센터 회원 명단을 '준회원 – 일반회원 – 실버회원 – 골드회원' 순으로 정렬하시오.

❶ 데이터 영역 임의의 셀을 선택한다.

❷ [데이터] – [정렬 및 필터] 그룹 – [정렬]을 선택하여 [정렬] 대화 상자를 연다.

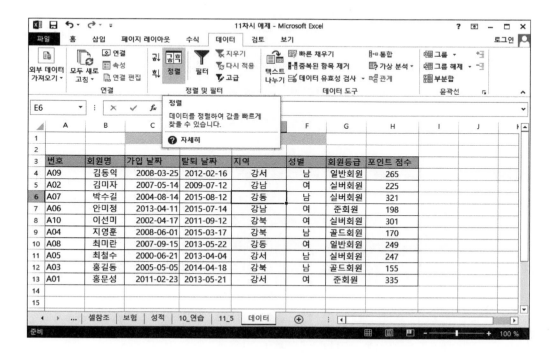

❸ 대화 상자를 열게 되면 자동으로 데이터 전체 영역이 블록으로 지정된다.

첫 번째 정렬 기준은 '지역', '값', 정렬은 '오름차순'으로 선택한다.

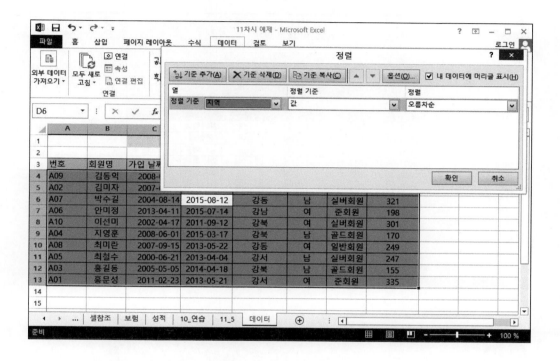

❹ [기준 추가]를 선택하여 두 번째 기준 입력 박스를 생성시킨다.

❺ 두 번째 [다음 기준]에서 '성별'을 선택한다.

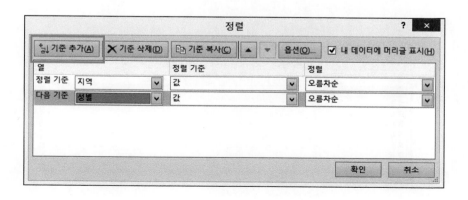

❻ '지역' 오름차순 기준으로 '강남 – 강동 – 강북 – 강서' 순으로 1차 정렬되었고 이 상태에서 '성별' 오름차순 기준으로 '남 – 여' 순으로 다시 정렬되었다.

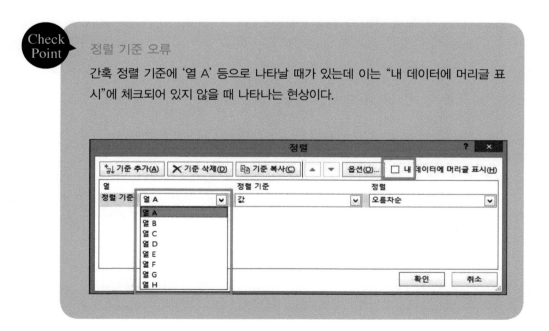

Check Point

정렬 기준 오류

간혹 정렬 기준에 '열 A' 등으로 나타날 때가 있는데 이는 "내 데이터에 머리글 표시"에 체크되어 있지 않을 때 나타나는 현상이다.

3) 사용자 지정 정렬

한글, 숫자, 영문자 같은 일반적인 오름차순/내림차순 외에 직위나 지역 등 사용자가 원하는 대로 기준을 만들어서 그 기준 순서에 의해 데이터를 정렬할 수 있다.

예제 11-2

준회원, 일반회원, 실버회원, 골드회원 순서로 사용자 지정 목록 만들기

❶ [데이터] – [정렬 및 필터] 그룹 – [정렬]을 클릭하여 정렬 대화 상자를 연다.

정렬의 콤보 박스에서 사용자 지정 목록을 클릭한다.

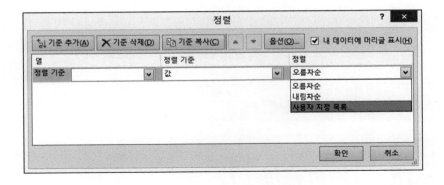

❷ 목록 항목에 원하는 기준(준회원, 일반회원, 실버회원, 골드회원)을 입력한 후 [추가] 버튼을 클릭한다.

이때 쉼표를 이용하여 각 항목을 구분 나열해도 되고 세로로 나열해 입력해도 된다.

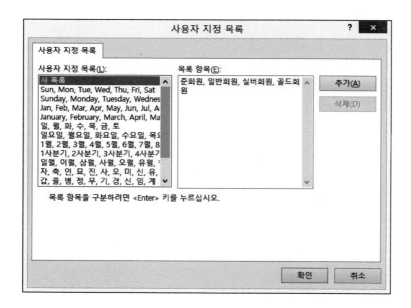

❸ 사용자 지정 목록에 기준(준회원, 일반회원, 실버회원, 골드회원)이 생성된 것을 볼 수 있다.

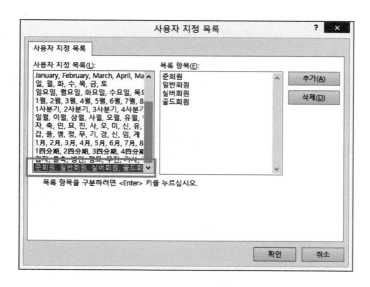

예제 11-3

준회원, 일반회원, 실버회원, 골드회원 순서로 데이터 정렬하기

❶ 정렬될 데이터 영역에 커서를 위치시킨다.

❷ [데이터] − [정렬 및 필터] − [정렬]을 클릭한다.

❸ 정렬 기준에 '회원등급', '값', '준회원, 일반회원, 실버회원, 골드회원'을 클릭한 후 [확인]을 클릭한다.

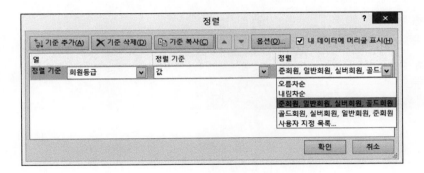

❹ 회원 등급별로 데이터가 정렬되었다.

번호	회원명	가입 날짜	탈퇴 날짜	지역	성별	회원등급	포인트 점수
A01	홍문성	2011-02-23	2013-05-21	강서	여	준회원	335
A06	안미정	2013-04-11	2015-07-14	강남	여	준회원	198
A08	최미란	2007-09-15	2013-05-22	강동	여	일반회원	249
A09	김동익	2008-03-25	2012-02-16	강서	남	일반회원	265
A02	김미자	2007-05-14	2009-07-12	강남	여	실버회원	225
A05	최철수	2000-06-21	2013-04-04	강서	남	실버회원	247
A07	박수길	2004-08-14	2015-08-12	강동	남	실버회원	321
A10	이선미	2002-04-17	2011-09-12	강북	여	실버회원	301
A03	홍길동	2005-05-05	2014-04-18	강북	남	골드회원	155
A04	지영훈	2008-06-01	2015-03-17	강북	남	골드회원	170

Check
Point

사용자 지정 목록

사용자 지정 목록에는 엑셀에서 기본적으로 제공하는 목록들이 포함되어 있다.

"일, 월, 화, 수,…", "1월, 2월, 3월,…", "자, 축, 인, 묘, 진, 사, 오, 미,…", "갑, 을, 병, 정,…", "January, February, March,…" 등이 목록에 포함되어 있는 것을 볼 수 있다.

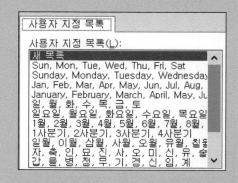

---

2 / 데이터 자동 필터

필터 기능이란 테이블을 구성하고 있는 복잡하고 많은 데이터 중 보고자 하는 데이터만 표시되도록 추출하는 기능을 의미한다.

원하는 데이터를 추출하는 방법은 '자동 필터'를 이용하는 방법과 '고급 필터'를 이용하는 방법이 있다.

1) 자동 필터 사용하기

자동 필터는 버튼 클릭 한 번으로 필터 버튼을 생성시켜 손쉽게 메뉴를 이용하면서 데이터를 추출하는 것이다. 자동 필터는 데이터를 추출한 후 언제든지 다시 원래의 데이터 상태로 되돌릴 수 있다.

❶ 데이터를 추출하고자 하는 데이터 테이블 안에 마우스 커서를 옮겨 놓는다.

　　[데이터] – [정렬 및 필터] 그룹 – [필터]를 클릭한다.

❷ 필드에 자동 필터 버튼이 생긴다.

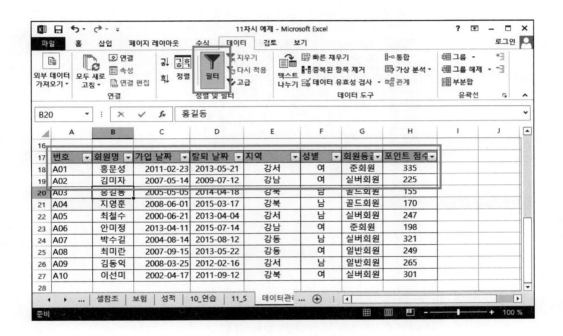

예제 11-4

성별이 '여'인 데이터만 추출하시오.

❶ 추출하고자 하는 기준 필드(성별) 필터 버튼을 클릭한다.

❷ 추출하기를 원하는 필터 조건(여)만을 선택한다.

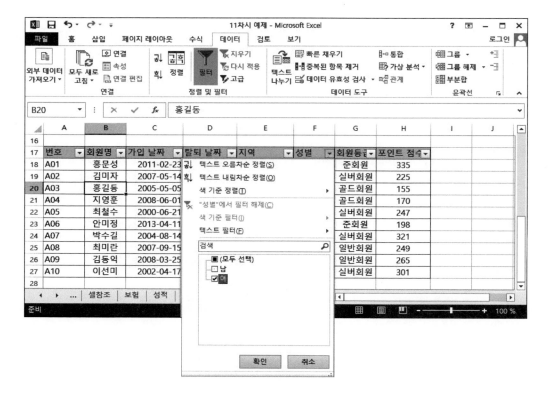

❸ 성별이 '여'인 데이터만 필터링이 되었다.

성별 필드 필터 버튼을 자세히 보면 버튼 모양이 다른 것과는 달리 깔때기 모양으로 바뀌어 있는 것을 볼 수 있다.

버튼 모양이 깔때기 모양으로 바뀐 필드에서 필터링이 되었다는 표시이다.

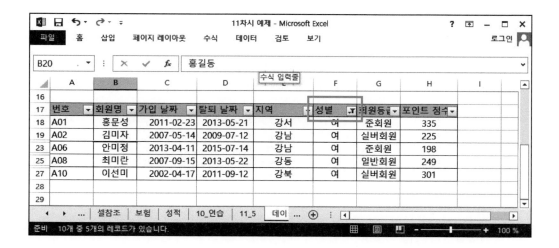

❹ 데이터를 원래대로 환원시키고 싶으면 이 깔때기 버튼을 다시 한 번 클릭해서 '성별
에서 필터 해제'를 클릭한다.

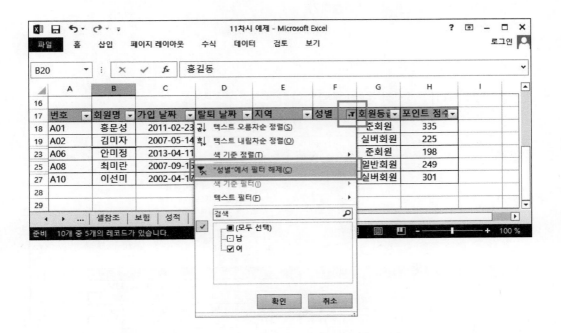

*필터를 해제하려면 [데이터] – [정렬 및 필터] 그룹 – [필터] 버튼을 다시 한 번 누른다.

2) 자동 필터 조건

자동 필터 방식은 데이터의 유형에 따라서 필터링 기준을 다르게 제시한다. 데이터가 문
자인 경우, 숫자인 경우, 그리고 날짜인 경우에 따라 자동으로 기준이 바뀌어 나타난다.

🔷 텍스트 필터

텍스트 필터를 이용하여 같은 문자, 특정 문자로 시작하는 데이터, 특정 문자로 끝나는 데
이터, 특정 문자를 포함하는 데이터 등을 간단하게 조건만 입력한 후 필터링할 수 있다.

예제 11-5

회원명에서 성이 김씨인 사람만 추출하기

❶ 회원명 필터 버튼을 클릭한다.

❷ [텍스트 필터] – [시작 문자]를 클릭한다.

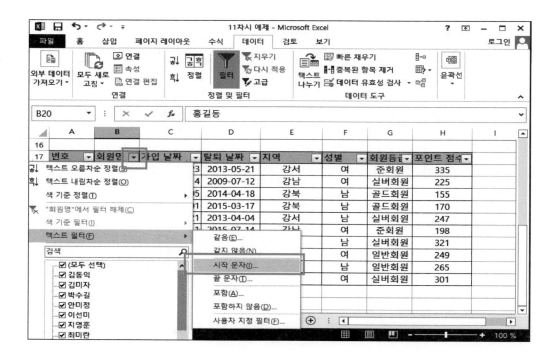

❸ [사용자 지정 자동 필터] 대화 상자에서 [시작 문자]에 "김"이라고만 입력한 후 [확인] 버튼을 클릭한다.

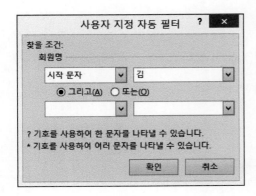

❹ 데이터에서 '김미자', '김동익' 등 김씨들만 추출되었다.

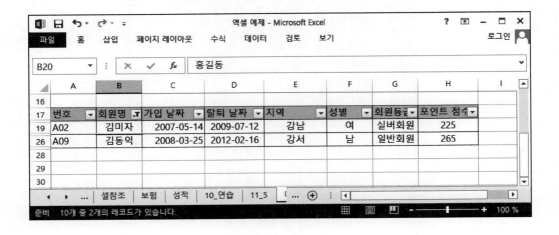

🎁 숫자 데이터의 경우 자동 필터

특정 숫자 값과 같거나, 크거나, 작거나 등의 기준으로 필터링할 수 있다.

예제 11-6

포인트 점수가 200 이상인 회원을 추출하시오.

❶ 데이터 영역에 커서를 옮기고 [데이터] – [정렬 및 필터] 그룹 – [필터]를 클릭한다.

❷ 포인트 점수 필드에 있는 필터 버튼을 클릭한다.

❸ [숫자 필터] – [크거나 같음]을 선택한다.

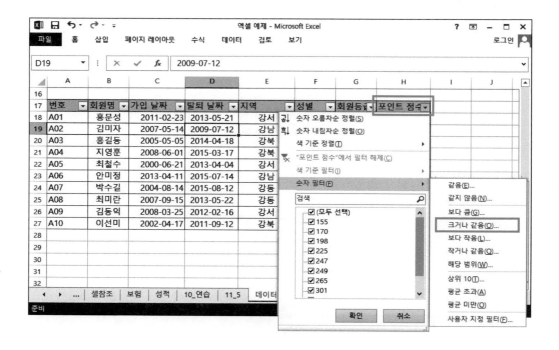

❹ [포인트 점수] 왼쪽 조건에 이미 " >= "
식이 선택되어 있고 오른쪽 값 항목에
'200'을 입력한다.

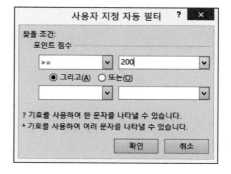

❺ 포인트 점수의 필터가 깔때기 모양으로 바뀌었고 포인트 점수가 200 이상인 데이터 만 추출되었다.

3 고급 필터

고급 필터를 이용하면 데이터를 추출하는 조건식을 직접 작성할 수 있고 추출한 결과를 원본에 나타낼 수도 있다. 추출 결과를 다른 장소를 지정하여 원하는 워크시트의 셀의 임의의 위치에 나타낼 수도 있다.

1) 조건식 – AND 조건

AND 조건은 두 조건을 동시에 만족했을 때를 의미한다. 가령, 지역이 '강북'이면서 동시에 회원등급이 '골드회원'인 데이터만 추출하려면 AND 조건을 사용해야 한다.

AND 조건은 같은 행에 두 조건을 나란히 입력해야 한다.

예) 지역이 '강북'이면서 회원등급이 '골드회원'인 데이터를 추출하려면, 여백의 빈 셀에 아래와 같이 나란히 같은 행에 조건식을 입력한다.

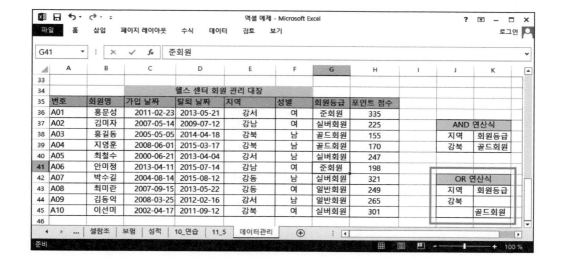

2) 조건식 – OR 조건

OR 조건은 두 조건 중에서 하나 이상을 만족할 때 사용한다.

OR 조건은 서로 다른 행에 두 조건을 입력해야 한다.

예) 지역이 '강북'이거나 회원 등급이 '골드회원'인 데이터를 추출하려면, 여백의 빈 셀에 아래와 같이 서로 다른 행에 조건식을 입력한다.

예제 11-7

지역이 '강북'이면서 '골드회원'인 데이터를 A47 셀에 추출하기

❶ 커서를 임의의 데이터 영역에 놓는다.

❷ [데이터] – [정렬 및 필터] – [고급]을 클릭하여 고급 필터 대화 상자를 연다.

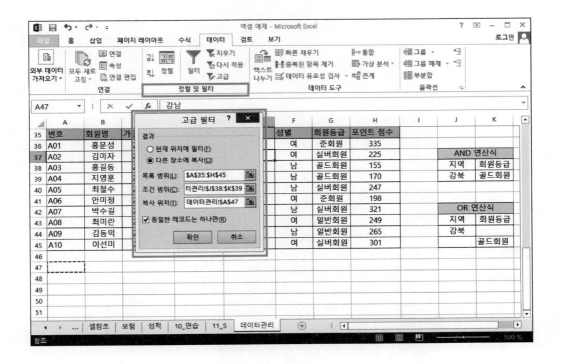

❸ [결과]에 "다른 장소에 복사"를 선택한다.

현재 장소에 필터를 선택하면 데이터 원본이 손상되기 때문에 고급 필터를 사용하는 경우에는 "다른 장소에 복사"를 선택해서 원본을 그대로 보존한다.

❹ [목록 범위]에는 자동으로 "$A$35:$H$45"라는 주소가 입력되었다. 이것은 고급 필터 메뉴를 사용하기 전에 데이터 영역 안에 커서를 위치시켰고 이를 엑셀이 인식하고 자동으로 목록 범위의 셀 주소를 입력해 준 것이다.

그러나 만일 본인이 원하는 데이터 영역이 아닐 경우에는 다시 데이터 원본에서 원하는 데이터 영역만큼 마우스로 드래그하면 드래그한 주소로 다시 목록 범위 주소가 자동으로 입력된다.

❺ [조건 범위]에는 미리 입력해 놓은 AND 조건식을 마우스로 드래그해서 선택하면 주소(데이터관리!$J$38:$K$39)가 자동으로 입력된다.

❻ [복사 위치]에는 결과값을 표시할 셀의 주소($A$47)를 입력한 후(셀을 클릭해도 자동으로 셀 주소가 입력된다) [확인] 버튼을 클릭한다.

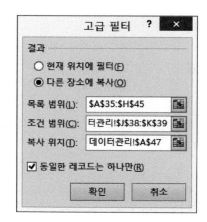

❼ A47 셀에 추출한 결과값이 표시되었다.

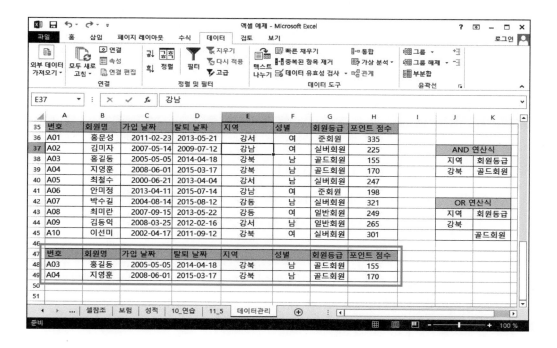

셀 주소 입력 팁

엑셀에서 수식을 입력하거나 조건을 입력할 때 사용하는 대부분의 셀 주소는 직접 입력할 수도 있지만 가급적 해당 셀을 클릭하거나 드래그해서 영역을 알려 주면 엑셀이 자동으로 주소를 인식해서 자동 입력되므로 사용자의 실수를 줄일 수 있다.

셀 주소 "데이터관리!$B$6:$H$16"의 의미는 "워크시트명! 셀의 절대 참조 시작 주소 : 절대 참조 끝 주소"이다.

보통의 경우 같은 워크시트 안에서의 셀 주소에는 워크시트명을 쓰지 않아도 된다.

셀 주소 앞에 붙는 "$"는 절대 참조 주소의 의미로 결과값의 셀이 변경되더라도 참조 주소는 절대 변하지 않을 때 사용한다.

---

4 부분합

데이터의 특정 필드에서 유사한 레코드끼리 묶어서 합계, 평균, 개수, 최대값, 최소값 등을 계산하는 기능이다.

1) 부분합 실행하기

부분합을 하기 위해서는 제일 먼저 부분합을 하고자 하는 특정 필드를 기준으로 데이터를 정렬해야 한다.

부분합을 계산할 영역을 지정할 때에는 반드시 머리글까지 포함해야 한다.

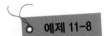

예제 11-8

보험회사의 보험종류별 판매실적의 합계 요약하기

❶ [보험종류] 필드의 임의의 영역에 커서를 놓는다.

❷ [데이터] – [텍스트 오름차순 정렬] 버튼을 클릭한다.

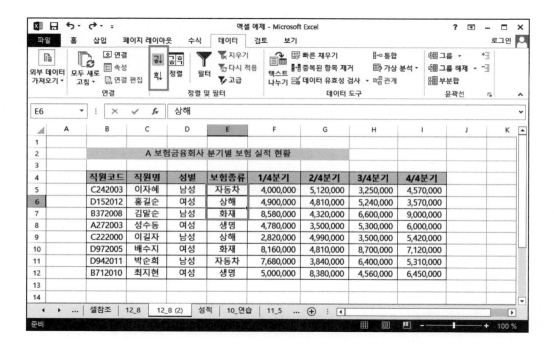

❸ 데이터가 보험종류를 기준으로 정렬되었다.

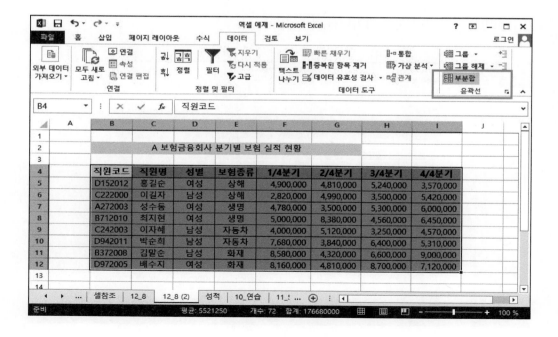

❶ 머리글을 포함해서 전체 데이터 영역을 블록으로 지정한다.

❷ [데이터] - [윤곽선] - [부분합]을 클릭하여 부분합 대화 상자를 연다.

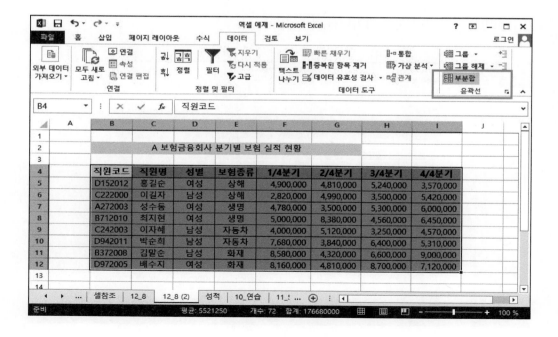

❸ [부분합] 대화 상자에서,

그룹화할 항목 – "보험종류" 필드명을 선택한다.

사용할 함수 – "합계"를 선택한다.

부분합 계산 항목 – "1/4분기", "2/4분기", "3/4분기", "4/4분기"에 체크한다.

옵션에서 "새로운 값으로 대치", "데이터 아래에 요약 표시"에 체크한다.

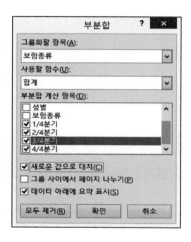

❹ 부분합 결과에서 워크시트 왼쪽에 번호가 생성되었다.

[3]번을 클릭하면 전체 데이터를 볼 수 있다.

	직원명	성별	보험종류	1/4분기	2/4분기	3/4분기	4/4분기
D152012	홍길순	여성	상해	4,900,000	4,810,000	5,240,000	3,570,000
C222000	이길자	남성	상해	2,820,000	4,990,000	3,500,000	5,420,000
			상해 요약	7,720,000	9,800,000	8,740,000	8,990,000
A272003	성수동	여성	생명	4,780,000	3,500,000	5,300,000	6,000,000
B712010	최지현	여성	생명	5,000,000	8,380,000	4,560,000	6,450,000
			생명 요약	9,780,000	11,880,000	9,860,000	12,450,000
C242003	이자혜	남성	자동차	4,000,000	5,120,000	3,250,000	4,570,000
D942011	박순희	남성	자동차	7,680,000	3,840,000	6,400,000	5,310,000
			자동차 요약	11,680,000	8,960,000	9,650,000	9,880,000
B372008	김맏순	남성	화재	8,580,000	4,320,000	6,600,000	9,000,000
D972005	배수지	여성	화재	8,160,000	4,810,000	8,700,000	7,120,000
			화재 요약	16,740,000	9,130,000	15,300,000	16,120,000
			총합계	45,920,000	39,770,000	43,550,000	47,440,000

A 보험금융회사 분기별 보험 실적 현황

❺ [2]번을 클릭하면 각 보험종류의 요약만 볼 수 있다.

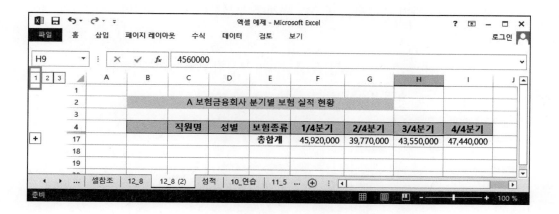

❻ [1]번을 클릭하면 총합계 요약만 볼 수 있다.

❼ [+] 버튼을 클릭하면 각각 부분합으로 요약된 데이터들을 표시할 수 있다.

다시 [−] 버튼을 클릭하면 바로 이전 요약 상태로 돌아갈 수 있다.

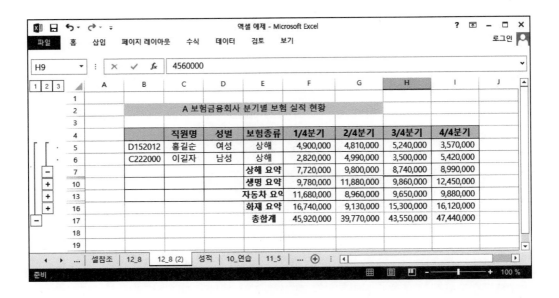

2) 부분합 해제하기

❶ 부분합을 해제하기 위해서는 마우스 커서를 부분합이 실행된 영역 안 임의의 셀에 위치시킨다.

❷ [데이터] – [윤곽선] – [부분합]을 클릭하여 부분합 대화 상자를 연다.

❸ [모두 제거] 버튼을 클릭한다.

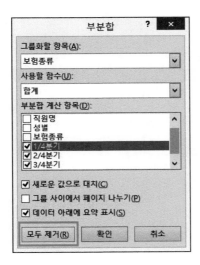

Check Point | 부분합 해제 후 정렬

부분합의 [모두 제거]를 누르면 부분합은 제거되었지만 부분합을 하기 위해서 데이터가 보험종류를 기준으로 오름차순으로 정렬한 결과는 그대로 있다. 따라서 일시적으로 데이터의 요약을 위한 것이라면 데이터에 번호 등을 넣어 구분할 수 있는 표식을 해 두면 이 번호로 다시 정렬하여 원래의 데이터로 되돌릴 수 있다.

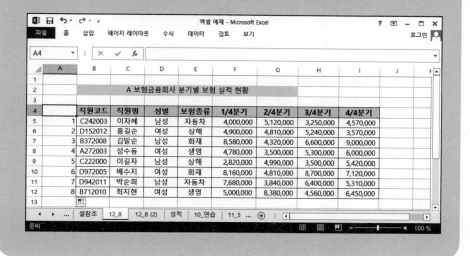

연습문제

1. 예제 11-8의 데이터에서 성별을 기준으로 남자와 여자 단위로 분기별 보험 실적의 평균을 부분 요약하시오.

〈힌트〉

① 먼저 성별 기준으로 데이터를 오름차순 정렬한다.
② 머리글까지 포함하여 데이터를 모두 블록으로 설정한다.
③ [부분합] 대화 상자를 열어 다음과 같이 옵션 설정을 한다.

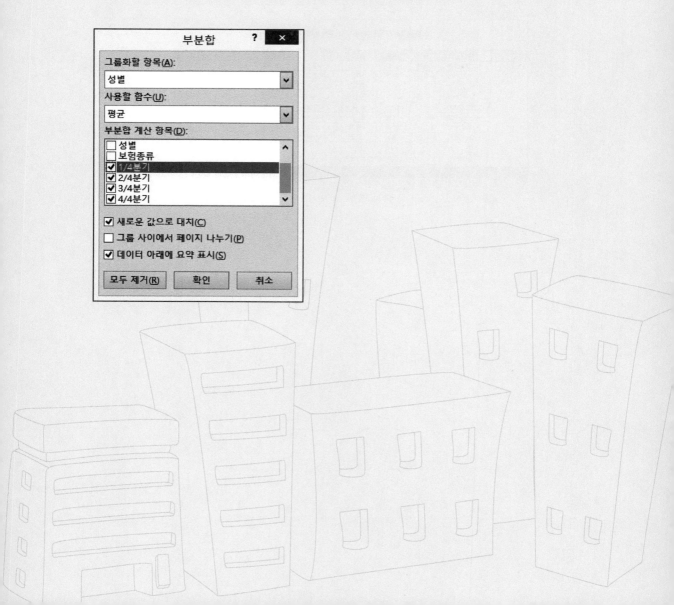

〈결과 보기〉

	A	B	C	D	E	F	G	H	I	J
1										
2			A 보험금융회사 분기별 보험 실적 현황							
3										
4		직원코드	직원명	성별	보험종류	1/4분기	2/4분기	3/4분기	4/4분기	
5	1	C242003	이자혜	남성	자동차	4,000,000	5,120,000	3,250,000	4,570,000	
6	3	B372008	김말순	남성	화재	8,580,000	4,320,000	6,600,000	9,000,000	
7	5	C222000	이길자	남성	상해	2,820,000	4,990,000	3,500,000	5,420,000	
8	7	D942011	박순희	남성	자동차	7,680,000	3,840,000	6,400,000	5,310,000	
9				남성 평균성		5,770,000	4,567,500	4,937,500	6,075,000	
10	2	D152012	홍길순	여성	상해	4,900,000	4,810,000	5,240,000	3,570,000	
11	4	A272003	성수동	여성	생명	4,780,000	3,500,000	5,300,000	6,000,000	
12	6	D972005	배수지	여성	화재	8,160,000	4,810,000	8,700,000	7,120,000	
13	8	B712010	최지현	여성	생명	5,000,000	8,380,000	4,560,000	6,450,000	
14				여성 평균성		5,710,000	5,375,000	5,950,000	5,785,000	
15				전체 평균성		5,740,000	4,971,250	5,443,750	5,930,000	
16										

2. 아래 데이터에서 [OR 연산식]을 이용하여 지역이 '강북'이거나 또는 회원등급이 '골드회원'인 데이터를 임의의 위치에 추출하시오.

〈힌트〉

아래 표와 같이 [OR 연산식]을 임의의 셀에 작성한다.

	A	B	C	D	E	F	G	H	I	J	K
33											
34				헬스 센터 회원 관리 대장							
35	번호	회원명	가입 날짜	탈퇴 날짜	지역	성별	회원등급	포인트 점수			
36	A01	홍문성	2011-02-23	2013-05-21	강서	여	준회원	335			
37	A02	김미자	2007-05-14	2009-07-12	강남	여	실버회원	225		AND 연산식	
38	A03	홍길동	2005-05-05	2014-04-18	강북	남	골드회원	155		지역	회원등급
39	A04	지영훈	2008-06-01	2015-03-17	강북	남	골드회원	170		강북	골드회원
40	A05	최철수	2000-06-21	2013-04-04	강서	남	실버회원	247			
41	A06	안미정	2013-04-14	2015-07-14	강남	여	준회원	198			
42	A07	박수길	2004-08-14	2015-08-12	강동	남	실버회원	321		OR 연산식	
43	A08	최미란	2007-09-15	2013-05-22	강동	여	일반회원	249		지역	회원등급
44	A09	김동익	2008-03-25	2012-02-16	강서	남	일반회원	265		강북	
45	A10	이선미	2002-04-17	2011-09-12	강북	여	실버회원	301			골드회원
46											

고급 필터 대화 상자를 열어 다음과 같이 옵션을 지정한다.

(주의: 연산식 범위를 드래그할 때 제목 행은 포함시키지 말아야 한다.)

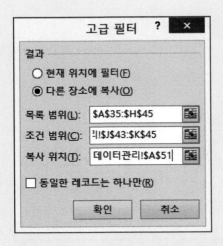

〈결과 보기〉

	A	B	C	D	E	F	G	H
50								
51	번호	회원명	가입 날짜	탈퇴 날짜	지역	성별	회원등급	포인트 점수
52	A03	홍길동	2005-05-05	2014-04-18	강북	남	골드회원	155
53	A04	지영훈	2008-06-01	2015-03-17	강북	남	골드회원	170
54	A10	이선미	2002-04-17	2011-09-12	강북	여	실버회원	301
55								
56								

확인학습문제

1. 아래와 같이 고급 정렬에서 열의 정렬 기준에 필드의 이름이 나오지 않고 열 A, 열 B, 열 C, … 등으로 표현되는 이유는 무엇 때문인가?

① 데이터 영역 선택이 잘못되었다.

② [정렬] 대화 상자에서 '내 데이터에 머리글 표시'에 체크하지 않았다.

③ 정렬 기준 값이 아니라 '필드명'이 되어야 한다.

④ [기준 추가]를 클릭하면 된다.

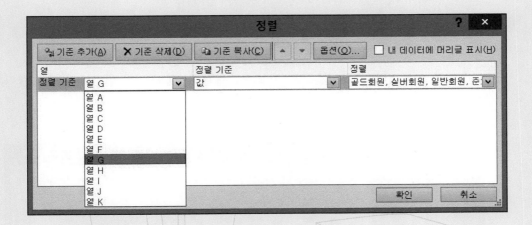

2. 자동 필터를 사용하는 방법에 대한 설명이 틀린 것은 무엇인가?

① [데이터] – [정렬 및 필터] – [필터] 메뉴를 클릭하여 자동 필터 버튼을 생성한다.

② 데이터의 종류에 따라 다른 조건을 표시한다.

③ 자동 필터는 필터 조건을 여러 개 지정할 수 있다.

④ 한번 필터링된 레코드는 원래 데이터로 돌아가지 못한다.

3. 부분합에 대한 다음 설명 중 바른 것은 무엇인가?

① 부분합을 하기 위해서는 제일 먼저 데이터를 필터링해야 한다.

② 부분합에서는 합계뿐만 아니라 평균, 최대값, 최소값 등을 구할 수 있다.

③ 한번 부분합으로 요약된 데이터는 다시 원래의 데이터로 돌아올 수 없으니 원본을 복사해 두어야 한다.

④ 부분합을 지정할 때는 머리글은 데이터 선택 영역에 포함시키지 않아도 된다.

4. 다음 중 엑셀의 고급 필터를 사용하는 방법이 잘못된 것은 무엇인가?

① 고급 필터로 추출된 결과는 다른 장소에 추출할 수 있다.

② 두 조건을 동시에 만족하는 데이터를 추출할 때는 AND 연산 방식을 사용한다.

③ 고급 필터의 옵션에서 조건 범위는 반드시 상대 참조 방식을 사용한다.

④ 고급 필터에서 사용하는 연산에는 AND와 OR 연산이 있다.

5. 데이터 정렬에 대한 설명으로 옳지 않은 것은?

① 숫자 데이터는 낮은 숫자에서 높은 숫자 순서가 오름차순이다.

② 문자 데이터는 ㄱ,ㄴ,ㄷ ~ ㅎ 순으로 오름차순이다.

③ 영문 알파벳은 a, b, c ~ z 순으로 내림차순이다.

④ 데이터 정렬은 여러 가지 기준을 동시에 지정이 가능하다.

6. 다음 데이터를 번호 오름차순으로 정렬하고자 한다. 대화 창의 빈칸에 들어갈 단어
를 적어라.

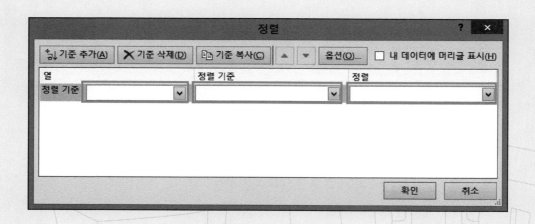

3	번호	회원명	가입 날짜	탈퇴 날짜	지역	성별	회원등급	포인트 점수
4	A09	김동익	2008-03-25	2012-02-16	강서	남	일반회원	265
5	A02	김미자	2007-05-14	2009-07-12	강남	여	실버회원	225
6	A07	박수길	2004-08-14	2015-08-12	강동	남	실버회원	321
7	A06	안미정	2013-04-11	2015-07-14	강남	여	준회원	198
8	A10	이선미	2002-04-17	2011-09-12	강북	여	실버회원	301
9	A04	지영훈	2008-06-01	2015-03-17	강북	남	골드회원	170
10	A08	최미란	2007-09-15	2013-05-22	강동	여	일반회원	249
11	A05	최철수	2000-06-21	2013-04-04	강서	남	실버회원	247
12	A03	홍길동	2005-05-05	2014-04-18	강북	남	골드회원	155
13	A01	홍문성	2011-02-23	2013-05-21	강서	여	준회원	335

7. 다음 이미지의 데이터는 어떤 기능이 수행된 것인가?

	A	B	C	D	E	F	G	H
16								
17	번호 ▾	회원명 ▾	가입 날짜 ▾	탈퇴 날짜 ▾	지역 ▾	성별 ▾	회원등급 ▾	포인트 점수 ▾
18	A01	홍문성	2011-02-23	2013-05-21	강서	여	준회원	335
19	A02	김미자	2007-05-14	2009-07-12	강남	여	실버회원	225
20	A03	홍길동	2005-05-05	2014-04-18	강북	남	골드회원	155
21	A04	지영훈	2008-06-01	2015-03-17	강북	남	골드회원	170
22	A05	최철수	2000-06-21	2013-04-04	강서	남	실버회원	247
23	A06	안미정	2013-04-11	2015-07-14	강남	여	준회원	198
24	A07	박수길	2004-08-14	2015-08-12	강동	남	실버회원	321
25	A08	최미란	2007-09-15	2013-05-22	강동	여	일반회원	249
26	A09	김동익	2008-03-25	2012-02-16	강서	남	일반회원	265
27	A10	이선미	2002-04-17	2011-09-12	강북	여	실버회원	301

① 자동 필터   ② 고급 필터

③ 사용자 지정 목록 정렬   ④ 고급 정렬

8. 숫자 데이터의 자동 필터 작업을 할 때 사용할 수 있는 필터 기준이 될 수 없는 것은?

① 크거나 같음   ② 해당 범위

③ 같지 않음   ④ 포함하지 않음

9. 다음 이미지는 어떤 작업을 하려는 대화 창인가?

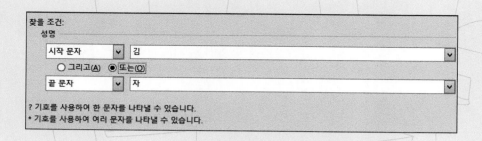

① 조건부 서식 지정하기   ② 사용자 지정 자동 필터

③ 사용자 지정 고급 필터   ④ 사용자 지정 목록 만들기

10. 다음 이미지는 엑셀에서 어떤 작업을 하려는 것이다. 작업에 대한 설명이 바르지 못한 것은?

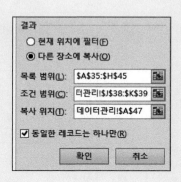

① 데이터를 고급 필터를 사용해서 추출하려 한다.

② 필터링된 결과는 '데이터관리' 워크시트에 나타난다.

③ 자동 필터를 사용하기 위한 기준을 조건 범위에 입력했다.

④ 데이터를 추출하고자 하는 원본 데이터는 '목록 범위'에 입력했다.

정답

1. ② 　2. ④ 　3. ② 　4. ③ 　5. ③ 　6. 번호, 값, 오름차순 　7. ① 　8. ④ 　9. ② 　10. ③

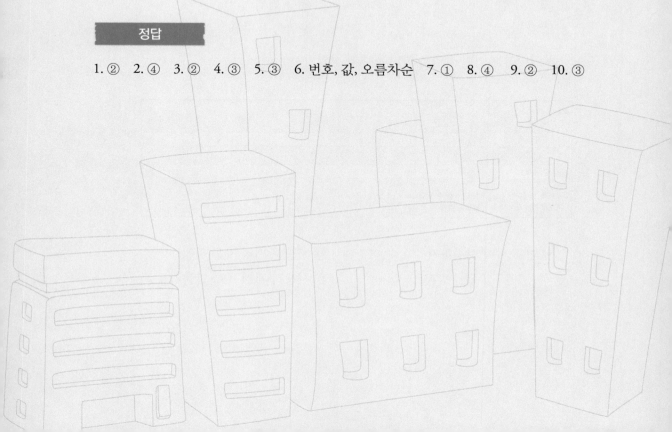

엑셀의 함수 활용

학습목표

1. RANK.EQ 함수를 이용하여 데이터의 상대적 순위를 매길 수 있다.
2. IF 함수를 이용하여 조건에 맞는 데이터를 추출할 수 있다.
3. IF, COUNTIF, SUMIF 등의 함수를 사용할 수 있다.

1 / 기본 함수 사용

1) 함수의 의미

함수를 수식으로 표현하면 '$Y = F(x)$'이다.

함수식에서 'x'는 인수라 하고 'F'는 'x'라는 인수값에 따라 특정한 값을 도출해 내는 Function이다.

가령, F가 SUM(합계를 구하는 기능)이고 x 값에 55, 24 두 인수가 있다면 F는 그 두 개의 인수값의 합계를 구하게 된다.

따라서 F가 어떤 연산식을 갖고 있느냐에 따라 같은 인수라도 다른 결과를 갖게 된다.

2) 기본 함수의 종류

기본 함수는 [홈] – [편집] – [자동 합계] 메뉴에서 함수식을 직접 입력하지 않고도 원 클릭으로 이용할 수 있다.

🔷 SUM, AVERAGE, MAX 함수 형식

SUM 함수

의미	지정한 인수들의 합을 구한다.
형식	SUM(인수1, 인수2, …), SUM(인수1:인수5)
인수	합계를 구하고 싶은 인수값을 쉼표로 구분하여 나열하거나, 연속된 여러 개의 인수는 콜론 (:)을 사용한다.

AVERAGE 함수

의미	지정한 인수들의 평균을 구한다.
형식	AVERAGE(인수1, 인수2, …), AVERAGE(인수1:인수5)
인수	평균을 구하고 싶은 인수값을 쉼표로 구분하여 나열하거나, 연속된 여러 개의 인수는 콜론 (:)을 사용한다.

MAX(MIN) 함수

의미	범위 안에서 가장 큰 값(MAX), 또는 가장 작은 값(MIN)을 구한다.
형식	MAX(인수1, 인수2, ⋯), MAX(인수1:인수5)
인수	최대값을 구하고 싶은 범위를 쉼표로 구분하여 나열하거나, 연속된 여러 개의 인수는 콜론(:)을 사용한다.

🔷 COUNT 계열 함수

COUNT 함수

의미	범위 안에서 숫자가 든 셀의 개수만 센다.
형식	COUNT(인수1, 인수2, ⋯), COUNT(인수1:인수5)
인수	범위를 쉼표로 나열하거나 또는 범위가 연속적일 때는 시작과 끝을 콜론(:)으로 구분하여 나열한다.

COUNTA 함수

의미	범위 안에서 값을 포함하고 있는 셀의 개수를 모두 센다. (셀 안의 값이 숫자가 아니어도 된다.)
형식	COUNTA(인수1, 인수2, ⋯), COUNTA(인수1:인수5)
인수	범위를 쉼표로 나열하거나 또는 범위가 연속적일 때는 시작과 끝을 콜론(:)으로 구분하여 나열한다.

🧵 예제 12-1

[2학기 퀴즈 응시 현황]에서 '총인원'과 '응시인원'을 구하시오.

❶ "응시인원" 결과 셀에 커서를 놓고 수식 줄에 "= count"라고 입력하면 count와 근접한 이름의 함수가 나타난다.

COUNT 함수를 클릭한다.

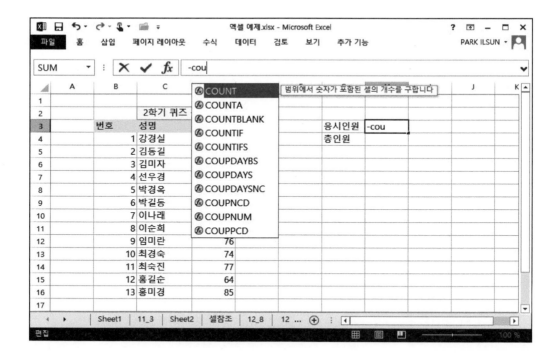

❷ 인수 범위(D4:D16)를 드래그해서 지정한 후 [Enter]를 누른다.

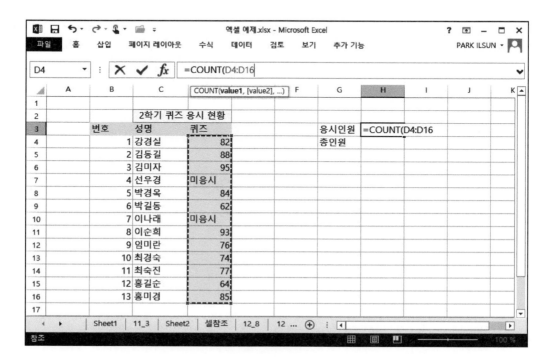

❸ "총인원" 결과 셀에 커서를 놓고 수식 줄에 "= COUNTA"를 입력한다.

COUNTA 함수를 클릭한다.

인수 범위(D4:D16)를 드래그해서 지정한 후 [Enter]를 누른다.

COUNT 함수는 숫자가 들어간 셀만 세어서 결과값을 돌려준다(미응시 셀은 개수에서 제외).

COUNTA 함수는 셀에 문자든 숫자든 비어 있지 않은 셀들의 개수를 구한다.

2 날짜/시간 관련 함수 사용하기

날짜/시간 함수를 이용하여 자동으로 업데이트되는 현재 날짜 및 시간을 표시할 수 있을 뿐 아니라 날짜 데이터에서 특정 연도, 월, 일 등의 데이터를 추출할 수 있고 두 날짜 사이의 기간을 계산할 수도 있다.

🔷 TODAY 함수

TODAY()

컴퓨터에 있는 현재 날짜를 불러와 날짜 서식으로 표시해 준다. TODAY 함수를 이용하면 문서를 열 때마다 변경된 날짜를 읽어와 항상 최신의 날짜로 자동 업데이트를 해 준다.

*TODAY 함수는 인수가 필요 없다.

📦 NOW 함수

NOW()

현재 날짜와 시간을 날짜와 시간 형식으로 표시해 준다.

📦 YEAR, MONTH, DAY 함수

날짜 중 년 또는 월 또는 일을 추출해 주는 함수이다.

YEAR 함수

1900에서 9999 사이의 정수로 일정 날짜의 연도만을 표시한다.

MONTH 함수

1월에서 12월 사이의 숫자로 해당 월만을 추출하여 표시한다.

DAY 함수

주어진 달의 일수를 1에서 31 사이의 숫자로 표시한다.

예제 12-2

헬스 센터 회원 기간 계산하기

헬스 센터 회원 관리 대장 예제 파일에서 회원이 멤버십에 가입한 연도와 탈퇴한 연도를 이용하여 회원 기간을 구하시오.

❶ 결과값을 구하고자 하는 셀에 커서를 위치시킨다.

❷ 탈퇴 연도에서 가입 연도를 빼면 회원 기간이 나온다.

수식 입력줄에 "= YEAR(D4)−YEAR(C4)"라고 입력한 후 [Enter]를 누른다.

❸ 그 아래는 수식 복사로 구한다.

YEAR() 함수의 결과 오류 조정 팁

YEAR() 함수를 제대로 사용했는데도 아래 이미지처럼 결과가 연도만 나오는 것이
아니라 "1905-07-03" 등의 표기로 잘못 나왔을 때는 [셀 서식]에서 셀 표기 형식
을 일반 형식(특정 서식 없음)이나 숫자 등으로 지정해 주어야 연도로 바뀐다. 이런
경우는 셀의 표시 형식이 미리 날짜 형식으로 지정되어 있었기 때문이다.

회원명	가입 날짜	탈퇴 날짜	가입 연도
홍문성	2011-02-23	2013-05-21	1905-07-03
김미자	2007-05-14	2009-07-12	
홍길동	2005-05-05	2014-04-18	

3 RANK.EQ 함수

수 목록 내에서 지정한 수의 크기 순위를 구하는 함수이다.

즉, 목록 내에서 다른 값에 대한 상대적인 크기를 의미한다.

RANK.EQ(number, ref, [order])

- number 순위를 구하려는 수. 필수 요소.
- ref 참조할 숫자 목록의 배열. 필수 요소.
- order 순위 결정 방법을 지정하는 수. 선택 요소.

예제 12-3

헬스 센터 회원 포인트별 순위 매기기

❶ 순위를 표시할 셀에 커서를 놓는다.

❷ 수식 입력줄의 [함수 마법사]를 클릭한다.

이번엔 함수를 검색하는 방식을 이용해 보자.

[함수 검색]란에 "RANK.EQ"라 입력한다.

❸ [검색]을 클릭한다.

❹ [함수 선택]란에 검색된 함수들 중에서 "RANK.EQ"를 선택한다.

❺ [함수 인수] 대화 상자에서 인수를 입력한다.

- **Number** – 순위를 구하고 싶은 숫자의 셀 주소(I4 – 홍문성의 포인트 점수가 있는 셀)를 입력한다. (해당 셀을 클릭해도 된다.)
  이때 셀 주소는 상대 참조 방식 셀 주소를 사용한다.

- **Ref** – 홍문성의 포인트 점수와 상대적인 크기를 비교할 대상 영역을 지정하는 것으로 전체 인원의 포인트 점수 셀들을 모두 드래그한다.
  참조할 영역은 매번 같은 주소를 참조하기 때문에 절대 참조 방식으로 사용해야 한다.

셀 주소를 절대 참조 방식으로 바꾸려면 < F4 > 를 누른다.

입력해야 할 주소는 $I$4:$I$13이다.

🔷 RANK.EQ 인수 입력 요령

상대 참조 셀 주소를 입력한 후 < F4 > 를 누르면 모든 주소가 절대 참조 셀 주소로 바뀐다.

< F4 > 를 계속 한 번씩 누를 때마다 절대 참조 주소가 행과 열 단위로 하나씩 바뀐다.

$I$4:$I$13 − I$4:I$13 − $I4:$I13 − I4:I13

- Order − 등수이기 때문에 내림차순으로 순위를 매기기 위해 "0" 또는 생략한다.

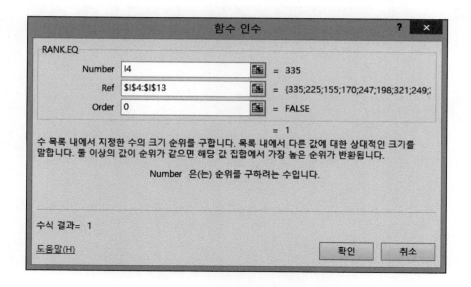

⑥ 결과 미리 보기를 보면 "1"이라고 표시되었다.

'홍문성'의 순위 셀을 자동 채우기 핸들로 드래그해서 수식 복사를 한다.

4 / IF 관련 함수

IF 함수는 엑셀에서 가장 많이 이용하는 함수로, 조건에 따라 다른 결과값을 나타낼 때 사용하는 함수이다.

1) IF 함수

IF(Logical_test, Value_if_true, Value_if_false)

조건식의 논리 검사를 해서 결과가 '참'이면 Value_if_true에 해당하는 값을, '거짓'이면 Value_if_false에 해당하는 값을 표시한다.

Logical_test

IF 조건식을 입력하는 곳으로 논리 검사를 수행한 후 'true' 또는 'false' 값을 반환한다.

Value_if_true

Logical test의 결과값이 true일 때 표시할 값이다.

Value_if_false

Logical test의 결과값이 false일 때 표시할 값이다.

예제 12-4

포인트 점수가 200을 초과하면 우수회원, 그렇지 못하면 일반회원으로 선별하기

❶ 마우스 커서를 결과값을 표시하고자 하는 셀 위치에 놓고 f_x를 클릭한다.

❷ 함수 마법사 창에서 IF 함수를 선택한다.

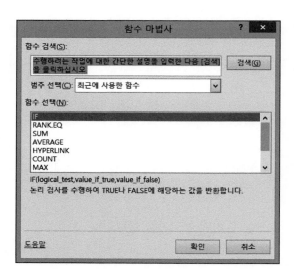

❸ 함수 인수 대화 상자를 열고 인수를 입력한다.

Logical_test － "D3 > 200"이라고 입력.

　(의미: 첫 번째 회원의 포인트 점수가 200을 초과하면)

Value_if_true － "우수회원"이라고 입력.

　(의미: 포인트 점수가 200을 초과하면 "우수회원"이라고 표시)

Value_if_false － "일반회원"이라고 입력

　(의미: 포인트 점수가 200을 초과하지 못하면 "일반회원"이라고 표시)

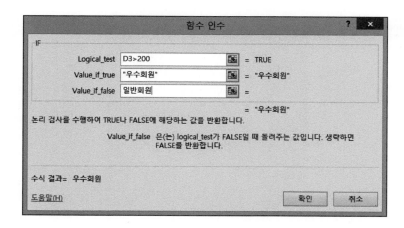

❹ 첫 번째 회원인 홍문성의 포인트별 등급에 "우수회원"이라고 표시되었다.

수식 입력줄에는 "IF(D3>200,"우수회원","일반회원")"이라고 입력되어 있다.

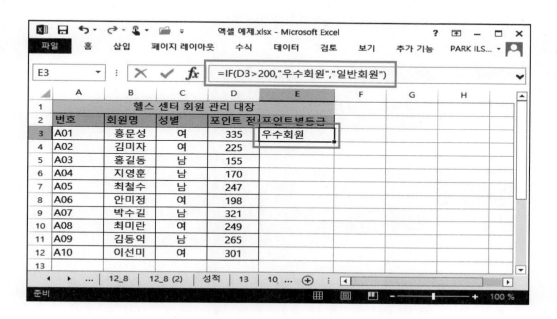

❺ 나머지 회원의 셀은 자동 채우기 핸들로 수식 복사를 해서 채운다.

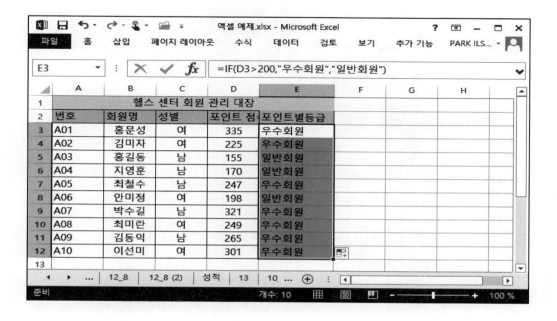

2) COUNTIF 함수

지정한 범위 내에서 조건식을 이용하여 조건에 맞는 셀의 개수를 구할 수 있다.

조건이 여러 개일 때에는 COUNTIFS 함수를 이용한다.

COUNTIF(Range, Criteria)

- **Range**: 조건 검사를 할 범위
- **Criteria**: 조건식

예제 12-5

포인트별 등급이 '우수'인 직원 수 구하기

① 결과값을 표시할 셀에 마우스 커서를 놓는다.

함수 마법사를 클릭한다.

함수 마법사 대화 상자에서 COUNTIF 함수를 선택한다.

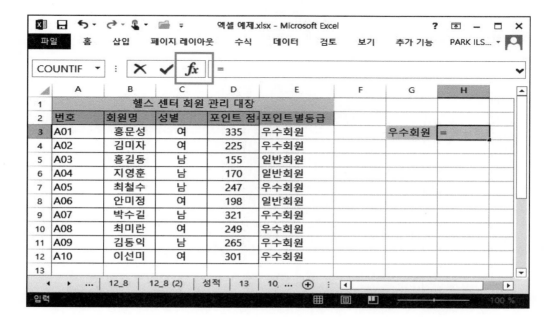

❷ COUNTIF 함수 인수 대화 상자에서 인수값을 입력한다.

● Range – 포인트별 등급 데이터 영역을 마우스로 드래그하면 범위 주소 "(E3:E12)"가 자동으로 입력된다.

● Criteria – "우수회원"이라고 입력한 후 [확인]을 누른다.

* 구 버전의 경우 큰따옴표를 같이 사용하지 않으면 계산이 틀리게 되므로 반드시 큰따옴표 안에 조건을 넣어야 한다.

조건을 입력하는 곳으로 숫자, 식, 텍스트 형태가 가능하다.

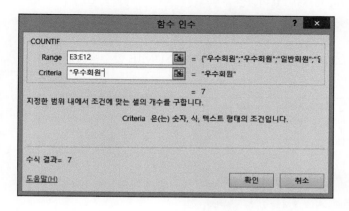

❸ '우수회원' 수는 7명이고 수식 입력줄에 COUNTIF(E3:E12,"**우수회원**")가 입력되었다.

3) SUMIF 함수

지정한 범위 내에서 조건식을 이용하여 조건에 맞는 셀의 합계를 구한다.

SUMIF(Range, Criteria, Sum_range)

예제 12-6

A보험금융회사 상반기 보험 실적이 10,000,000 이상인 우수직원들만의 총 매출액 합계 구하기

❶ 결과값을 표시할 셀에 마우스 커서를 놓고 f_x 를 클릭해서 SUMIF 함수를 선택한다.

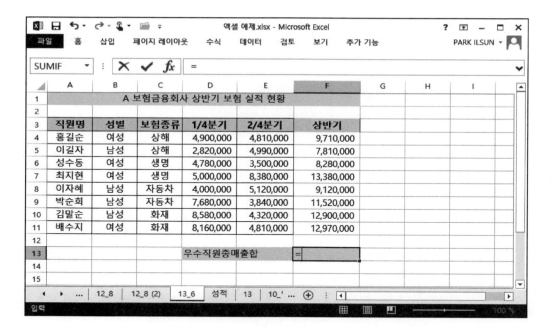

❷ [함수 인수] 대화 상자에서 인수들을 아래와 같이 입력한다.

- **Range** – 조건을 검사할 셀(상반기)들의 영역을 마우스로 드래그하면 "F4:F11"
  이 자동으로 입력된다.

- Criteria − 합계를 구할 셀의 조건(" >= 10,000,000")을 입력한다.
- Sum_range − 합계를 구할 실제 셀(매출액)들의 범위를 마우스로 드래그하면 "F4:F11"이 자동으로 입력된다.

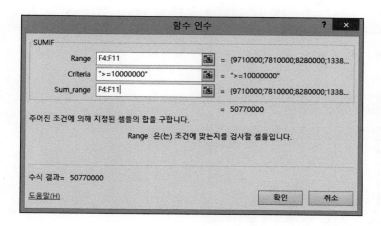

❸ 수식 입력줄에 입력되는 함수식은 다음과 같다.

SUMIF(F4:F11," >= 10000000",F4:F11)

	A	B	C	D	E	F	G	H	I
1			A 보험금융회사 상반기 보험 실적 현황						
2									
3	직원명	성별	보험종류	1/4분기	2/4분기	상반기			
4	홍길순	여성	상해	4,900,000	4,810,000	9,710,000			
5	이길자	남성	상해	2,820,000	4,990,000	7,810,000			
6	성수동	여성	생명	4,780,000	3,500,000	8,280,000			
7	최지현	여성	생명	5,000,000	8,380,000	13,380,000			
8	이자혜	남성	자동차	4,000,000	5,120,000	9,120,000			
9	박순회	남성	자동차	7,680,000	3,840,000	11,520,000			
10	김말순	남성	화재	8,580,000	4,320,000	12,900,000			
11	배수지	여성	화재	8,160,000	4,810,000	12,970,000			
12									
13				우수직원총매출합		50770000			
14									
15									

F13 =SUMIF(F4:F11," >= 10000000",F4:F11)

연습문제

1. A보험금융회사 상반기 보험 실적 중 여성의 보험 실적 합과 남성의 보험 실적 합을 각각 구하시오.

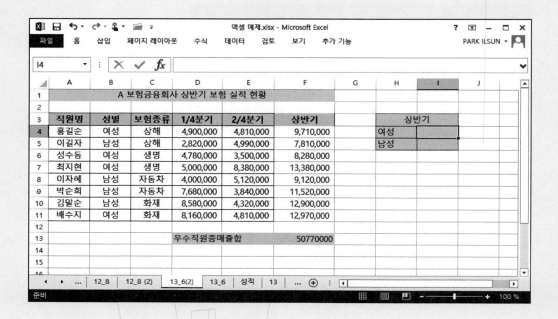

〈힌트〉

1) 여성 보험 실적

❶ 여성의 보험 실적 결과 셀에 커서를 옮기고 SUMIF 함수를 이용한다.

❷ 아래와 같이 인수를 작성한다.

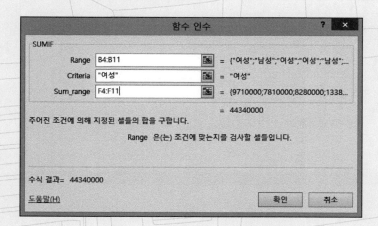

③ 함수식은 SUMIF(B4:B11,"여성",F4:F11)이다.

2) 남성 보험 실적

① 남성의 보험 실적 결과 셀에 커서를 옮기고 SUMIF 함수를 이용한다.

② 아래와 같이 인수를 작성한다.

③ 함수식은 SUMIF(B4:B11,"남성",F4:F11)이다.

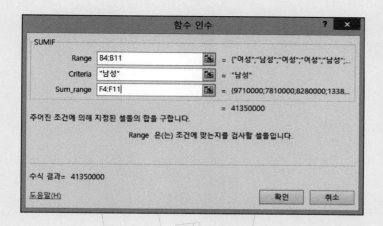

〈결과 보기〉

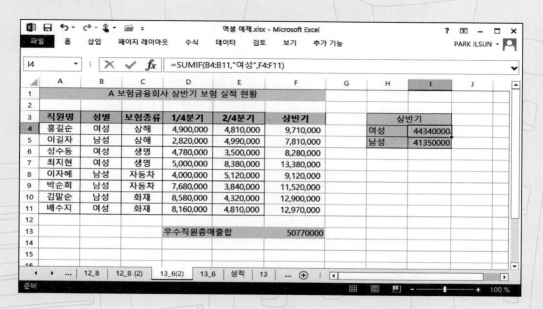

확인학습문제

1. SUM 함수식에서 연속적인 여러 인수들의 합을 구하기 위해서 인수를 연결하는 기호는 무엇인가?

   ① 세미콜론(;)   ② 콜론(:)   ③ 쉼표(,)   ④ 하이픈(−)

2. 아래 표에서 국어 평균을 함수를 사용하여 구했다. AVERAGE(B2:B8)가 국어 평균 함수식이고 국어 평균 함수식을 자동 채우기로 수식 복사했다면 영어 평균을 구하는 함수식은 어떻게 되어야 하는가?

▲	A	B	C	D
1		국어	영어	수학
2	김동길	88	77	90
3	김미자	95	84	77
4	박경옥	84	77	80
5	박길동	62	88	82
6	이순희	93	68	91
7	임미란	76	46	70
8	최경숙	74	98	81
9				
10	평균	81.71		

3. IF 함수를 이용해서 F5 셀에 입력된 평균값이 90점이 넘으면 장학금을 주려고 한다. 장학금을 받게 되면 G5 셀에 "장학금", 장학금을 못 받게 되면 "미지급"이라고 표시하려고 한다. 아래 각각의 인수값에 들어가야 할 조건들을 셀 주소 참조 방식으로 적어라.

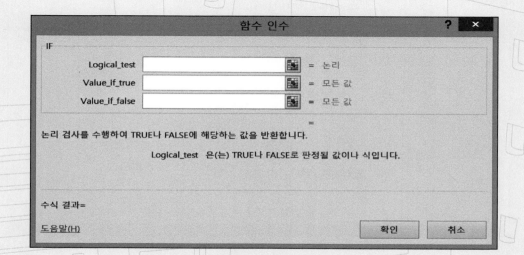

4. 함수의 인수를 입력할 때 반드시 절대 참조 방식의 주소가 필요한 함수는 무엇인가?

① SUM   ② AVERAGE

③ COUNTA   ④ RANK.EQ

5. RANK.EQ 함수를 이용해서 점수가 큰 사람이 '1순위'가 되도록 내림차순으로 순위를 매기려고 한다. 아래 인수 창에서 'Order' 인수값으로 입력해야 할 값은 얼마인가?

```
┌─ RANK.EQ ──────────────────────────────────┐
│      Number  [                        ] ▦  │
│         Ref  [                        ] ▦  │
│       Order  [                        ] ▦  │
└────────────────────────────────────────────┘
```

① 0   ② 1

③ 2   ④ 3

6. 다음 이미지의 작업 내용에서 2학기 퀴즈에 응시한 인원을 구하려고 한다. 어떤 함수를 사용할 수 있는가?

			2학기 퀴즈 응시 현황	
2				
3		번호	성명	퀴즈
4		1	강경실	82
5		2	김동길	88
6		3	김미자	95
7		4	선우경	미응시
8		5	박경옥	84
9		6	박길동	62
10		7	이나래	미응시
11		8	이순희	93
12		9	임미란	76
13		10	최경숙	74
14		11	최숙진	77
15		12	홍길순	64
16		13	홍미경	85

① SUM 함수   ② AVERAGE 함수

③ COUNT 함수   ④ COUNTA 함수

7. 아래 이미지에서처럼 [시작 월] 열에 회원이 가입한 달을 입력하고자 한다. 먼저 홍문성의 결과값을 얻고 나머지 회원은 수식 복사를 하려고 한다. 홍문성의 함수식을 적어라.

	A	B	C	D	E	F
16						
17	번호	회원명	가입 날짜	탈퇴 날짜	시작 월	
18	A01	홍문성	2011-02-23	2013-05-21	2	
19	A02	김미자	2007-05-14	2009-07-12	5	
20	A03	홍길동	2005-05-05	2014-04-18	5	
21	A04	지영훈	2008-06-01	2015-03-17	6	
22	A05	최철수	2000-06-21	2013-04-04	6	
23	A06	안미정	2013-04-11	2015-07-14	4	
24	A07	박수길	2004-08-14	2015-08-12	8	
25	A08	최미란	2007-09-15	2013-05-22	9	
26	A09	김동익	2008-03-25	2012-02-16	3	
27	A10	이선미	2002-04-17	2011-09-12	4	

8. 아래 이미지는 RANK.EQ 함수의 인수를 작성하는 창이다. 설명이 바르지 못한 것은 무엇인가?

① 순위를 결정짓기 위한 것이다.

② Ref에 들어가는 인수는 절대 참조 방식의 주소를 입력한다.

③ 상대적인 순위를 결정짓는 작업이다.

④ 순위를 내림차순으로 하기 위해서는 Order에 "1"이라고 입력한다.

9. 다음 중 논리 검사를 수행한 후 'true' 또는 'false' 값을 반환하는 함수는 무엇인가?

① IF 함수   ② RANK.EQ 함수

③ MAX 함수   ④ VLOOKUP 함수

10. 조건식을 이용하여 조건에 맞는 셀의 개수를 구하려고 한다. 어떤 함수를 사용할 수 있는가?

	A	B	C	D
1		헬스 센터 회원 관리 대장		
2	번호	회원명	성별	포인트 점수
3	A01	홍문성	여	335
4	A02	김미자	여	225
5	A03	홍길동	남	155
6	A04	지영훈	남	170
7	A05	최철수	남	247
8	A06	안미정	여	198
9	A07	박수길	남	321
10	A08	최미란	여	249
11	A09	김동익	남	265
12	A10	이선미	여	301

① IF　　　　　　　　　　　② COUNTIF

③ COUNT　　　　　　　　　④ COUNTA

정답

1. ②　　2. AVERAGE(C2:C8)

3. Logical_test : "F5 >= 90"

　　Value_if_true : "장학금"

　　Value_if_false : "미지급"

4. ④　　5. ①　　6. ③　　7. MONTH(C18)　　8. ④　　9. ①　　10. ②

엑셀의 차트 및 고급 활용  13

학습목표

1. 다중 IF 함수를 이용하여 조건에 맞는 데이터만 골라 계산을 할 수 있다.
2. 찾기/참조 함수를 이용하여 회사 직원 정보, 상품명 등의 입력 및 관리를 빠르고 정확하게 할 수 있다.
3. 복잡한 데이터를 한눈에 보기 쉽게 차트로 작성할 수 있다.
4. 스파크라인으로 데이터의 흐름을 비교 분석할 수 있다.

1 ## 다중 IF 함수

1) AND + IF 함수

IF 함수에서 조건이 두 개 이상인 경우에 사용한다.

두 개 이상의 조건을 동시에 만족할 경우에만 참인 함수이다. 함수식은 아래와 같다.

IF(AND(제1조건식,제2조건식, …),"TRUE일 때 반환되는 값","FALSE일 때 반환되는 값")

예제 13-1

'P사 직원당 판매액 현황' 자료에서 매출액이 3,000,000원 이상이면서 포인트 점수가 250이 넘는 직원에게 특별 수당을 지급하려고 한다. 해당되는 셀에만 "지급"이라고 표시하시오.

❶ 먼저 첫 번째 직원의 결과값을 표시할 셀을 클릭하고 함수 마법사 대화 상자를 연다.

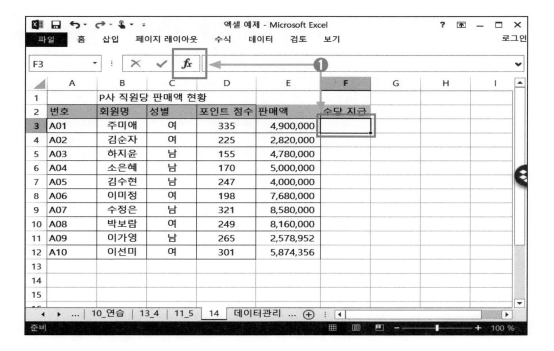

❷ 함수 마법사 창이 뜨면 [범주 선택]에서 '논리'를 선택한 후 [함수 선택]에서 'IF' 함수
를 선택한다.

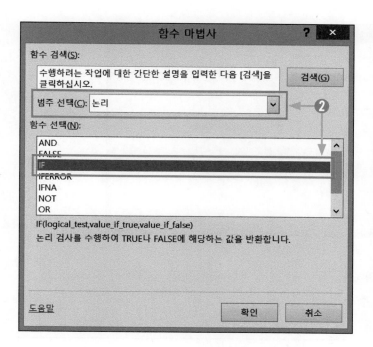

❸ [함수 인수] 대화 상자에서,

Value_if_true – 결과값이 true이면 표시할 텍스트 "지급"을 입력한다.

Value_if_false – 결과값이 false이면 표시할 텍스트 " "(빈 따옴표)를 입력한다.

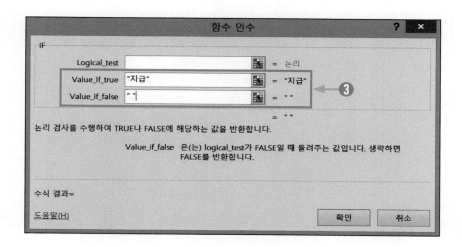

❹ 계속해서 [함수 인수] 대화 상자에서 Logical_test에 커서를 옮겨 놓는다. (이 부분부터 일반 'if' 함수와 다르다.)

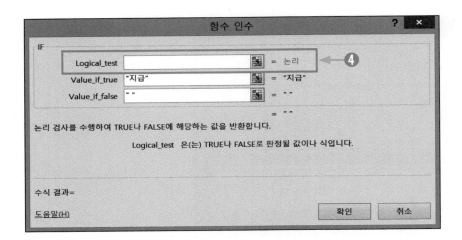

❺ 조건식을 두 개 적기 위해서 [함수 인수] 상자를 열어 놓은 상태에서 워크시트의 [이름 상자]를 열어 [함수 추가]를 선택한다.

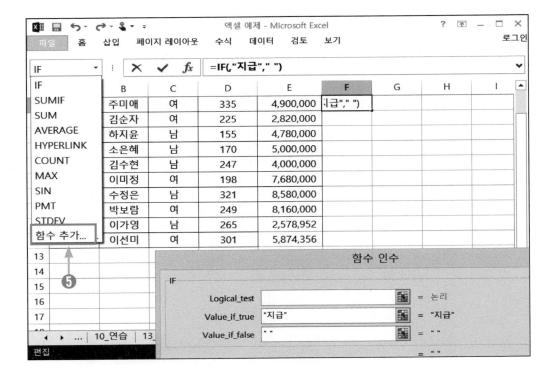

⑥ 함수 마법사 창에서 'AND' 함수를 선택한다.

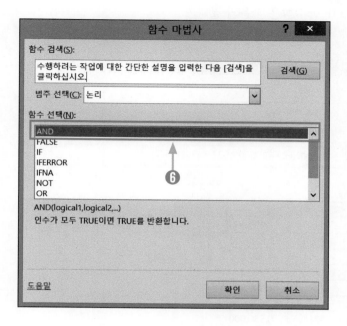

⑦ 조건식을 여러 개 입력할 수 있도록 AND 함수 인수 창이 열린다.

Logical1 — "매출액이 3,000,000원 이상이면"의 의미로, "E3 >= 3,000,000"이라고 입력한다.

Logical2 — "포인트(D3)가 250 이상이면"의 의미로, "D3 >= 250"이라고 입력한다. [확인] 버튼을 누른다.

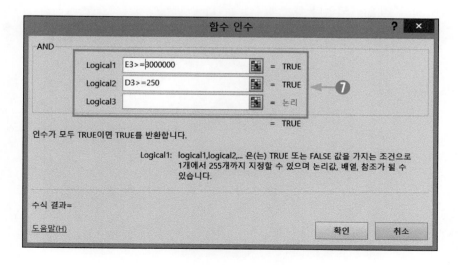

❽ 결과값이 구해졌다.

수식 입력줄에 작성된 AND IF 함수식은 다음과 같다.

IF(AND(E3 >= 3000000,D3 >= 250),"지급"," ")

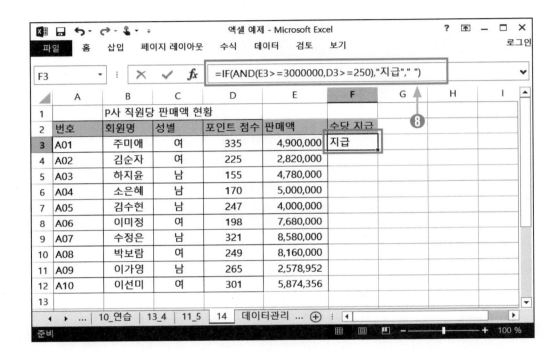

❾ 구해진 결과값을 마우스로 드래그하여 서식을 복사한다. 두 개의 조건이 모두 만족되는 셀에만 "지급"이 입력되었다.

	A	B	C	D	E	F	G	H	I
1		P사 직원당 판매액 현황							
2	번호	회원명	성별	포인트 점수	판매액	수당 지급			
3	A01	주미애	여	335	4,900,000	지급			
4	A02	김순자	여	225	2,820,000				
5	A03	하지윤	남	155	4,780,000				
6	A04	소은혜	남	170	5,000,000				
7	A05	김수현	남	247	4,000,000				
8	A06	이미정	여	198	7,680,000				
9	A07	수정은	남	321	8,580,000	지급			
10	A08	박보람	여	249	8,160,000				
11	A09	이가영	남	265	2,578,952				
12	A10	이선미	여	301	5,874,356	지급			
13									

셀 F3: `=IF(AND(E3>=3000000,D3>=250),"지급"," ")`

⑨

2) OR + IF 함수

두 개 이상의 조건 중 하나만 만족해도 TRUE 결과값을 표시해 주는 함수이다.

함수식은 다음과 같다.

IF(OR(제1조건식,제2조건식, …),"TRUE일 때 반환되는 값","FALSE일 때 반환되는 값")

예제 13-2

매출액이 3,000,000원 이상이거나 포인트가 250 이상인 직원에게는 "장려금"이 지급되도록 조건이 만족되면 결과 셀에 "지급", 대상이 아니면 "미지급"이라 표시하시오.

❶ 결과값을 표시할 셀을 클릭하고 함수 마법사 대화 상자에서 IF 함수를 선택한다.

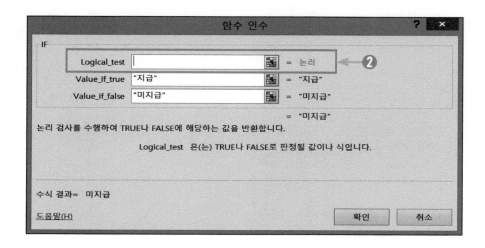

❷ [함수 인수] 대화 상자에서,

Value_if_true – 결과값이 true이면 표시할 텍스트 "지급"을 입력한다.

Value_if_false – 결과값이 false이면 표시할 텍스트 "미지급"을 입력한다.

마지막으로 Logical_test에 커서를 옮겨 놓는다.

❸ 조건식을 두 개 적기 위해서 이름 상자를 열어 [함수 추가]를 눌러 OR 함수를 선택한다. (이미 OR 함수가 있는 경우는 OR 함수를 선택한다.)

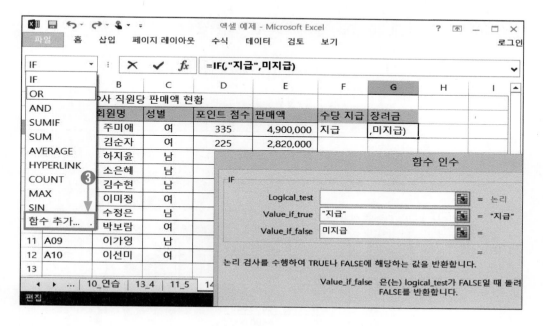

❹ 조건식을 여러 개 입력할 수 있도록 OR 함수 대화 상자가 열렸다.

Logical1 – 매출액(E3)이 3,000,000원 이상이면의 의미로, "E3 >= 3,000,000"이라고 입력한다.

Logical2 – 포인트(D3)가 250 이상이면의 의미로, "D3 >= 250"이라고 입력한다. 확인 버튼을 누른다.

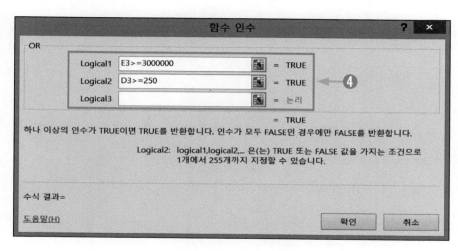

⑤ 첫 번째 직원의 결과는 "지급"이다.

수식 입력줄에 작성된 OR IF 함수식은 다음과 같다.

IF(OR(E3 >= 3000000,D3 >= 250),"지급","미지급")

구해진 결과값을 마우스로 드래그하여 서식을 복사한다. 두 개의 조건 중 하나만 "참"이어도 "지급"이 입력되었다.

번호	회원명	성별	포인트 점수	판매액	수당 지급	장려금
	P사 직원당 판매액 현황					
A01	주미애	여	335	4,900,000	지급	지급
A02	김순자	여	225	2,820,000		미지급
A03	하지윤	남	155	4,780,000		지급
A04	소은혜	남	170	5,000,000		지급
A05	김수현	남	247	4,000,000		지급
A06	이미정	여	198	7,680,000		지급
A07	수정은	남	321	8,580,000	지급	지급
A08	박보람	여	249	8,160,000		지급
A09	이가영	남	265	2,578,952		지급
A10	이선미	여	301	5,874,356	지급	지급

2 / 찾기/참조 함수

찾기/참조 함수에서 가장 많이 사용하는 LOOKUP 함수들은 다른 영역의 셀을 참조하여 특정한 조건에 맞는 셀의 값을 빠르게 가져와 표시해 준다.

LOOKUP 함수에는 VLOOKUP 함수와 HLOOKUP 함수가 있다. 두 함수의 사용법은 검색할 범위가 수직인지 수평인지에 따라 다르게 사용된다.

1) VLOOKUP 함수

참조 테이블의 검색할 범위가 수직인 경우에 사용한다.

VLOOKUP 시트의 "전자제품 판매 현황" 자료를 보면 상품명이나 단가 등의 단순 데이터 입력을 직접 하지 않고 아래의 상품코드 테이블에서 상품명이나 단가 등을 가져와 자동으로 입력되게 할 수 있다.

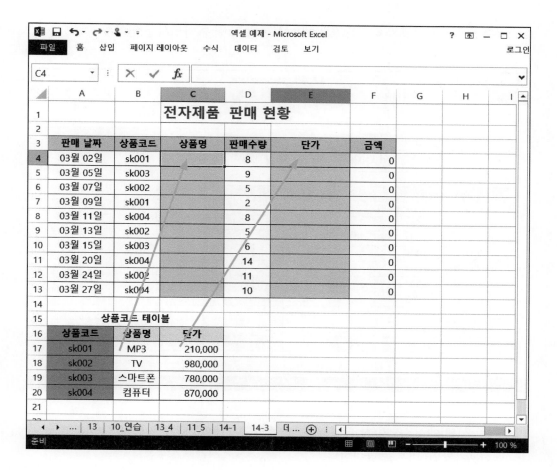

VLOOKUP 함수식은 아래와 같다.

VLOOKUP(검색할 셀 주소, 참조 데이터 셀 절대 주소,추출할 값의 열 순서, 값의 정확도)

예제 13-3

LOOKUP 함수를 이용하여 상품명 셀에 상품명을 자동으로 입력하시오.

참조할 상품코드 테이블에서 데이터가 수직으로 작성되어 있으므로 VLOOKUP 함수를 이용한다.

❶ 상품명을 표시하고자 하는 셀(C4)에 커서를 놓고 함수 마법사를 연다.

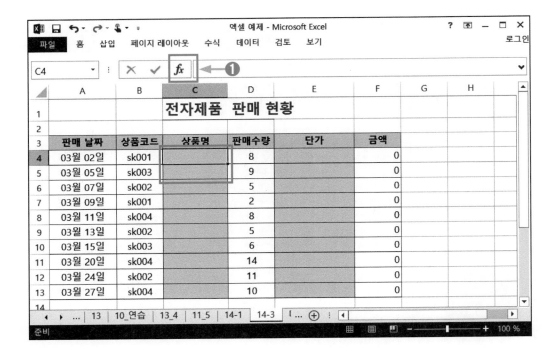

❷ [범주 선택]에서 "찾기/참조 영역"을 선택한 후 [함수 목록]에서 "VLOOKUP"을 선택한 후 [확인] 버튼을 클릭한다.

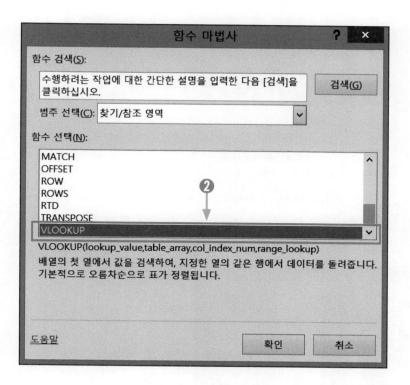

❸ VLOOKUP 함수 인수 창이 열리면 각 인수 입력란에 정확한 인수값을 입력한 후 [확인]을 누른다.

Lookup_value – 찾으려는 상품코드 셀 주소를 클릭하여 셀주소를 입력한다.

Table_array – 참조하고자 하는 테이블에서 상품코드가 있는 셀 주소와 상품명 셀 주소를 모두 드래그한 후 <F4> 버튼을 눌러 셀 주소($A$16:$B$20)가 입력되도록 한다. 이때 셀 주소는 계속 같은 곳의 데이터를 반복해서 참조해야 하므로 절대 참조 방식으로 되어야 한다.

Check Point — 이때 만일 참조 주소가 $A$16:$C$20으로 되어도 결과값은 똑같다. 찾아야 할 인수가 Table_array 참조 주소 안에 있기만 하면 된다.

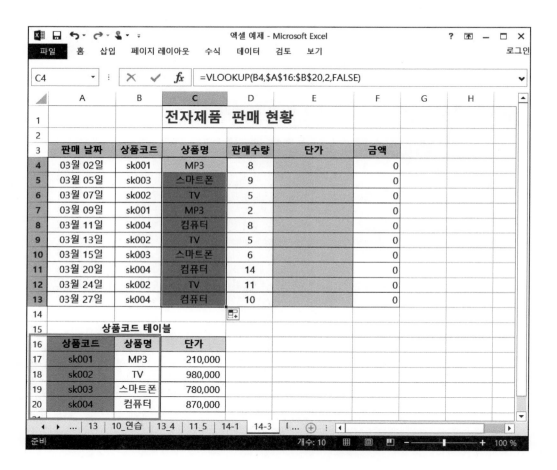

Col_index_num – 참조할 테이블의 첫 열(상품코드)이 "1"이므로 값을 추출할 열 (상품명)은 "2"가 된다.

Range_lookup – 정확하게 일치하는 것을 찾으려면 "false"를 입력한다.

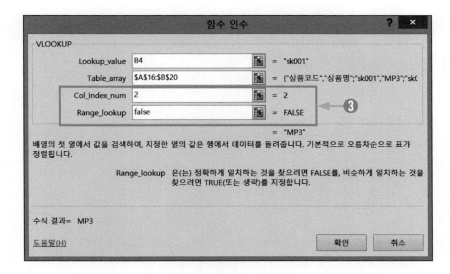

④ C4 셀에 결과가 구해지면 나머지 셀들은 자동 채우기 핸들로 수식 복사를 한다.

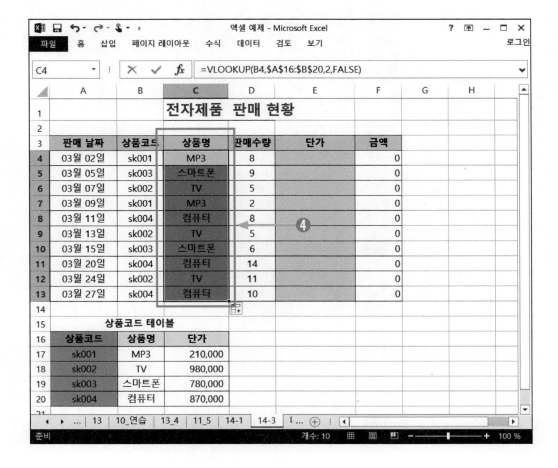

수식 입력줄에 입력된 함수식은 아래와 같다.

VLOOKUP(B4,$A$16:$B$20,2,FALSE)

Col_index_num / Row_index_num의 이해

Col_index_num는 세로로 표시되는 목록의 번호를 의미하는 것으로 엑셀에서 이 목록 값을 행렬로 변환해서 계산을 하게 되기 때문에 그 행렬에 들어가는 위치에 따라 열 번호가 정해진다.

엑셀에서는 기본적으로 기준이 되는 상품코드가 1열로 정해져 있기 때문에 그 다음 열부터는 자연히 2열, 3열이 된다.

만일, "상품명" 값을 반환받고 싶으면 "2", "단가" 값을 반환받고 싶으면 이 경우 Col_index_num는 "3"이 된다.

상품코드 테이블			
상품코드	상품명	단가	
sk001	MP3	210,000	
sk002	TV	980,000	
sk003	스마트폰	780,000	
sk004	컴퓨터	870,000	
1열	2열	3열	

- Row_index_num는 반대로 열이 행으로 바뀌는 것이다.

A318	B254	C124	A235	
김미자	홍길순	임미란	박경옥	1행
010-5474-8201	010-4578-9856	010-1365-9874	010-3698-2541	2행
강서	강남	강북	강서	3행
				4행

2) HLOOKUP 함수

참조 테이블의 검색할 범위가 수평 목록으로 되어 있는 경우에 사용한다.

HLOOKUP(검색할 셀 주소, 참조 데이터 셀 절대 주소, 추출할 값의 행 순서, 값의 정확도)

HLOOKUP 시트의 "전자제품 판매수량 현황" 자료를 보면 판매직원코드를 이용하여 담당자 이름 및 전화번호, 담당지역 등을 자동 입력할 수 있다.

예제 13-4

HLOOKUP 함수를 이용하여 '담당자' 이름을 자동 입력하시오.

참조할 직원코드 테이블에서 데이터가 수평으로 작성되어 있으므로 HLOOKUP 함수를 이용한다.

❶ 담당자를 표시하고자 하는 첫 번째 셀에 커서를 놓고 함수 마법사를 연다.

❷ [범주 선택]에서 "찾기/참조 영역"을 선택한 후 [함수 선택]에서 "HLOOKUP"을 선택한다.

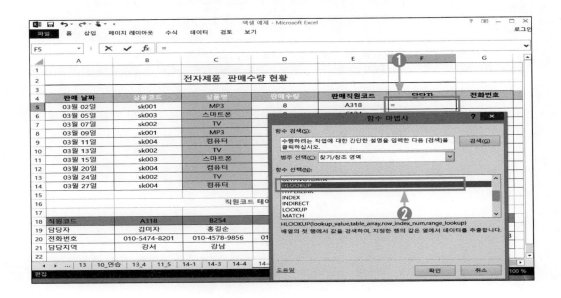

❸ HLOOKUP 함수 인수 창이 열리면 각 인수 입력란에 정확한 인수값을 입력한다.

Lookup_value – 찾으려는 판매직원코드 셀 주소를 클릭하여 셀 주소(E5)를 입력한다.

Table_array – 참조하고자 하는 직원코드 테이블에서 직원코드가 있는 셀 주소와 담당자 셀 주소를 모두 가로로 드래그한 후 <F4> 버튼을 눌러 셀 주소($A$18:$G$19)가 입력되도록 한다. 이때 셀 주소는 계속 같은 곳의 데이터를 반복해서 참조해야 하므로 절대 참조 방식으로 되어야 한다.

Row_index_num – 참조할 테이블의 첫 행이 "1"이므로 값을 추출할 행은 "2"가 된다.

Range_lookup – 정확하게 일치하는 것을 찾으려면 "false"를 입력한다.

함수 인수 ? ✕

HLOOKUP

Lookup_value E5 = "A318"

Table_array $A$18:$G$19 = {"직원코드","A318","B254","C124","A235

Row_index_num 2 = 2 ⟵③

Range_lookup false = FALSE

= "김미자"

배열의 첫 행에서 값을 검색하여, 지정한 행의 같은 열에서 데이터를 추출합니다.

Range_lookup 은(는) 논리값으로서 비슷하게 일치하는 것을 찾으면 TRUE이고 정확하게
일치하는 것을 찾으면 FALSE입니다.

수식 결과= 김미자

도움말(H) 확인 취소

④ 첫 번째 데이터 "김미자"가 자동으로 입력되었고 나머지 셀들은 자동 채우기 핸들로
수식 복사한다.

수식 입력줄에 입력된 함수식은 아래와 같다.

HLOOKUP(E5,$A$18:$G$19,2,FALSE)

F5 = HLOOKUP(E5,$A$18:$G$19,2,FALSE)

	A	B	C	D	E	F	G
1							
2			전자제품 판매수량 현황				
3							
4	판매 날짜	상품코드	상품명	판매수량	판매직원코드	담당자	전화번호
5	03월 02일	sk001	MP3	8	A318	김미자	
6	03월 05일	sk003	스마트폰	9	C124	임미란	
7	03월 07일	sk002	TV	5	A235	박경옥	
8	03월 09일	sk001	MP3	2	B174	이순희	
9	03월 11일	sk004	컴퓨터	8	A318	김미자	⟵④
10	03월 13일	sk002	TV	5	C128	강경실	
11	03월 15일	sk003	스마트폰	6	B254	홍길순	
12	03월 20일	sk004	컴퓨터	14	B254	홍길순	
13	03월 24일	sk002	TV	11	A235	박경옥	
14	03월 27일	sk004	컴퓨터	10	B174	이순희	
15							
16			직원코드 테이블				
17							
18	직원코드	A318	B254	C124	A235	B174	C128
19	담당자	김미자	홍길순	임미란	박경옥	이순희	강경실
20	전화번호	010-5474-8201	010-4578-9856	010-1365-9874	010-3698-2541	010-3278-1235	010-4587-3578
21	담당지역	강서	강남	강북	강서	강남	강동
22							

예제 13-5

'예제 13-4'와 같은 방식으로 담당자들의 '전화번호'와 '담당지역'을 HLOOKUP 함수를 이용하
여 자동 입력하시오.

❶ 함수 인수 창에서 '예제 13-4'에 비해 Table_array 값이 좀 더 확장되었고 Row_index_
num가 '3'이 된다.

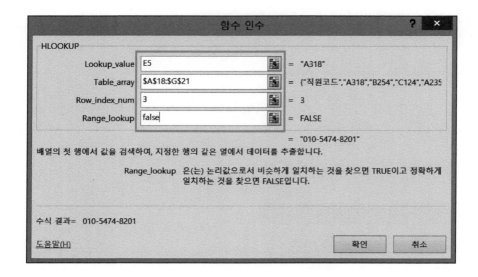

❷ 첫 번째 데이터 김미자의 "전화번호"가 자동으로 입력되었고 나머지 셀들은 자동 채
우기 핸들로 수식 복사한다.

첫 번째 수식 입력줄에 입력된 함수식은 아래와 같다.

HLOOKUP(E5,$A$18:$G$21,3,FALSE)

엑셀 예제 - Microsoft Excel

파일 홈 삽입 페이지 레이아웃 수식 데이터 검토 보기

G5 =HLOOKUP(E5,$A$18:$G$21,3,FALSE)

	A	B	C	D	E	F	G	H
1								
2			전자제품 판매수량 현황					
3								
4	판매 날짜	상품코드	상품명	판매수량	판매직원코드	담당자	전화번호	담당지역
5	03월 02일	sk001	MP3	8	A318	김미자	010-5474-8201	
6	03월 05일	sk003	스마트폰	9	C124	임미란	010-1365-9874	
7	03월 07일	sk002	TV	5	A235	박경옥	010-369-82541	
8	03월 09일	sk001	MP3	2	B174	이순희	010-327-81235	
9	03월 11일	sk004	컴퓨터	8	A318	김미자	010-5474-8201	
10	03월 13일	sk002	TV	5	C128	강경실	010-458-73578	
11	03월 15일	sk003	스마트폰	6	B254	홍길순	010-4578-9856	
12	03월 20일	sk004	컴퓨터	14	B254	홍길순	010-4578-9856	
13	03월 24일	sk002	TV	11	A235	박경옥	010-369-82541	
14	03월 27일	sk004	컴퓨터	10	B174	이순희	010-327-81235	
15								
16			직원코드 테이블					
17								
18	직원코드	A318	B254	C124	A235	B174	C128	
19	담당자	김미자	홍길순	임미란	박경옥	이순희	강경실	
20	전화번호	010-5474-8201	010-4578-9856	010-1365-9874	010-369-82541	010-327-81235	010-458-73578	
21	담당지역	강서	강남	강북	강서	강남	강동	
22								

13 | 10_연습 | 13_4 | 11_5 | 14-1 | 14-3 | 14-4 | 14-4 (2) | 데이터관리 …

개수: 10 100 %

예제 13-6

'예제 13-4'와 같은 방식으로 '담당지역'을 HLOOKUP 함수를 이용하여 자동 입력하시오.

❶ 함수 인수 창에서 '예제 13-4'에 비해 Table_array 값이 좀 더 확장되어 $A$18:$G$19에서 $A$18:$G$21로 변경되었다.

❷ Row_index_num는 '4'가 된다.

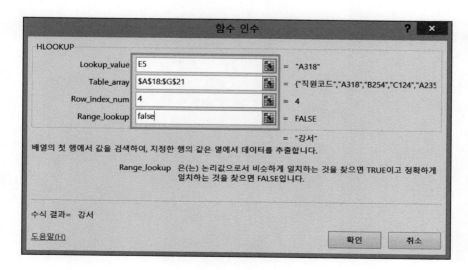

함수 인수 ? ×

HLOOKUP

Lookup_value E5 = "A318"

Table_array $A$18:$G$21 = {"직원코드","A318","B254","C124","A235...

Row_index_num 4 = 4

Range_lookup false = FALSE

= "강서"

배열의 첫 행에서 값을 검색하여, 지정한 행의 같은 열에서 데이터를 추출합니다.

Range_lookup 은(는) 논리값으로서 비슷하게 일치하는 것을 찾으면 TRUE이고 정확하게 일치하는 것을 찾으면 FALSE입니다.

수식 결과= 강서

도움말(H)

확인 취소

❸ 첫 번째 데이터 "김미자"의 담당지역이 자동으로 입력되었고 나머지 셀들은 자동 채우기 핸들로 수식 복사한다.

수식 입력줄에 입력된 함수 식은 아래와 같다.

HLOOKUP(E5,$A$18:$G$21,4,FALSE)

	A	B	C	D	E	F	G	H
2			전자제품 판매수량 현황					
4	판매 날짜	상품코드	상품명	판매수량	판매직원코드	담당자	전화번호	담당지역
5	03월 02일	sk001	MP3	8	A318	김미자	010-5474-8201	강서
6	03월 05일	sk003	스마트폰	9	C124	임미란	010-1365-9874	강북
7	03월 07일	sk002	TV	5	A235	박경옥	010-369-82541	강서
8	03월 09일	sk001	MP3	2	B174	이순희	010-327-81235	강남
9	03월 11일	sk004	컴퓨터	8	A318	김미자	010-5474-8201	강서
10	03월 13일	sk002	TV	5	C128	강경실	010-458-73578	강동
11	03월 15일	sk003	스마트폰	6	B254	홍길순	010-4578-9856	강남
12	03월 20일	sk004	컴퓨터	14	B254	홍길순	010-4578-9856	강남
13	03월 24일	sk002	TV	11	A235	박경옥	010-369-82541	강서
14	03월 27일	sk004	컴퓨터	10	B174	이순희	010-327-81235	강남
15								
16				직원코드 테이블				
17								
18	직원코드	A318	B254	C124	A235	B174	C128	
19	담당자	김미자	홍길순	임미란	박경옥	이순희	강경실	
20	전화번호	010-5474-8201	010-4578-9856	010-1365-9874	010-3698-2541	010-3278-1235	010-4587-3578	
21	담당지역	강서	강남	강북	강서	강남	강동	

Check Point

수직 데이터와 수평 데이터의 구별

● 수직 데이터는 여러 개의 상품코드(sk001, sk002, …)별 정보가 여러 행에 걸쳐서 수직으로 나열되어 있다. 이런 경우, VLOOKUP 함수를 이용한다.

상품코드 테이블		
상품코드	상품명	단가
sk001	MP3	210,000
sk002	TV	980,000
sk003	스마트폰	780,000
sk004	컴퓨터	870,000

< 수직 데이터 >

- 수평 데이터는 여러 개의 직원코드(A318, B254, …)별 정보가 여러 열에 걸쳐서 수평으로 나열되어 있다. 이런 경우, HLOOKUP 함수를 이용한다.

직원코드 테이블						
직원코드	A318	B254	C124	A235	B174	C128
담당자	김미자	홍길순	임미란	박경옥	이순희	강경실
전화번호	010-5474-8201	010-4578-9856	010-1365-9874	010-3698-2541	010-3278-1235	010-4587-3578
담당지역	강서	강남	강북	강서	강남	강동

< 수평 데이터 >

3 차트 활용

1) 차트의 기본 구성 요소

🟦 가로축

가로축에는 주로 항목 이름, 제품 명칭, 날짜 분기 등이 표시된다.

가로축의 항목이 너무 많아 차트 안에 이름이 잘 표시되지 않을 때에는 가로축 영역을 선택한 후 텍스트 크기를 줄인다.

🟦 세로축

세로축에는 주로 값들이 표현된다. 표현되는 값의 단위는 셀 서식에서 표현되는 모든 단위(%, $, ₩, 시간 …)를 표현할 수 있다.

🟦 범례

가로축에 여러 개의 계열 항목이 나올 경우에는 각 계열의 이름을 따로 표시한다.

범례의 위치는 상, 하, 좌, 우로 변경이 가능하다.

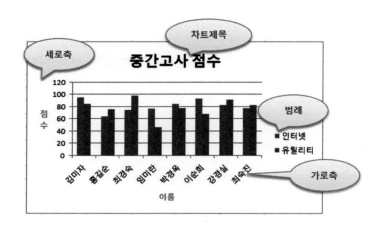

2) 차트 만들기

❶ 차트를 만들고자 하는 데이터 영역만을 마우스로 드래그하여 선택한다.

❷ [삽입] − [차트]에서 원하는 차트 종류를 선택한다. 차트의 종류가 미리 보기 형태로 보여진다.

❸ 차트 모양을 확인한 후 선택한다. '2차원 묶은 세로 막대형' 차트가 만들어졌다.

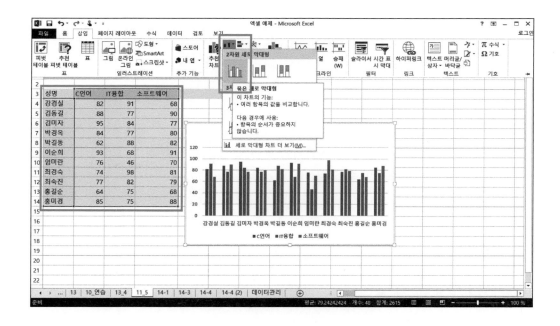

3) 세로축 값 변경

세로축의 값들은 최소값과 최대값, 보조 단위 등을 사용자가 별도로 변경할 수 있다.

❶ 세로축 영역을 선택한 후 더블 클릭하거나 마우스 오른쪽 버튼을 클릭해서 [축 서식] 대화 상자를 연다.

[축 서식] – [축 옵션]에서 바꾸고자 하는 값을 선택한 후 원하는 값을 주면 된다.

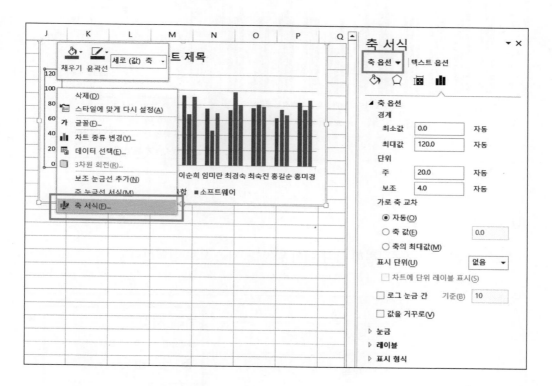

❷ 최대값을 "100"으로, 주 단위를 "10"으로 변경하였다.

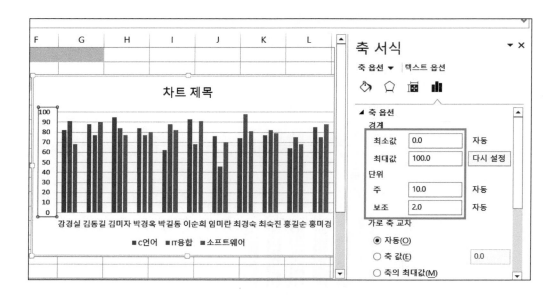

4) 범례 위치 변경

범례를 선택한 후 오른쪽 [범례 서식]에서 위치를 '왼쪽'으로 선택한다.

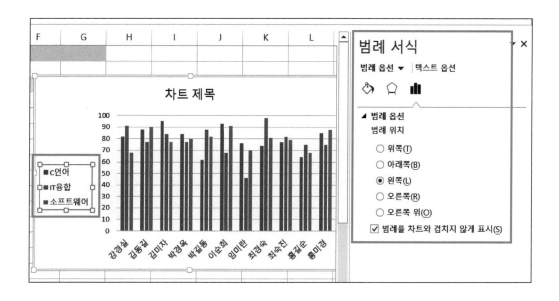

5) 데이터 계열 서식 변경

데이터 계열은 'C언어', 'IT융합', '소프트웨어' 등을 의미한다.

'C언어' 계열을 선택한 후 [계열 옵션] − [채우기] − [그라데이션 채우기]를 선택한다.

하나의 계열을 선택하면 같은 계열은 동시에 선택이 된다.

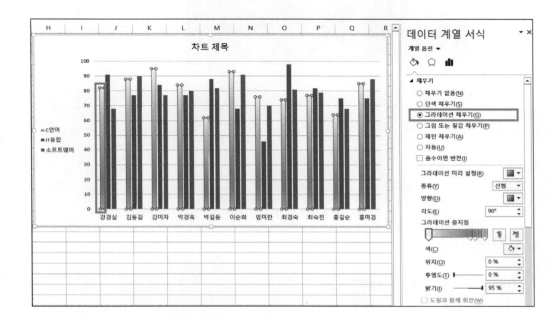

6) 그림 영역 변경하기

차트 내부의 그림 영역을 선택한 후 [그림 영역 서식]에서 서식을 변경한다.

[그림 영역 옵션] − [채우기] − [단색 채우기]를 선택한다.

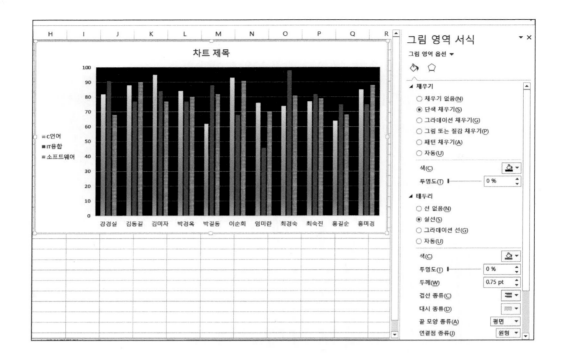

예제 13-7

'C언어'와 'IT융합' 과목만 포함한 차트로 변경하기

❶ 만들어진 차트를 선택하면 데이터 영역에 박스가 생성된다.

❷ 이 박스 끝 선을 왼쪽으로 드래그하여 '소프트웨어' 과목을 제외시킨다.

❸ 연속되지 않은 데이터 영역을 선택하려면 Ctrl 키를 누르면서 원하는 데이터 영역만 드래그하면 된다.

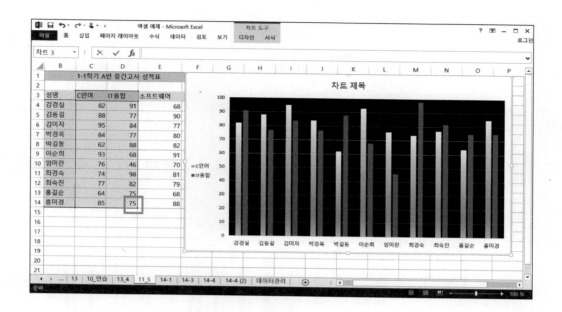

7) 차트 종류 변경하기

차트를 선택하면 리본 메뉴에 [차트 도구] 메뉴가 활성화되어 나타난다.

[차트 도구] − [디자인] − [차트 종류 변경]에서 원하는 차트 종류로 변경한다.

'3차원 묶은 세로 막대형'으로 차트를 변경하였다.

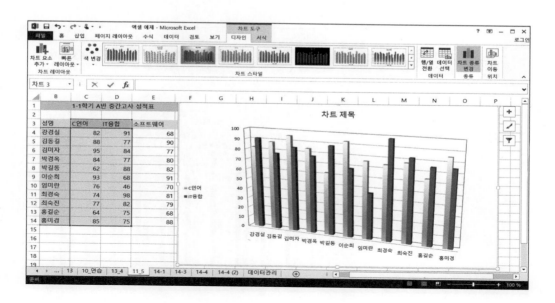

8) 차트 요소 추가

차트 요소에는 축 제목, 차트 제목, 데이터 레이블, 데이터 표, 범례, 추세선 등이 있다.

이 차트 요소는 차트 종류에 따라 다른 이름의 요소들이 생성된다.

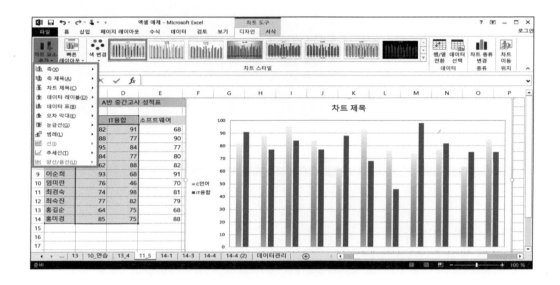

❖ [데이터 레이블] – [데이터 설명선] 추가

계열에 데이터에 대한 설명 텍스트를 추가하였다.

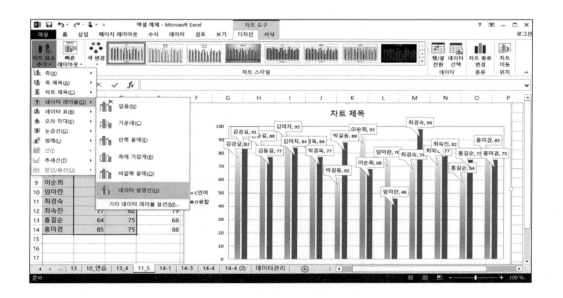

🔹 [데이터 표] – [범례 표지 없음] 추가

차트 아래에 데이터 표를 함께 표시했다.

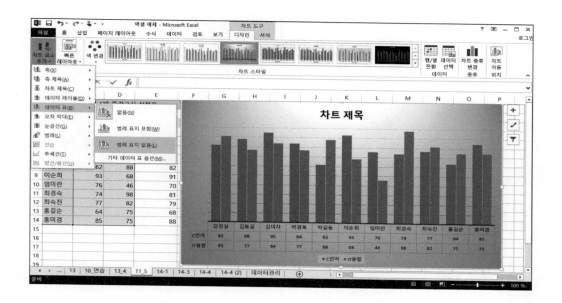

9) 차트 스타일 변경

[차트 도구] – [디자인] – [차트 스타일]에서 원하는 스타일을 선택한다.

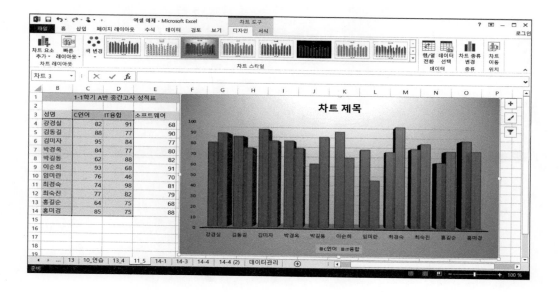

10) 스파크라인 삽입하기

스파크라인은 셀 하나에 표시되는 작은 차트의 일종이다.

복잡한 데이터의 흐름을 한눈에 알아볼 수 있도록 시각적으로 표현하여 데이터의 흐름을 비교 분석할 수 있는 기능이다.

예제 13-8

'A사 분기별 보험 실적 현황' 표에서 총 4분기 동안의 매출액의 흐름을 [스파크라인]을 이용해 한눈에 비교해 본다.

① '홍길순'의 1/4분기부터 4/4분기까지 데이터를 드래그하여 블록으로 지정한 후 [빠른 분석] 버튼을 클릭한다.

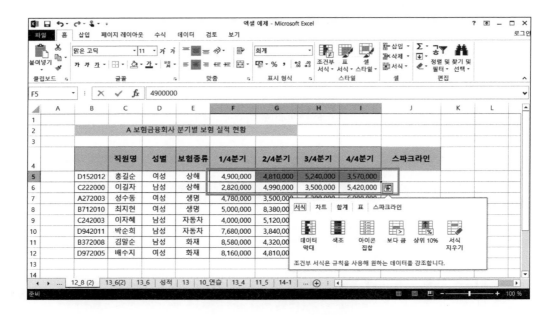

❷ [스파크라인] 탭 – [선]을 클릭한다.

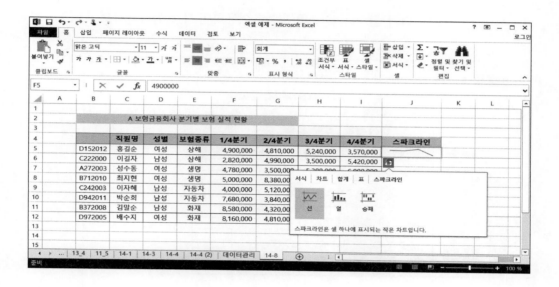

❸ 생성된 스파크라인을 서식 복사하여 나머지 셀에도 스파크라인을 만든다.

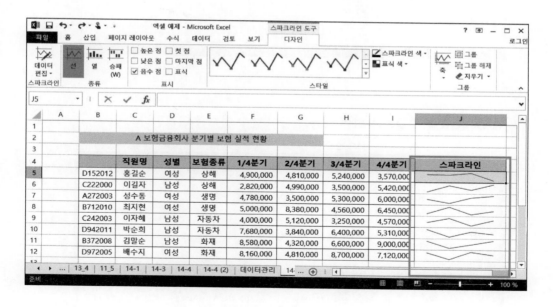

❹ 스파크라인을 삭제하려면 [스파크라인 도구] – [디자인] – [그룹] – [지우기] – [선택한 스파크라인 지우기]에서 지울 수 있다.

연습문제

1. '예제 13-3'에서 "단가"를 VLOOKUP 함수를 이용하여 자동 입력하시오.

엑셀 예제 - Microsoft Excel								
파일	홈	삽입	페이지 레이아웃	수식	데이터	검토	보기	로그인

C4   =VLOOKUP(B4,$A$16:$B$20,2,FALSE)

	A	B	C	D	E	F	G	H
1			전자제품 판매 현황					
2								
3	판매 날짜	상품코드	상품명	판매수량	단가	금액		
4	03월 02일	sk001	MP3	8		0		
5	03월 05일	sk003	스마트폰	9		0		
6	03월 07일	sk002	TV	5		0		
7	03월 09일	sk001	MP3	2		0		
8	03월 11일	sk004	컴퓨터	8		0		
9	03월 13일	sk002	TV	5		0		
10	03월 15일	sk003	스마트폰	6		0		
11	03월 20일	sk004	컴퓨터	14		0		
12	03월 24일	sk002	TV	11		0		
13	03월 27일	sk004	컴퓨터	10		0		
14								
15		상품코드 테이블						
16	상품코드	상품명	단가					
17	sk001	MP3	210,000					
18	sk002	TV	980,000					
19	sk003	스마트폰	780,000					
20	sk004	컴퓨터	870,000					

| ... | 13 | 10_연습 | 13_4 | 11_5 | 14-1 | 14-3 | ... |

준비   개수: 10   100%

〈힌트〉

❶ VLOOKUP 함수를 이용하여 다음과 같이 함수 인수를 입력한다.

함수 인수	? ×

VLOOKUP

Lookup_value	B4	= "sk001"
Table_array	$A$16:$C$20	= {"상품코드","상품명","단가";"sk001","MP
Col_Index_num	3	= 3
Range_lookup	false	= FALSE

= 210000

배열의 첫 열에서 값을 검색하여, 지정한 열의 같은 행에서 데이터를 돌려줍니다. 기본적으로 오름차순으로 표가 정렬됩니다.

Range_lookup 은(는) 정확하게 일치하는 것을 찾으려면 FALSE를, 비슷하게 일치하는 것을 찾으려면 TRUE(또는 생략)를 지정합니다.

수식 결과= 210,000

도움말(H)   확인   취소

❷ 첫 번째 함수식은 다음과 같다. 구해진 첫 번째 결과값을 수식 복사한다.

VLOOKUP(B4,$A$16:$C$20,3,FALSE)

⊿	A	B	C	D	E	F	G	H
1			전자제품 판매 현황					
2								
3	판매 날짜	상품코드	상품명	판매수량	단가			
4	03월 02일	sk001	MP3	8	210,000			
5	03월 05일	sk003	스마트폰	9	780,000			
6	03월 07일	sk002	TV	5	980,000			
7	03월 09일	sk001	MP3	2	210,000			
8	03월 11일	sk004	컴퓨터	8	870,000			
9	03월 13일	sk002	TV	5	980,000			
10	03월 15일	sk003	스마트폰	6	780,000			
11	03월 20일	sk004	컴퓨터	14	870,000			
12	03월 24일	sk002	TV	11	980,000			
13	03월 27일	sk004	컴퓨터	10	870,000			
14								
15		상품코드 테이블						
16	상품코드	상품명	단가					
17	sk001	MP3	210,000					
18	sk002	TV	980,000					
19	sk003	스마트폰	780,000					
20	sk004	컴퓨터	870,000					

E13 = =VLOOKUP(B13,$A$16:$C$20,3,FALSE)

확인학습문제

1. 근속년수가 20년 이상인 사람에게 보너스를 지급하려고 한다. 조건을 만족하는 셀에는 '지급'이라 표시하고 조건을 만족하지 못하는 셀에는 '미지급'으로 표시하려고 한다. (나머지 데이터들은 수식 복사를 할 것이다.)

아래 표를 보고 다음 IF 함수식의 인수에 들어갈 단어를 각각 채워라.

Logical_test:

Value_if_true:

Value_if_false:

2. 다음 중 조건식이 두 개 이상이 필요한 함수는 무엇인가?

① SUMIF   ② IF

③ MAX   ④ AND IF

3. 아래 차트의 빨간색 부분에서처럼 차트 막대마다 끝부분에 '이름'을 표시하려고 한다. 무슨 작업을 해야 하는가?

① 축 제목   ② 눈금선

③ 데이터 표   ④ 데이터 레이블

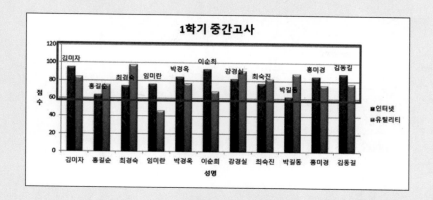

4. 아래 예제를 해결하기 위한 함수식에서 밑줄에 들어갈 단어는 무엇인가?

함수식:

IF(_____ (E3 >= 53000000,D3 >= 200),"지급"," ")

예제: 'P사 직원당 판매액 현황' 자료에서 판매액이 5,000,000원 이상이면서 포인트 점수가 200 이상 되는 직원에게 특별 수당을 지급하려고 한다. 해당되는 셀에만 "지급"이라고 표시하시오.

5. 아래 데이터 표에서 수당 지급 여부를 확인하려고 한다. 함수 인수 창에서 각 인수 칸에 들어갈 단어를 적어라.

'P사 직원당 판매액 현황' 자료에서 매출액이 3,000,000원보다 큰 우수직원에게 보너스를 지급하려고 한다. 해당되는 셀에는 "우수직원", 해당되지 않으면 "일반"이라고 표시하시오.

	A	B	C	D	E	F
1		P사 직원당 판매액 현황				
2	번호	회원명	성별	포인트 점수	판매액	수당 지급
3	A01	주미애	여	335	4,900,000	
4	A02	김순자	여	225	2,820,000	
5	A03	하지윤	남	155	4,780,000	
6	A04	소은혜	남	170	5,000,000	
7	A05	김수현	남	247	4,000,000	
8	A06	이미정	여	198	7,680,000	
9	A07	수정은	남	321	8,580,000	
10	A08	박보람	여	249	8,160,000	
11	A09	이가영	남	265	2,578,952	
12	A10	이선미	여	301	5,874,356	

함수 인수

IF		
Logical_test		= 논리
Value_if_true		= 모든 값
Value_if_false		= 모든 값
		=

논리 검사를 수행하여 TRUE나 FALSE에 해당하는 값을 반환합니다.

Logical_test 은(는) TRUE나 FALSE로 판정될 값이나 식입니다.

수식 결과=

도움말(H)   확인   취소

*아래 데이터를 보고 질문에 답하시오. (6~10)

결과값을 얻기 위해 하나의 결과값을 수식 복사를 하는 방식으로 진행된다.

	A	B	C	D	E	F	G
1			전자제품 판매 현황				
2							
3	판매 날짜	상품코드	상품명	판매수량	단가	금액	
4	03월 02일	sk001		8		0	
5	03월 05일	sk003		9		0	
6	03월 07일	sk002		5		0	
7	03월 09일	sk001		2		0	
8	03월 11일	sk004		8		0	
9	03월 13일	sk002		5		0	
10	03월 15일	sk003		6		0	
11	03월 20일	sk004		14		0	
12	03월 24일	sk002		11		0	
13	03월 27일	sk004		10		0	
14							
15		상품코드 테이블					
16	상품코드	상품명	단가				
17	sk001	MP3	210,000				
18	sk002	TV	980,000				
19	sk003	스마트폰	780,000				
20	sk004	컴퓨터	870,000				

6. 상품명의 빈칸에 함수를 이용하여 자동으로 상품명을 입력하려 한다. 무슨 함수를 사용해야 하는가?

① IF   ② VLOOKUP

③ HLOOKUP   ④ RANK.EQ

7. 단가를 입력하기 위해서 함수 인수 창에서 Col_index_num 인수값은 무엇인가?

Lookup_value		= 모든 값
Table_array		= 숫자
Col_index_num		= 숫자
Range_lookup		= 논리

8. 단가를 정확하게 입력하기 위해서 함수 인수 창에서 Range_lookup 인수값은 무엇인가?

Lookup_value		= 모든 값
Table_array		= 숫자
Col_index_num		= 숫자
Range_lookup		= 논리

9. 단가를 자동으로 입력하기 위해 Table_array에 들어갈 참조 주소는 무엇인가?

Lookup_value		= 모든 값
Table_array		= 숫자
Col_index_num		= 숫자
Range_lookup		= 논리

10. 위의 이미지에서 상품명, 단가 등을 자동으로 입력하는 방법이 잘못된 것은?

① VLOOKUP 함수를 사용한다.

② 첫 번째 상품명을 구한 후 나머지는 수식 복사한다.

③ 인수 창에서 Table_array에 입력할 주소는 $A$16:$B$20, A16:B20 모두 사용 가능하다.

④ Lookup_value에는 B4가 입력된다.

정답

1. Logical_test: D4 >= 20
    Value_if_true: "지급"
    Value_if_false: "미지급"

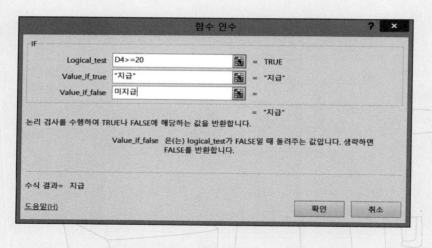

2. ④   3. ④   4. AND   5. E3>3,000,000, 우수직원, 일반   6. ②   7. 3   8. false

9. $A$16:$C$20   10. ③